Allegria

Die Autorin

Doreen Virtue arbeitet als Therapeutin und mediale Lebensberaterin in Kalifornien. Seit einigen Jahren setzt sie dabei auch ihre Verbindung zum Reich der Engel ein. Sie ist in den USA u.a. durch viele Fernsehauftritte bekannt und gibt regelmäßig Workshops, auch in Europa, in denen sie die von ihr entwickelte Engel-Therapie unterrichtet. Ihre zahlreichen Lebenshilfe-Bücher sind bereits in 14 Sprachen erschienen.
Weitere Informationen zu ihrer Arbeit finden Sie unter:
www.angeltherapy.com

Von Doreen Virtue sind in unserem Hause erschienen:

Medizin der Engel (Allegria)
Erzengel und wie man sie ruft (Allegria)
Botschaft der Engel (Allegria)
Chakra Clearing (Allegria)
Engel-Notruf (Allegria)

Engel-Hilfe für jeden Tag
Die Zahlen der Engel
Die Heilkraft der Engel
Die Heilkraft der Feen
Engel Gespräche
Neue Engel-Gespräche
Engel der Erde
Dein Leben im Licht
Das Heilgeheimnis der Engel
Zeit-Therapie
Kristall-Therapie

Medizin der Engel (CD)
Die Engel von Atlantis (CD)
Die Engel der Liebe (CD)
Heilkraft der Engel (CD)
Himmlische Helfer (CD)
Heilgeheimnis der Engel CD)

Das Engel-Orakel für jeden Tag (Kartendeck)
Das Heil-Orakel der Feen (Kartendeck)
Das Erzengel-Orakel (Kartendeck)
Das Heil-Orakel der Engel (Kartendeck)
Das Orakel der himmlischen Helfer (Kartendeck)
Das Einhorn Orakel (Kartendeck)

Doreen Virtue

Medizin der Engel

Wie Sie mit Hilfe der Engel Körper und Seele heilen können

Aus dem Amerikanischen
von Angelika Hansen

Ullstein

Besuchen Sie uns im Internet:
www.ullstein-taschenbuch.de

Allegria im Ullstein Taschenbuch
Herausgegeben von Michael Görden

Aus dem Amerikanischen übersetzt von Angelika Hansen
Titel der Originalausgabe
ANGEL MEDICINE
Erschienen bei Hay House, Inc., Carlsbad, USA

Umwelthinweis:
Dieses Buch wurde auf chlor- und säurefreiem Papier gedruckt.

Neuausgabe im Ullstein Taschenbuch
1. Auflage November 2007

Umschlaggestaltung: FranklDesign, München
Titelabbildung: Anne Yvonne Gilbert
Gesetzt aus der Sabon und Mona Lisa Recut
Satz: LVD GmbH, Berlin
Druck und Bindearbeiten: GGP Media GmbH, Pößneck
Printed in Germany
ISBN 978-3-548-74407-0

Gottes Segen und Dank an …

… Steven Farmer, George Kelaiditis, Charitini Christakou, Konstantinos, Dr. Polichronis (»Chronis«) Mada, Andres Kannelopoulos, Reid Tracy, Jill Kramer, Julie Davison, Anne Yvonne Gilbert, Leon Nacson, Kristen McCarthy, Rachelle Charman, Rhett Nacson, Eli Nacson, Robert Nacson, James Van Praagh, Jo Lal, Michelle Piley, Megan Slyfield, Emma Collins, Bill Christy, Judith Lukomski, Charles Schenk, Grant Schenk, Betsy Brown, Lynette Brown – und all die Menschen, die mir ihre Erlaubnis gegeben haben, ihre Engel-Medizin-Geschichten in diesem Buch wiederzugeben.

Inhalt

Vorwort

Während ich diese Zeilen schreibe, gleitet mein Blick über den *caldera,* den meergeküssten Vulkan auf der Insel Santorini (auch als *Thera* bekannt) in Griechenland. Santorini hat eine besondere Bedeutung für mich, für das Thema dieses Buches, und für Sie. Der Grund ist der, dass viele Menschen glauben, Santorini sei die verbliebene Landmasse des verschwundenen Kontinentes von Atlantis. Die Ruinen eines der vielen atlantischen Heiltempel befinden sich hier, gemeinsam mit all den mystischen Energien und Traditionen. Welch perfekter Ort, um über Heilung zu schreiben – ein Ort, an dem ich vor Äonen gelebt habe ... vielleicht zusammen mit Ihnen.

Als Atlantis in einer feurigen Explosion im Meer versank, verschwand mit ihm ein Großteil des fortschrittlichen Wissens und der Weisheit seiner Bewohner. Im ersten Teil dieses Buches beschreibe ich einige Aspekte des alten Heilwissens, das von den magischen Atlantern praktiziert wurde, sowie die Heilgeheimnisse, die mir von den Engeln von Atlantis übermittelt wurden. Im zweiten und dritten Teil präsentiere ich Geschichten sowie Methoden, die Sie in Ihr eigenes Leben integrieren können, um sich und andere zu heilen. Außerdem habe ich wissenschaftliche Studien einbezogen, die dieses alte Heilwissen bestätigen.

Die heilenden Engel

Engel sind himmlische Wesen ohne Ego, was bedeutet, dass sie nicht urteilen, sondern voller Liebe sind. Auch unsere verstorbenen Liebsten können engelsgleiche Funktionen ausüben; wir nennen sie jedoch nicht Engel, sondern »Geistführer«.

Aus meiner lebenslangen Erfahrung als Hellseherin weiß ich, dass jeder Mensch ständig mindestens zwei Schutzengel und mindestens einen Geistführer um sich hat. Es ist offensichtlich, dass nicht jeder auf seine Engel hört, da es sonst auf der Welt weder

Grausamkeit noch Selbstzerstörung gäbe. Nichtsdestotrotz sind die Engel für uns da, wann immer wir bereit sind, mit ihnen zu reden und auf sie zu hören.

Engel sind konfessionslos und gehören ebenso zum Leben der Skeptiker und Atheisten wie zum Leben der Gläubigen; sie sind genauso bei gewalttätigen Menschen wie bei guten Samaritern. Engel sind bei uns, um Gottes Friedensplan in die Tat umzusetzen, einen Menschen nach dem anderen. Wenn wir auch selbst die Verantwortung für unsere Taten haben, können uns die Engel dennoch helfen, den effektivsten Plan für unsere Handlungen zu wählen.

Und wenn es auch stimmt, dass wir durch Schmerz und Kampf lernen können, so ist es eine unbestreitbare Tatsache, dass wir noch schneller durch Frieden wachsen können. Alles, was uns hilft, inneren Frieden zu finden – egal, ob es sich dabei um etwas »Großes« oder »Kleines« handelt –, ist etwas, bei dem die Engel uns mit Freuden helfen werden. Wir müssen sie jedoch um ihre Hilfe bitten, bevor es ihnen gestattet ist einzuschreiten; der Grund hierfür ist das »Gesetz des freien Willens«, durch das dieses Universum operiert.

Wenn Sie mit Engeln arbeiten, können Sie sich sowohl etwas von ihrem Licht als auch von ihrem egolosen höheren Selbst leihen oder sich daran anlehnen und Kraft schöpfen. Die Engel können Ihnen helfen, Ihre Denkart zu heilen, damit Sie Angst loslassen und mit Liebe auf Situationen zugehen können. Ihre Engel kennen keine Begrenzungen von Zeit und Raum, daher müssen Sie sich keine Sorgen machen, dass Sie sie stören oder zu viel von ihnen verlangen.

Das Wort *Engel* bedeutet »Bote/Botschafter Gottes«. Wenn Sie zum Schöpfer beten, werden die Engel als Übermittler von Botschaften vom Schöpfer zu seinen Geschöpfen gesandt. Es ist nicht gotteslästerlich, das Wort an die Engel zu richten, da jede Konversation mit Gott dazu führt, dass die Engel zu Ihnen sprechen. Schließlich sind Engel eins mit Gott – sie sind sozusagen Verlängerungen von Gott. Das Gleiche gilt für Sie.

Wenn wir uns mit den Engeln zusammentun, treten Heilungen in unglaublich kurzer Zeit und auf verblüffende Weise ein. Die Engel können uns helfen, physisch, spirituell, emotional, finanziell und intellektuell gesund zu werden. Sie helfen uns bei unserer Karriere, bei gesundheitlichen Problemen, in unserem Liebesleben, bei Heim- und Familienangelegenheiten und allem Sonstigen, was für unseren inneren Frieden wichtig ist.

Ob Sie nun Heilung für sich selbst, für einen geliebten Menschen oder für einen Klienten wünschen, in jedem Fall werden Sie einen gewaltigen Kanal heilender Energie anzapfen, wenn Sie um die Hilfe der Engel bitten.

Über dieses Buch

Dies ist ein Buch in drei Teilen. Wenn Sie gerne wahre spirituelle Abenteuergeschichten lesen, sollten Sie vielleicht mit dem ersten Teil beginnen. Wenn Sie jedoch mehr daran interessiert sind, ausschließlich über die einzelnen Schritte der Engel-Medizin und die damit zusammenhängenden Berichte zu lesen, dann ist der zweite Teil ein in sich geschlossener Abschnitt, den Sie auch gerne zuerst lesen können. Der dritte Teil ist in erster Linie eine Referenz – an die Heilungsmethoden der Engel, die in den ersten beiden Teilen des Buches kurz berührt wurden.

Der erste Teil von *Angel Medicine* ist ein weiteres Kapitel meiner Geschichte spiritueller Entdeckung und Abenteuer, die mit meinem Buch *The Lightworker's Way* begann und mit seinem Nachfolger *Healing with the Fairies* fortgesetzt wurde. Es ist jedoch nicht nötig, diese Bücher zu lesen, um das, was Sie brauchen, aus dem vorliegenden zu bekommen.

Erster Teil

Die Engel von Atlantis und die Geheimnisse des Tempels der Heilung

1

Reise nach Atlantis

Es war nie meine Absicht gewesen, nach Santorini zu fahren, doch nachdem sowohl mein griechischer Verlag als auch mein Ehemann und Reisegefährte, Steven Farmer, den Reiseplan festgelegt hatten, begann ich zu verstehen, dass die Reise zu dieser Insel wohl unvermeidlich war. Als Teil meiner europäischen Buchtour hatte Steven ein paar entspannende Erholungstage in Santorini arrangiert. Wie konnten wir auch wissen, wie intensiv diese Ferientage sein würden!

Von dem Moment an, da unser Flug nach Santorini gebucht war, gab mir das Universum Zeichen der Bestätigung dafür, dass diese Entscheidung richtig war. Es schien, als gäbe es in jedem südkalifornische Magazin und in jeder Zeitung, die ich aufschlug, einen Reisebericht über die Insel, und in jedem dieser Artikel wurde die Verbindung zwischen Santorini und Atlantis erwähnt. Der letzte Anstoß kam eines Morgens, als ich früher als normal aufwachte und plötzlich wusste, dass ich meinen Freund James Van Praagh anrufen musste, der ein berühmtes spirituelles Medium ist.

»Das ist ja phantastisch!«, rief James überrascht aus, als ich ihn anrief. »Auch ich habe die Botschaft ›bekommen‹, dich heute morgen anzurufen.«

Als wir uns eine Stunde später zum Frühstück trafen, erwähnte ich meine anstehende Reise nach Europa.

»Meine Liebe, es gibt dort einen Ort, wo du *unbedingt* hingehen *musst,*« sagte er.

»Okay«, erwiderte ich und war gespannt auf James' Vorschlag. Schließlich ist James nicht nur ein phänomenaler und liebevoller Hellseher, sondern auch ein erfahrener Reisender, der die Welt gesehen hat.

»Du musst nach Santorini gehen, eine griechische Insel in der

Ägäis. Sie ist einer meiner absoluten Lieblingsorte!«, sagte er begeistert. Er lehnte sich nach vorne, schaute mir in die Augen und flüsterte: »Und du weißt doch sicher, dass es Atlantis ist.«

Ich trank seine Worte in mich hinein und antwortete: »James, das ist wirklich unheimlich, denn Steven und ich haben bereits einen Flug nach Santorini gebucht. Noch vor ein paar Wochen wusste ich nichts über diesen Ort, und jetzt bombardiert mich das Universum mit Botschaften, die mir sagen, ich solle dorthin fahren. Und so viele Forschungen scheinen auf Santorini als mögliche Lage von Atlantis hinzudeuten. Ich schicke dir eine E-Mail, sobald ich angekommen bin!«

Santorini

Als das kleine Flugzeug, das Steven und mich vom griechischen Festland auf die Insel brachte, zur Landung ansetzte, erinnerte mich der Anblick an den Film *Summer Lovers* mit Daryl Hannah, der auf dieser winzigen griechischen Insel gedreht wurde. Der klare, strahlend blaue Himmel und das Meer verschmolzen wie zu einer riesigen blauen Leinwand, mit hunderten von blendend weißen Stuckhäuschen, die wie weiße Punkte den Strand säumten.

Die ungefähr fünfzig Passagiere stiegen die Stufen des Flugzeuges hinunter auf das Rollfeld und wurden von heißer, dampfender Luft empfangen, die von der vor Hitze schwirrenden Landebahn reflektiert wurde. Als wir endlich unser Gepäck beisammenhatten, waren alle Taxis schon vergriffen. Da der Flughafen in einer entlegenen Gegend der Insel lag, blieb uns nur ein Mietwagen als einzige Möglichkeit des Transportes. Unser Suzuki Alto war so klein, dass er mich an ein mit einer Autoplane bedecktes Motorrad erinnerte, doch stellte ich bald fest, dass alle Autos auf der Insel den Eindruck winziger Spielzeugautos machten. Suzuki, Hyundai, Fiat und Peugeot schienen die begehrtesten Marken der Inselbewohner zu sein.

Die Angestellten am Counter der Mietwagenagentur sagten uns, dass wir – um unser Hotel zu erreichen – nach einem Fremdenverkehrsbüro auf der rechten Straßenseite Ausschau halten und dann sofort auf den ersten Kies-Parkplatz auf der linken Seite einbiegen müssten. Mit dieser nicht sehr genauen Richtungsanweisung fuhren wir nach Imerovigli, einer kleinen Stadt im Inneren der Insel. Es war kein Problem, den Kies-Parkplatz zu finden, doch wo war unser Hotel? Auf der dem Parkplatz gegenüberliegende Wand waren ein Dutzend Hotelnamen zu lesen, einschließlich des unseren, doch gab es keinerlei Pfeile oder Information, wie wir es finden könnten. Ein schmaler Weg führte von dem Parkplatz in zwei verschiedene Richtungen, und wir nahmen an, dass unser Hotel am Ende der Halbinsel lag, also schulterten wir unser Gepäck und gingen in diese Richtung.

Schon bald musste ich feststellen, dass meine hohen Absätze und die tausende von Stufen auf der Insel nicht zusammenpassten. Ich hielt an, um ein paar flache Sandalen aus meiner Tasche zu holen. Für den Rest unserer Ferien auf Santorini trug ich ausschließlich Sandalen (oder Sneakers), trotz meiner lange gehegten Phantasievorstellung, in Griechenland nur lange, fließende griechische Gewänder und Pumps zu tragen.

Es war heiß und staubig, und der lange Flug von Los Angeles hatte uns ermüdet – mit Aufenthalten in London und Athen, um das Flugzeug zu wechseln. Daher stellte das Stolpern mit schweren Koffern und Taschen auf unebenen Stufen und sandigen Wegen nicht den idealen Beginn unserer griechischen Ferien dar. Und außerdem waren wir uns immer noch nicht sicher, ob wir in die richtige Richtung gingen!

Schließlich sagte Steven: »Warte hier mit dem Gepäck, während ich versuche herauszufinden, ob wir am richtigen Ort sind.« Fünf Minuten später kehrte er mit einem lächelnden, dunkelhaarigen Mann zurück, der ohne Worte unser gesamtes Gepäck nahm und uns andeutete, ihm zu folgen. Als Antwort auf meinen fragenden Gesichtsausdruck erklärte Steven, dass er die Rezeption unseres Hotels gefunden hatte und dass man uns dort erwartete. Bei dem junge Mann, der mit ihm zurückgekommen war, handelte es sich um den Hotelpagen, der – da war ich mir sicher – nicht nur diesen Job in dem Hotel innehatte. Dieser Gedanke kam mir, weil er mir wie ein vierradangetriebenes Vehikel erschien, das die Stufen scheinbar mühelos hinauf- und hinunterstieg, mit unserem gesamten Gepäck auf dem Rücken. Es fiel uns nicht leicht, mit ihm

Schritt zu halten, während er uns durch ein Labyrinth von freiliegenden Treppen und schließlich zu unserem Hotel führte.

Unser Zimmer war direkt in den Fels der Klippe gebaut worden. Man sagte uns, dass dies bei allen Hotels an der Felsenküste der Fall war. Die Energie des Felsens war zutiefst lebendig. Während wir uns in unserem Zimmer einrichteten, fühlt es sich an, als sei eine dritte Person mit uns in dem Raum. Wir waren es, die das Zimmer im Felsen besuchten, und wir waren seine Gäste.

Da Wasser auf Santorini mit Lastwagen geliefert und gepumpt wird, unterscheiden sich die Badezimmer und Duschen sehr von denen in normalen Hotels. Grundsätzlich bestehen sie aus einem winzigen Raum mit Dusche und einem Abfluss. Wenn man duschen will, muss man zunächst das Wasser ungefähr zwanzig Minuten vorher durch Druck auf einen Knopf erhitzen, um das Sonnenheizsystem zu aktivieren. Dann zieht man einen Vorhang zurück, um den Rest des Badezimmers von der Dusche zu trennen, und dreht die Handdusche an.

Nachdem wir uns erfrischt und bequeme Sachen angezogen hatten, machten Steven und ich uns daran, die Umgebung zu erkunden. Wir merkten uns genau, wo unser Hotel lag, damit wir es auf dem Rückweg wiederfinden würden. Auf den ersten Blick sahen die Hotels und Villen auf der Insel alle sehr gleich aus.

Als erstes fiel uns auf, dass es auf Santorini jede Menge freilebender kurzhaariger Katzen in allen Farben gab. Die Katzen sahen mager aus, so als lebten sie von den spärlichen Zuwendungen der Touristen. Sie waren recht zugänglich und hatten offensichtlich gelernt, dass das Reiben am Bein eines Touristen unweigerlich dazu führte, gestreichelt und gefüttert zu werden. Als wir an den Geschäften, die zu beiden Seiten die Straße säumten, vorbeigingen, fielen uns verschiedene zum Kauf angebotene Kalender mit dem Titel »Die Katzen von Santorini« auf, in denen süße Fotos von Katzen zu sehen waren, die neben weißen Villen und Häusern sitzen.

Erinnerung an das Licht

Der Zeitunterschied von mehreren Stunden, die frische Meeresluft und der Sonnenschein sowie die vorhergehenden Monate harter Arbeit hatten dazu geführt, dass Steven und ich ziemlich müde waren. Wir waren monatelang nonstop unterwegs gewesen und merkten plötzlich, wie uns das mit genommen hatte. Der erste Tag in Santorini bedeutete den Beginn eines entspannenden täglichen Musters von langen, geruhsamen Nachmittagsschläfchen.

Am ersten Tag wachte ich nachmittags von meinem zweistündigen Schlaf auf mit Visionen leuchtender Farben und Lichter vor meinem inneren Auge. Mir war bewusst, dass ich in meinem nachmittäglichen Traum von Engeln besucht worden war und dass sie mir Botschaften über die Heilkraft von Licht und Farben übermittelt hatten. Obwohl ich mich nicht erinnern konnte, was sie gesagt hatten, vertraute ich darauf, dass die Information sicher in meinem Unterbewusstsein gespeichert war.

An diesem Abend trafen wir uns mit drei Männern, die uns von unserem griechischen Verlag geschickt wurden: Janis Renieris, dem das Hotel gehörte, in dem wir abgestiegen waren; Polichronis (»Chronis«) Mada, ein im Ort ansässiger Arzt; und Andres Kannelopoulos, erst kürzlich von einem mehrjährigen Aufenthalt in Indien zurückgekehrt, wo er Schüler eines Avatars gewesen war (ein Avatar ist ein Mensch, der gelernt hat, Wunder zu vollbringen und zu manifestieren).

Während wir den regenbogenfarbenen Sonnenuntergang betrachteten, erzählte uns Janis die erstaunliche Geschichte der Heilung seines Sohnes: Am 9. Juni 2002 war der neunzehnjährige Manolis beim Tiefseetauchen, als sein Speer sich löste und in seinen Kopf drang. Selbst ein ehemaliger Seefahrer, hatte Janis sich immer beschützt gefühlt, wenn er den heiligen Nicholas um Hilfe bat. Daher fühlte er sich inspiriert, diesen Heiligen zu bitten, über seine Kinder zu wachen. Als Janis also den Telefonanruf bezüglich des Unfalls seines Sohnes bekam, betete er und fuhr sofort zum Krankenhaus. Die Ärzte sagten ihm, dass sein Sohn von Glück reden konnte, noch am Leben zu sein.

»Wie hast du es nur fertig gebracht, aus dem Wasser zu kommen?«, fragte Janis seinen Sohn.

»Ich bin zum Licht gegangen, Papa«, antwortete Manolis aus seinem Krankenhausbett, »und St. Nicholas war die ganze Zeit bei mir.«

Die Ärzte befürchteten, dass Manolis für den Rest seines Lebens blind und gelähmt bleiben würde, doch Janis weigerte sich, seinen Sohn als ein »gebrochenes« Wesen zu sehen. Er hielt in seinem Inneren die Vision eines geheilten und gesunden Manolis aufrecht, und innerhalb eines Jahres war sein Sohn total geheilt! Seine wundersame Heilung erneuerte den Glauben aller Mitbürger in seiner Stadt, einschließlich Manolis' zuvor skeptischen Schulkameraden.

Chronis und Andres lächelten, als sie Janis' Geschichte hörten, da sie tiefgläubige Männer waren. Chronis agierte als Santorinis Chefarzt, der vierundzwanzig Stunden abrufbereit war, um kranke Menschen in ihrem Haus oder bei der Arbeit zu behandeln.

Chronis sah eher aus wie ein männliches Fotomodell und nicht wie ein Arzt, mit seiner sehnigen Figur und seinem jugendlichen Gesicht. Er erinnerte mich an eine dunklere Version von Mark McGrath, dem Leadsinger der Band *Sugar Ray*. Er sprach darüber, wie er Spiritualität, natürliche Heilmethoden und herkömmliche Medizin miteinander verband.

»Die Engel sind nicht irgendwo in einem weit entfernten Himmel«, sagte er. »Sie sind hier auf der Erde, und ihre Aufgabe ist es, uns zu helfen, Ordnung in unsere Gedanken zu bringen. Heutzutage ist Karma etwas, das sofort eintritt, und unsere Gedanken manifestieren sich auf der Stelle. Was immer wir aussenden, kommt sofort zehnmal stärker zu uns zurück. Mit negativen Gedanken verhält es sich ebenso: Sie kommen umgehend auf uns zurück. Früher begegnete man seinem Karma im nächsten Leben. Heute geschieht es in diesem Leben.«

Chronis war ein Schulmediziner, doch irgendwann begann er zu spüren, dass Heilung mehr beinhaltete als das Verschreiben von Medikamenten und die Durchführung aller möglichen Tests. Er hatte bemerkt, dass seine kranken Patienten alle oberflächlich und flach atmeten, also studierte er Methoden, wie er den Menschen helfen konnte, als Weg zu einem gesunden Leben tiefer und voller zu atmen. Dies führte dazu, dass Chronis ein lizensierter Chiropraktiker wurde, damit er die Körper seiner Patienten dahingehend manövrieren konnte, sich zu öffnen und vermehrt Sauerstoff aufzunehmen.

Chronis stellte außerdem fest, dass Menschen, die viel Wasser tranken, am schnellsten gesund wurden, also begann er, seinen Patienten verstärkte Wasserzufuhr zu verschreiben. Dann studierte er die Chakras (Energiezentren im Körper, durch die die Kraft der Lebensenergie fließt) und wurde außerdem Reikimeister, was ihm einen Rahmen für die Energiearbeit mit seinen Patienten gab.

Darüber hinaus bemerkte er, dass Patienten, die sich mit Schuldgefühlen plagten, leichter krank wurden und länger krank blieben als jene mit einem reinen Gewissen. »Schuldgefühle bringen uns um, machen uns wütend und traurig«, erklärte Chronis. »Ich fordere meine Patienten auf, entweder ihre Schuldgefühle loszulassen oder das Verhalten einzustellen, das ihnen dieses Schuldgefühl überhaupt erst vermittelt.« Doch die größte Heilkraft, die Chronis bei seinen Studien entdeckte, war die Liebe. Wenn er seinen Patienten liebevolle Energie sandte und ihnen half, ihre eigenen Gedanken und Gefühle auf Liebe zu fokussieren, waren sie stets schnell geheilt.

Chronis benutzte bei seiner Heilarbeit eine Mischung aus esoterischen, holistischen und medizinisch erprobten Methoden. Als Resultat waren seine Dienste sehr gefragt, und unsere beiden Begegnungen mit ihm fanden in den wenigen Stunden zwischen seinen Patiententerminen statt.

Chronis' Hausgenosse, Geschäftspartner und langjähriger Freund war Andres. Ihn umgab eine Aura stiller, heruntergespielter Weisheit. Andres war der Typ Mann, der nicht viel redete, doch wenn er es tat, war man von dem tiefen Sinn seiner Worte überwältigt.

Wie ich bereits erwähnt habe, war Andres erst kürzlich aus Indien zurückgekehrt, wo er zusammen mit anderen Devotees bei einem bekannten Avatar sieben Jahre lang gelebt und studiert hatte. Es ist berichtet worden, dass dieser Meister Objekte aus der Luft manifestiert hat, an zwei Orten gleichzeitig erschienen ist und seinen Körper zum Verschwinden gebracht hat – zusammen mit anderen Kunststücken (zu denen auch Wunderheilungen gehören). Während seiner Jahre mit dem Avatar lernte Andres viel über die Natur von Heilung.

»Der Meister hat mich gelehrt, dass bestimmte Farben bestimmte Krankheiten heilen«, sagte Andres. »Sie visualisieren diese Farben um die Person herum, die Sie heilen wollen –, oder in Ihrem eigenen Umfeld, wenn Sie selbst Heilung brauchen. Sie können die Farben auch anrufen, indem Sie darum bitten, dass sie den Körper des Betreffenden umgeben.«

Andres sagte uns, dass der Avatar ihn darüber hinaus Folgendes gelehrt hatte:

- violettes Licht kann Krebs heilen und Viren abtöten;
- weißes Licht schließt Wunden sowohl im physischen als auch im Aura-Körper;
- blassblaues Licht reinigt und entgiftet den Körper wie Wasser;
- goldenes Licht öffnet das dritte Auge und hält den Körper offen (nachdem er mit violettem, weißem und blassblauem Licht gereinigt wurde).

Ich erwähnte, dass diese Farben Engelsfarben seien. Violettes Licht wird mit Erzengel Michael assoziiert, zu dessen Aufgaben es gehört, Angst aus unserem Körper und unserer Seele zu entfernen. Weißes Licht ist die Essenz aller Engel. Blassblaues Licht wird mit Erzengel Raphael in Verbindung gebracht, der Harmonie, Glauben und Vertrauen in unser Leben bringt. Und goldenes Licht wird mit dem Heiligen Geist und der Christusenergie assoziiert.

Andres' Worte bezüglich des goldenen Lichtes, das das dritte Auge öffnet, erinnerte mich an die ursprünglichen, nicht redigierten Seiten des *Course in Miracles (Kurs in Wundern)*, die zu lesen ich das Privileg hatte. Der Begriff *geistiges Sehen* wurde im Originaltext großzügig angewandt, später jedoch durch die Bezeichnung *Heiliger Geist* ersetzt, als die Bücher für den Verkauf in Buchläden überarbeitet wurden. Was bedeutet, dass sogar der *Course* den Heiligen Geist (der das goldene Licht ist) mit spirituellem Sehen oder Hellsichtigkeit assoziierte.

»Es sollte uns nicht überraschen, dass die Visualisierung von Licht den Körper heilen kann«, meinte Andres. »Bedeutet Erleuchtung letzten Endes nicht, dass man ins Licht eingegangen ist?«

»Ich habe gelernt, dass Licht plus Liebe Heilung gleichkommt«, fügte Chronis hinzu.

»Licht plus Liebe ist gleich Heilung«, wiederholte ich mit einem Gefühl von Déjà-vu hinsichtlich der Engelvisitation während meines Nachmittagsschlafes. Chronis' Bemerkung klang den Botschaften unheimlich ähnlich, die mir die Engel während meines Schlafes übermittelt hatten.

Unser Abend mit Chronis, Andres und Janis schloss mit Diskussionen über das Leben im allgemeinen, und Steven und ich schliefen in dieser Nacht ganz besonders gut.

Die Insel erforschen

Am nächsten Tag erwachten wir zu einem gloriosen Sonnenaufgang, der über der Caldera Bucht schimmerte. Wir beschlossen, zu einem in der Nachbarschaft gelegenen Laden zu gehen, wo es frisch gebackenes Brot, strauchgereifte Tomaten und Kalamata-Olivenpaste gab. Der morgendliche Spaziergang, wobei wir hunderte von Treppen, wie sie überall auf Santorini zu finden sind, auf- und abstiegen, brachte uns zum Schwitzen und machte uns hungrig.

Rita, die Besitzerin des Ladens, grüßte uns mit »Kalimera!«, was – wie wir schnell lernten – auf griechisch so viel heißt wie »Guten Morgen« – abgesehen von der Tatsache, dass die Menschen hier vom frühen Morgen bis zum Abend stets »Kalimera« sagten, also nahmen wir an, dass dieser Ausspruch sowohl »Guten Morgen« als auch »Guten Abend« bedeutete. Und später, wenn die Sonne untergegangen ist, sagt man »Kalispera«, oder »Guten Abend«. Außerdem lernte ich, dass »danke« auf griechisch »epharisto« heißt, was für meine Ohren sehr nach »a fairy store« *(ein Feenladen – d. Übers.)* klingt, also sagte ich genau das, und die Leute lächelten mich jedes Mal freundlich an.

Rita war auf eine heimelige Art schön. Ihr ergrauendes Haar hatte sie fein säuberlich zu einem Knoten gebunden, und ihre füllige Figur war von wallenden Kleidern umhüllt. Ihr Lächeln konnte Butter schmelzen, so warm und echt war es.

Steven und ich genossen es, Sandwiches aus ofenwarmem Brot,

in Scheiben geschnittenen Tomaten und Olivenpaste zuzubereiten. Da sämtliche Zutaten mehr Geschmack aufwiesen, als wir je gekostet hatten, wurden wir auf unserer Reise nie müde, diese Sandwiches mit Genuss zu verspeisen. Zum Abendessen bestellte ich normalerweise gegrillte griechische Pilze, genannt *Plevrotus*. Den Austernpilzen ähnlich, werden sie mit Öl beträufelt und in Balsamicoessig, Öl und Gewürzen sautiert, bis sie gar sind. Egal, für welches Restaurant wir uns entschieden, die Pilze hatten stets den gleichen Geschmack und die gleiche Beschaffenheit, die an Steak erinnerte. Und mit all unserem Treppenauf- und absteigen haben wir trotz des Olivenöls nicht einmal zugenommen.

Tatsächlich lernten wir, dass die mediterrane Diät (Gemüse, Früchte, Fisch und Olivenöl) mit Langlebigkeit assoziiert wird. Eine im Jahre 1994 durchgeführte Studie, die im britischen Medizinjournal *Lancet* veröffentlicht wurde, kam zu dem Schluss, dass jene Personen mit Herzinfarkten, die zu einer mediterranen Essensweise übergegangen waren, ihre Herzprobleme um 73 Prozent reduziet hatten! Im Juni 2003 konnte man im *The New England Journal of Medicine* die Ergebnisse einer Studie mit mehr als 22 000 Versuchspersonen lesen, die zu einer mediterranen Diät übergegangen waren: Diejenigen, die sich an diese Ernährungsweise hielten, lebten am längsten. Die Autoren der Studie kamen zu dem Schluss: »Längere Anwendung der mediterranen Diät ist mit einer beachtlichen Reduzierung der Gesamtmortalität assoziiert.«

Viele Wissenschaftler glauben, dass die Alphalinolsäure in Oliven und Olivenöl für diesen Beitrag zur Gesundheit des Herzens verantwortlich ist. Alphalinolsäure hilft bei der Regulierung des Blutdrucks, der Herzschläge und der Blutgefäßerweiterung. Daher ist es kein Wunder, dass – obgleich so viele Griechen Zigarettenraucher zu sein scheinen – die Lebenserwartung für griechische Männer zu den höchsten in der Welt zählt: zwischen 72 und 74,5 Jahren.

Steven und ich beschlossen, unser mediterranes Frühstück »abzulaufen« und die Gegend nördlich unserer Villa zu Fuß zu erkunden. Als wir in den Hauptweg einbogen, gesellte sich ein riesiger Hund mit lockigem braunem Fell zu uns. Er ging an unserer Seite, als würde er uns schon jahrelang kennen. Aus irgendeinem

Grund begann ich, ihn Molly zu nennen, und er reagierte auf den Namen. Wir gingen bis ans Ende des Weges, wo, umgeben von Bäumen, eine wunderschöne Kirche stand. Ein Priester in dunklem Gewand kam aus der Kirche heraus, und unser neuer Freund begann ihn wie verrückt anzubellen. Da Molly bis zu diesem Moment nicht einen einzigen Ton von sich gegeben hatte, beschlossen Steven und ich, seinem Zeichen zu folgen und wieder vom Berg herunterzugehen.

Santorini ist berühmt für seine zahllosen kleinen, weißen Adobe-Kirchen mit strahlendblauen emaillierten Kuppeldächern. Die Kirchen reflektieren das helle Sonnenlicht und bieten einen starken Kontrast zum Hintergrund des Meeres, das Sie überall auf der Insel sehen können. Obwohl nur 10 000 Menschen auf Santorini leben, gibt es dort 250 Kirchen des griechisch-orthodoxen Glaubens. Viele dieser Kirchen sind so klein, dass nur zehn oder noch weniger Personen auf einmal darin Platz haben. Und einige Kirchen sind auf beinahe unerreichbaren Klippen errichtet worden.

Was geht hier vor sich?, fragten wir uns. Dorfbewohner erklärten uns, dass Seeleute, deren Leben bei Unwetter auf See gerettet wurde, zu Ehren ihrer Schutzheiligen Kirchen gebaut haben, um sich bei ihnen zu bedanken. Sie glaubten, dass der Bau einer Kirche dem Heiligen, in dessen Name sie errichtet wurde, gefallen würde und dass dieser Heilige dann auch in Zukunft den Seemann und seine Familie beschützen würde.

Da in den griechischen Bergen Marmor in Hülle und Fülle abgebaut wurde, hatten die meisten Häuser auf Santorini marmorne Vorbauten und Flure. Selbst heruntergekommene Hütten wiesen exquisite Marmoreingänge auf. Da wir daran gewöhnt waren, nur in teuren Gebäuden Marmorböden zu sehen, waren Steven und ich begeistert über die großzügige Verwendung dieses edlen Materials beim Häuserbau überall auf der Insel.

Schon bald waren wir wieder bei unserem Hotel angekommen und verabschiedeten uns von Molly, dem Hund. Es war uns eine Freude, während unseres gesamten Aufenthaltes auf der Insel unseren neuen Freund täglich zu sehen (und zu füttern).

Wir kehrten zu unserer Villa zurück, als die Sonne gerade ihren höchsten Stand erreichte. Das Sonnenlicht in Griechenland schien anders zu sein als beispielsweise in Kalifornien. Es hatte einen herrlichen goldenen Schimmer, der alles in ein schmeichelndes, sanftes Glühen tauchte. Das Licht reflektierte auf den sonnengebräunten Körpern der Inselbewohner.

2

Im Inneren des Heilungstempels

Das Sonnenlicht und der Spaziergang hatten Steven und mich sehr müde gemacht, und wir legten uns genüsslich zu einem Nachmittagsschläfchen hin. Ich schlief tief, war mir jedoch gleichzeitig eines erneuten Besuches der Engel bewusst. Dieses Mal erinnerte ich mich nach dem Aufwachen, dass sie mir von der Heilkraft des goldenen Sonnenlichts erzählt hatten. *»Strecke deine Hände der Sonne entgegen und absorbiere ihr Licht«*, sagten sie. *»Dann leg deine Hände auf dein Herz, um die Energie deines Herzchakras zu wecken und zu verstärken.«*

Als ich von meinem Nachmittagsschlummer aufwachte, ging ich nach draußen auf die Veranda und hielt meine Hände wie ein Kelch der Sonne entgegen. Ich visualisierte die goldenen Strahlen, wie sie in meine Hände strömten, und ich spürte, wie sie mit neuem Leben kribbelten. Dann legte ich meine sonnengewärmten Hände auf mein Herz und fühlte einen ekstatischen Energiestoß durch mich hindurchjagen, während mein Herz sich vor seliger Liebe weit öffnete.

An diesem Abend, kurz vor Sonnenuntergang, gingen Steven und ich zu einem kleinen Berg mit Namen Skaros, der über das Meer hinausragte. Skaros ist mit der Insel Santorini durch einen schmalen Weg über eine Halbinsel verbunden. Es schien der perfekte Ort zu sein, um den Sonnenuntergang zu betrachten. Als wir begannen, den Weg hinaufzugehen, passierten wir mehrere amerikanische Touristen, die uns entgegenkamen. Mit roten Gesichtern, schwitzend und schwer atmend warnten sie uns, dass der Weg nach Skaros eine Qual wäre. Steven und ich schauten uns an, und einen Augenblick lang überlegten wir uns eine Alternative zu dem Spaziergang. Doch schließlich hatten wir durch das tägliche Joggen von zwei Meilen eine Kondition erreicht, die es uns erlauben würde, einen anstrengenden Weg ohne Probleme zurückzulegen. Und der Berg war so hübsch anzusehen – mit wild blühenden Blumen, langem Gras und flachen Steinen gesprenkelt. Wir *mussten* diesen Treck einfach machen!

Als wir näher kamen, merkten wir, dass der Berg in Wahrheit kein Erdhügel war – vielmehr handelte es sich dabei um ein altes Fort auf einem Hügel, überwachsen mit Moos und mit Erde bedeckt! Steven kletterte näher an das Gebäude heran. Als doppelter Steinbock konnte er mühelos und auf sicheren Füßen über die Steinhaufen klettern, die zum Eingang des Schlosses führten, während ich ihm von meinem bequemen Sitz auf einem glatten, flachen Felsen aus zusah.

Ich lehnte mich zurück, und der Felsen strahlte die im Laufe des Tages gespeicherte Sonnenwärme aus, ein wunderbares Gefühl im Kontrast zu der kühlen Abendluft. Als die Sonne so weit gesunken war, dass sie den Horizont über dem Meer zu berühren schien, gesellte sich Steven wieder zu mir. Die orangefarbenen, rosa und gelben Strahlen der Abendsonne erleuchteten das Fort und die umgebende Hügellandschaft mit einem sanftgoldenen Licht In diesem Augenblick konnte man sich leicht vorstellen, dass dieser magische Ort einst das antike Atlantis gewesen ist.

Die frühesten aufgezeichneten Hinweise auf Atlantis finden sich in zwei Dialogen Platos: in *Critias,* geschrieben im Jahre 370 v. Chr., und *Timaeus,* geschrieben 360 v. Chr. Plato hatte seine Information über Atlantis von Critias dem Jüngeren erhalten, dem Enkel eines griechischen Herrschers namens Solon, der von Atlantis hörte, als er 590 vor Christus Ägypten besuchte.

Plato schrieb in *Timaeus:*

»Auf dieser Insel Atlantis gab es also ein großes und herrliches Reich, das über die ganze Insel und mehrere andere herrschte und über Teile des Kontinents, und darüber hinaus hatten die Männer von Atlantis die Teile Libyens innerhalb der Säulen des Herkules bis hin nach Ägypten annektiert und Teile von Europa bis hin nach Tyrrhenien. Diese riesige Macht, zusammengefasst in einem Reich, war bestrebt, auf einen Schlag unser Land und das Deine an sich zu reißen und die ganze Region zwischen den beiden Meerengen; und dann, Solon, zeigte sich die strahlende Kraft Deines Reiches *(Griechenlands – d. Übers.),* in der Exzellenz seiner Tugenden und Stärke einzigartig auf der Welt. Sein Mut und seine militärischen Fähigkeiten waren hervorragend, und es war der Führer aller Hellenen. Und als der Rest des Landes sich von Athen lossagte und Dein Land gezwungen war, alleine zu kämpfen, und nachdem es extremste Gefahren überstanden hatte, schlug es triumphierend die Invasoren und rettete vor dem Los der Sklaverei jene, die noch nicht unterjocht waren, und befreite großherzig den Rest von uns, die wir zwischen den Säulen des Herkules leben.

Doch bald danach erzitterte das Land unter mächtigen Erdstößen und Überschwemmungen; und in einem einzigen Tag und einer einzigen Nacht des Unglücks versanken alle Deine kriegserprobten Männer wie ein Körper in die Erde, und die Insel von Atlantis verschwand auf die gleiche Weise in den Tiefen des Meeres. Und das ist der Grund, warum in jenen Teilen des Meeres die See unpassierbar und undurchdringlich ist, denn dort behindert eine Landmasse den Weg; und dies war durch das Verschwinden der Insel bedingt.«

Und in *Critias* schrieb Plato:

»Von den Kämpfern auf der einen Seite wurde behauptet, dass Athen der Führer gewesen sei und den Krieg gewonnen habe; die Kämpfer auf der anderen Seite wurden von den Königen von Atlantis kommandiert, das, wie gesagt wurde, *eine Insel war, größer in der Ausdehnung als Libyen und Asien,* und, als sie später *durch ein Erdbeben im Meer versank,* für Reisende, die von dieser Gegend zu irgendeinem anderen Teil des Meeres segeln wollten, zu einer unpassierbaren Barriere aus Landmassen wurde.«

Platos Hinweis auf Athen und Libyen platzierte Atlantis in die Region des Mittelmeeres oder Mittleren Ostens. Ich hatte deutliche Visionen einer Landmasse, die sich von Griechenland über die Türkei und Italien bis nach Ägypten und Nordafrika erstreckte. Könnte dies die Gegend sein, zu der heute Santorini, Kreta und die anderen griechischen Inseln gehören? Könnte dies, genau genommen, Atlantis sein?

Die Lage von Atlantis war zweifellos ein kontroverses Thema. Unter den Gelehrten und Schülern der spirituellen, die die Prämisse der Realität von Atlantis akzeptierten, war die Theorie über seine Lage umstritten zwischen jenen, die glaubten, es sei das heutige Santorini gewesen, und jenen, die es in Indonesien, Bimini (in den Bahamas), dem Bermuda-Dreieck, den Britischen Inseln und Mexiko vermuteten. Es gab Beweise, die sowohl die eine wie auch die andere Theorie unterstützten, falls man die Worte von Plato genauer untersuchte oder die Ausführungen moderner Mystiker wie Edgar Cayce, Ruth Montgomery und Solores Cannon.

Platos Beschreibung von Atlantis passte auf jeden Fall zu Santorini: »Eine Art von Stein war weiß, eine andere schwarz, und eine dritte rot«, womit er perfekt die Farben der Erde und die Klippen der Insel beschrieb. Darüber hinaus erwähnte Plato Atlantis als eine runde Insel mit heißen und kalten natürlichen Quellen, was ebenso bis aufs I-Tüpfelchen auf Santorini zutrifft. Einige Leute glauben, dass das Wort *Atlantis* auf den Atlantischen Ozean zurückzuführen ist, doch in Wahrheit hat der Name seinen Ursprung in der griechischen Mythologie. Poseidon gab die Insel seinem Sohn Atlas und benannte sie nach ihm. *Dies ist eine weitere Verbindung, die Griechenland mit Atlantis hatte,* dachte ich, als ich auf meinem sonnengewärmten Felsen saß.

Erinnerung an Atlantis

Durch Rückführungen in frühere Leben und spontane Erinnerungen haben sich schon viele von uns an Atlantis als eine sehr fortschrittliche Gesellschaft erinnert – eine Gesellschaft, in der Transportmittel, Beleuchtung und Heilung auf der Macht fokussierter Gedanken basierten, die durch Kristalle verstärkt wurde. Atlantische Heiler arbeiteten mit den Energien und Zyklen der Natur – verbunden mit positiven Erwartungen und in Zusammenarbeit mit Engeln und anderen göttlichen Wesenheiten – und waren auf diese Weise in der Lage, wunderbare Resultate zu erzielen.

»Dies ist ein perfekter Zeitpunkt für eine Rückführung in vergangene Leben«, sagte ich zu Steven.

»Du hast Recht, so ist es!«, stimmte er mir zu. Als Psychotherapeut und Metaphysiker hat Steven viel Erfahrung mit der Rükkführung von Personen in ihre früheren Lebenszeiten. Seit wir auf

Santorini gelandet waren, hatte ich das starke Bedürfnis, meine eigene atlantische Inkarnation näher anzuschauen. Ich wusste, dass eine Rückführung meinen bewussten Verstand umgehen und uralte Erinnerungen ausgraben würde.

Während Steven mich in einen hypnotischen Zustand versetzte, hielt ich die Intention aufrecht, zur Erlangung von Informationen über physische Heilung nach Atlantis zurückzukehren. Intentionen, die wir zu Beginn eines hypnotischen Prozesses bewusst festhalten, sind einer Landkarte vergleichbar, die dem Unterbewusstsein hilft, aus den Millionen von Erinnerungen, die es gespeichert hat, die richtigen auszuwählen. Aufgrund meines tiefen Vertrauens in Steven glitt ich mühelos in einen Zustand tiefer Entspannung.

Ich sah mein langes, braunes Haar und meine dünnen jungen Arme und Hände. Ich war eine von mehreren weiblichen Helfern im Heilungstempel. Wir alle wussten mit absoluter Sicherheit, dass Glaube und Vertrauen der Schlüssel zu jeglicher Heilung war.

Wir Frauen sangen Gebetslieder, um zu verhindern, dass wir demoralisiert oder abgelenkt würden. Und ich begann, in einer fremden Sprache und in einer süßen, melodischen Stimme zu singen, die nicht meine eigene war.

Zwei männliche Hohepriester hatten die Neigung, uns weibliche Helfer zu entmutigen und von unseren Heilungsbemühungen abzulenken. Die Männer waren laut und hatten eine raue Energie. Ihre grobe Verhaltensweise negierte die geweihte Atmosphäre des Heilungstempels. Doch unsere Lieder hielten uns zentriert und halfen den Patienten, ruhig und entspannt zu bleiben.

Im Zentrum des Heilungstempels befand sich eine durchsichtige, kristallene Pyramide, ungefähr einen Meter hoch, mit dem holographischen Image eines riesigen, allsehenden blauen Auges in seine Mitte projiziert. Das Auge und die Pyramide zogen das Sonnenlicht an, das durch ein rundes Loch in der Decke über der Pyramide in den Tempel strömte, und verstärkten es.

Wir Frauen schütteten Olivenöl auf unsere Hände und hielten sie dann ins Licht der Sonne, um unsere Handchakras auf diese effektive Weise zu reinigen. Brot, Wasser, Oliven, Äpfel und andere Früchte lagen auf einem Altar in der Nähe der Pyramide, wo sie das Sonnenlicht absorbieren konnten. Der Verzehr dieser Nahrungsmittel half den Patienten, Licht in sich aufzunehmen.

Steven fragte mich nach meinem Namen, und ich erwiderte ohne Zögern: *Domya* (obgleich ich mir unsicher bin bezüglich der genauen Schreibweise). Steven fragte, woher die Pyramide und das Auge kamen, und ich sagte sofort: »*Von Hermes.*« Wenn ich auch schon von Hermes gehört hatte, so wusste ich dennoch kaum etwas über ihn, bis ich später nachforschte und erfuhr, dass Hermes sowohl in enger Verbindung mit Griechenland als auch Atlantis steht. Einige Historiker sagen, dass Hermes identisch ist mit dem ägyptischen Gott Thoth, dem Erfinder des Schreibens und einer wichtigen Figur im Bereich der Alchemie.

Ich hatte in meinem Buch *Archangels & Ascended Masters (deutsche Übersetzung in Vorb. Bei Allegria für 2006, Anm. d. Ü.)* bereits über Thoth geschrieben, und ich nahm mir fest vor, nach meiner Rückkehr in Kalifornien genauere Nachforschungen hinsichtlich der Verbindung zwischen Hermes und Thoth anzustellen. Doch diese Gedanken kamen mir erst nach der Rückführung. Während der Session war ich Domya, und ich befand mich ganz bewusst in Atlantis, den Patienten im Heilungstempel beistehend.

Unsere Patienten stiegen auf ein Bett aus Quarzkristallen, das eine konkave, flache U-Form hatte. Sieben von uns weiblichen Helfern hielten nacheinander große Kristallspitzen über die Chakras des Patienten. Jede Arbeiterin war verantwortlich dafür, dem Patienten die Farbe zu senden, die mit dem betreffenden Chakra in Beziehung stand, also konzentrierten wir uns jeweils ganz auf diese eine Farbe. Wenn wir den Patienten ausreichend mit der Chakrafarbe durchtränkt hatten, begann die nächste Helferin mit der Arbeit an dem darüber liegenden Chakra. Wir fingen beim Wurzelchakra an und arbeiteten uns durch die einzelnen Chakras nach oben. Mir wurde oft die Arbeit am Herzchakra, Halschakra und dem dritten Auge zugeteilt. Am liebsten war mir das Herzchakra, da ich neben seiner Hauptfarbe Grün immer viel Rosa sehen konnte, das sich mit dem Grün vermischt hatte und darin herumwirbelte – vergleichbar einer wunderschönen Rose mit grünen Blättern.

Aus der Haupt-Kristallpyramide erklang ein summender, wirbelnder Ton, wie ein Generator, der Funken durch die kristallenen Spitzen sandte, die wir über die Chakras der Patienten hielten. Ich bin mir nicht ganz sicher, wie die Funken in unsere Kristalle sprangen, doch war alles perfekt orchestriert.

Unsere Patienten verbrachten einen Großteil ihrer Zeit damit, in unserer Begleitung durch den Garten zu wandeln, auf langen Stühlen im Sonnenschein zu schlummern, frische Luft zu atmen und sich vor allem von den Sorgen und Schwierigkeiten der Welt zu lösen. Unser Heilungstempel war ein sicherer Hafen, der auch von den Militärs als ein Kokon der Götter und Göttinnen respektiert wurde. Auch die Lage des Tempels verstärkte seinen Charakter: Er befand sich am Fuße eines hohen Berges, der den Eindruck eines Wächters vermittelte, der die Gegend überschaute und uns beschützte. Der Berg hüllte den Tempel in nachmittägliche Schatten, so dass wir uns darauf vorbereiten konnten, die nahende Dunkelheit der Nacht anzunehmen.

Der größte Teil unserer Heilungsarbeit geschah während der Stunden des Tageslichts. Nur während der Zeit des Vollmondes stiegen wir alle gemeinsam in die Dunkelheit hinab. In Vollmondnächten formten wir weiblichen Arbeiterinnen einen Kreis und imitierten die runde Form des Mondes. Still dankten wir für den uns erwiesenen Segen, fingen gemeinsam mit unserem Kreis die Energie des Mondes ein und sagten einander anschließend liebevolle und hilfreiche Worte. Ich nehme an, man könnte dies eine Hilfsgruppe nennen. Jedenfalls lud es unsere energetischen Batterien auf, und ich stellte jedes Mal fest, dass die Tage nach dem Vollmond in Bezug auf die Versorgung der Patienten unsere besten Tage waren. Die Kristalle schienen lebendig und voll aufgeladen zu sein. Ich fragte mich oft, ob es vielleicht unsere eigenen neu aufgeladenen Batterien waren, die das meiste dieser besonders wirkungsvollen Arbeit leisteten.

Wir Arbeiterinnen schliefen in einem separaten Gebäude auf dem Hügel über dem Tempel. Wir alle teilten uns einen großen Raum, in dem es mehrere Betten und einen gemeinsamen Bereich zum Anziehen gab, wo wir unsere Kleidung aufhängten. Da wir alle die gleichen wallenden Futteralkleider trugen, war es uns egal, welches Kleidungsstück wem gehörte. Meistens arbeiteten wir auf eine kooperative Weise, und nur gelegentlich kam es zu schlechter Laune, die zu kurzfristigen Spannungen zwischen uns führte.

Die Männer waren unsere hauptsächliche Quelle der Irritation. Die beiden Priester trugen dunkle Gewänder, und es schien, als hätten sie zu viel Zeit übrig. Vielleicht aus Langeweile gaben die Männer irritierende Körpergeräusche von sich, ohne sich deswegen zu schämen oder sich schuldig zu fühlen! Sie redeten viel zu laut und stolzierten herum, als wären sie Wächter, denen wir unterstellt waren. Natürlich halfen sie uns, wann immer ein schwerer Patient auf das Kristallbett gehievt oder irgendwohin getragen werden musste. In solchen Momenten vergab ich den Männern ihr vorheriges irritierendes Verhalten.

Ich liebte es, mit den Patienten in den Gärten spazieren zu gehen und meldete mich oft freiwillig für diese Aufgabe. Ich hielt die Hände der Patienten, und wir saßen schweigend da, erfreuten uns am Singen der Vögel, an dem Duft der Blumen und den Sonnenstrahlen, die durch die Blätter der Bäume fielen.

Unsere Patienten wurden schnell gesund, wenn sie ein Motiv hatten, um gesund zu werden. Gelegentlich fiel ein Patient in dunkle Verzweiflung zurück, und es war nie eine Frage, dass die Patienten, die starben, diejenigen waren, die dem Leben abgeschworen hatten. Um es ohne Umschweife zu sagen: Sie waren müde und brauchten eine Entschuldigung dafür, heimgehen zu können. Doch ich wusste, was los war! Ich konnte immer sagen, wer dabei war, »den Geist aufzugeben«. Die graue Hautfarbe des Betreffenden spiegelte eine leblose Einstellung wider, die schnell in einem leblosen Körper resultierte. Ich glaubte immer, dass es das Recht des Patienten war, zu entscheiden, ob er leben wollte, daher versuchte ich nie, jemanden zum Leben zu überzeugen, der bereit war zu gehen.

Nur widerstrebend verließ ich Atlantis, als mich die kühle Nachtluft zum Frieren brachte und aus meinem hypnotischen Zustand herausholte. »Dein Gesicht hat sich verändert«, bemerkte Steven, als ich mich streckte und aufstand. Offensichtlich hatte ich während der Rückführung eine andere Form angenommen, da ich meine frühere Persona so voll integriert hatte.

Auf dem Weg zurück zu unserer Villa hatte ich das Gefühl, als würde ich schweben. Sobald wir unser Zimmer betreten hatten, begann ich, meine Erinnerungen aus dieser Rückführung aufzuschreiben. Da Steven mich während der Hypnose-Session interviewt und ich seine Fragen beantwortet hatte, half er mir bei Einzelheiten, an die ich mich nicht bewusst erinnerte.

Die Engel von Atlantis

An diesem Abend verfolgte mich Atlantis mit Erinnerungen an das Heilwissen jener Zeit. Es handelte sich um ein alltägliches Wissen, das den meisten Bewohnern von Atlantis – vor allem jenen von uns, die als Heiler arbeiteten – als normale Tatsachen bekannt war. Ich erinnerte mich, Folgendes zu wissen:

Die Gesundheit des menschlichen Körpers spiegelt die Sichtweise des Menschen wider – was wir die Seele oder Persönlichkeit nennen. Der Geist strahlt immer, doch die Seele kann schwer werden vor lauter Sorgen und Ängsten. Sie ist weniger in der Lage, das göttliche Licht zu reflektieren, daher erscheint sie zuweilen dunkler, wie eine verstaubte Glühbirne. Die Engel anzurufen bedeutet, das Licht anzurufen. Das Licht der Engel verstärkt unser eigenes Licht, was uns hilft, wieder auf den richtigen Weg zu gelangen, vergleichbar einem Fahrlehrer, der vorübergehend das Steuer übernimmt, bis wir unsere eigenen Steuerungskorrekturen vornehmen können.

In Atlantis gab es in den Heilungstempeln Kristallspitzen, die in Richtung der Person gehalten wurden, die der Heilung bedurfte. Verschiedenfarbige Kristalle wurden für die verschiedenen Situationen benutzt, und klare Quarzkristalle dirigierten Sonnenlichtprismen zur generellen Heilung. Diese gleiche Art von Energie ist heute in der Heilform des Reiki zusammengefasst, das mit regenbogenfarbener Energie assoziiert wird. Man kann es auch als Senden oder Empfangen einer bestimmten Farbe des Lichts verstehen, was den gleichen Effekt hat.

Schwache Energie und Hoffnungslosigkeit können zu Krankheit und Verletzung führen, und die Heilung besteht darin, die dunkle Einstellung und schwache Energie mit einer Infusion reinigenden Lichtes zu klären. Engel anzurufen, damit sie Ihren Körper betreten und schwache, niedrige Energie auswaschen, ist mit dem Herbeirufen eines Kaminkehrers vergleichbar, um die Asche zu entfernen, oder eines Installateurs, um Verstopftes wegzuspülen. Das Fokussieren auf Liebe bringt Licht in unser Bewusstsein. Und wenn unser Bewusstsein hell ist, folgt unser Körper nach.

Am nächsten Tag war ich immer noch erschüttert von meinem Rückführungserlebnis. Wenn ich auch nicht länger in einem Zustand hypnotischer Trance war, strömten dennoch immer weitere Erinnerungen in meine Seele. Es war, als hätte ich die Tresore einer uralten Erinnerungsbank geöffnet. Die Engel, vor allem Erzengel Michael, sprachen in meinem Nachmittagsschlaf über die Wiedererweckung der Heilideale von Atlantis. *Natürlich!* wurde mir klar, *Michael war auch in Atlantis dabei!* Michael und die anderen Engel von Atlantis sprachen mit Nachdruck über das Licht und seine Rolle bei der geistigen und körperlichen Gesundheit des Menschen. Ihre Worte hatten zur Folge, dass ich mich mehr als üblich auf das Licht fokussierte.

Ich stellte fest, dass die Menschen sich in den Gegenden der Welt, wo viel und starkes Sonnenlicht die Regel ist, in bunten Farben kleiden. In kälteren Klimazonen (und ebenso in Herbst und Winter) kleiden die Menschen sich normalerweise in dunkle, gedämpfte Farben. Wenn Steven und ich an sonnigen Orten Ferien machten, neigten wir dazu, buntere Sachen einzupacken, als wenn wir Ferien im Norden machen. Die Implikation war klar: Sonnenschein entfachte eine sonnige Disposition und gute Laune, was sich in der Kleidung widerspiegelte, die wir wählten.

Ich machte mir Sorgen: *Hatten wir den Kontakt mit dem natürlichen Licht verloren?* Meine Frage löste eine Erinnerung an eine Zeit aus, als jede Form von Gottesdienst und spiritueller Zeremonie im Freien abgehalten wurde. Wir tanzten, sangen und beteten bei jeder Art von Wetter, umgeben von grüner Natur und frischen Brisen. Weder Regen noch Hitze machten uns etwas aus, da wir den veränderlichen Charakter der Natur als Teil des heiligen Designs akzeptierten. Wenn der Erdboden matschig war, gingen wir barfuß. Und wenn der Boden an einem Sommertag dampfend heiß war, stellte wir uns auf frisch geschnittene Zweige. Der Gedanke, uns unterzustellen oder vor der Umwelt zu schützen, kam uns nie in den Sinn.

Die Einführung offizieller, organisierter Religionen änderte all dies. Unsere alten Verhaltensweisen wurden als »heidnisch« abgetan, und alles, was auch nur im entferntesten nach Heidentum aussah, war streng verboten. Es wurden feldzugartige Kampagnen geführt mit dem Ziel, die Menschen zu überzeugen, dass Heidentum einer Anbetung des Teufels gleichkäme, und sie von ihren Praktiken abzubringen. Gottesdienste und Anbetung wurden formalisiert, ab sofort auf Angst und Schuldgefühlen basierend und in kalte, feuchte Gebäude mit kleinen Fenstern verlegt, die nur wenig Sonnenlicht hereinließen.

An diesem Abend gesellten Steven und ich uns zu Hunderten von Santorinern und Besuchern auf den Klippen über dem Meer, um den Sonnenuntergang zu genießen. Dieses allabendliche Ritual war ein Zeugnis der Liebe der Griechen zu den herrlichen Farben, die über den Himmel waschen. Die Sonnenuntergänge von Santorini gehören mit Sicherheit zu den farbenfrohsten in der ganzen Welt.

Während wir der Sonne zuschauten, wie sie langsam hinter dem Horizont verschwand und die Wolken in feurige Orange-, Rosa- und Rottöne explodierten, sagten mir die Engel: »*Farbenfrohe Sonnenuntergänge rufen Gefühle der Schönheit hervor. Die Farben der untergehenden Sonne, vor allem Orange, korrelieren mit dem zweiten Sakralchakra, und sie bereiten den Körper auf einen erholsamen nächtlichen Schlaf vor. Das Betrachten von Sonnenuntergängen ist lebenswichtig, da die Farben die Überreste des Tages aus dem Sakralchakra beseitigen, damit der Körper tief und gut schlafen kann.*«

Das ist so einleuchtend! dachte ich. Wenn wir Menschen in den Häusern bleiben und den Sonnenuntergang nicht miterleben, bleiben unsere Chakras verstopft mit der im Laufe des Tages angesammelten Energie. Indem wir künstliches Licht benutzen, versuchen wir, die Stunden des Tageslichts weit bis nach der Zeit des Sonnenuntergangs hinauszuzögern. Das Resultat nicht erlebter Sonnenuntergänge kann zu Schlaflosigkeit führen, was uns verleitet, zu künstlichen Hilfsmitteln wie Medikamenten oder Alkohol zu greifen, um schlafen zu können.

Die Engel sagten mir weiter, dass die Erfindung der Glühbirne den Beginn neuer Krankheiten für die Menschheit bedeutete. Künstliches Licht verführte uns dazu, unsere wachen Stunden zu verlängern, indem wir versuchten, eine endlose Periode von Tageslicht zu kreieren. Glühbirnen erlaubten uns, unseren natürlichen, auf Sonnenauf- und Sonnenuntergang abgestimmten Rhythmus des Wachens und Schlafens zu umgehen.

Das Problem, bei künstlichem Licht in geschlossenen Räumen zu verweilen, wird noch verschlimmert durch Sonnen- und Mondlicht, das durch die Glasfenster gefiltert wird Die Engel sagten: *»Sich im Freien aufzuhalten, unter den Strahlen der Sonne, unter den Sternen und dem Mondlicht, ist ein zutiefst anderes Erlebnis, als sie durch eine gefilterte Linse zu betrachten. Deine Seele und dein Körper absorbieren die pure Essenz und das volle Spektrum des Lichtes nur, wenn du dich ihm direkt aussetzt.«*

Meine vorausgegangene Lebenszeit und Erfahrungen mit Mondlicht

Die Worte der Engel über das Mondlicht riefen die Erinnerung an die Rückführungs-Session hervor, die ich ungefähr ein Jahr vorher mit Dolores Cannon gehabt hatte. (Dolores ist die Autorin diverser Bücher zum Thema Rückführung in vergangene Leben. Durch ihre Past-Life-Regressionen, wie man Rückführungen auch nennt, betreibt sie historische Forschung, und ich hatte das Glück einer solchen Session mit ihr, die ich unten beschreibe.)

Nachdem Dolores mich durch das Herunterzählen von zehn auf null in eine hypnotische Trance versetzt hatte, fand ich mich im alten Babylon wieder …

Ich war ein männlicher Astronom/Priester – einer von vielen. Unser Tempel stand auf einem steilen Hügel, und wir verbrachten die meiste Zeit damit, die Bewegungen der Sterne nachzuverfolgen.

Jede Nacht zeichneten wir auf Tafeln die Positionen der Sterne in Relation zu den Säulen ein, die den Eingang unseres Tempels bildeten. Die Säulen funktionierten wie senkrechte Linien auf einem Diagramm und erlaubten uns, aufzuzeichnen, welche Konstellationen sich neben jeder einzelnen Säule befanden. Der Tempel hatte kein Dach, nur eine riesige dreieckige Form, die die Spitzen aller Säulen an der Vorderseite des Tempels miteinander verband. Der hauptsächliche Grund unserer Aufzeichnungen der Sternbewegungen bestand darin, den Bauern in der Umgebung sagen zu können, wann sie ihre Felder bestellen, säen und ihre Ernte einholen sollten.

Während des Tages übte ich meine Priesterrolle aus, besuchte Familien und bot spirituelle Beratung und Konversation an. Ich war weder belehrend noch verurteilend, sondern eher wie ein spirituell eingestellter Onkel, der hin und wieder zum Abendessen und anregenden Gesprächen mit den Dorfbewohnern hereinschneite. Man mochte und respektierte mich sehr, und ich war recht glücklich in meinem Leben.

Außerdem war ich Hellseher, so wie alle anderen Astronomen/Priester. Wir benutzten zur Verstärkung unserer hellsichtigen Fähigkeiten eine pulverähnliche, damals weit verbreitete Substanz, die wir auf unsere Stirn rieben – auf die Stelle des dritten Auges – und als Heilbalsam auch unseren Patienten durch Einreiben verabreichten. Die Substanz bestand aus Schiefergestein, das zu einem Pulver zermahlen, mit Quecksilber vermischt und mit Mondlicht getränkt wurde. Die Pulver- und Quecksilbermischung war ein Geschenk, das unsere Hauptlehrer von einer uns unbekannten Quelle erhalten hatte.

Unser Lehrer begab sich oft in die abgelegenen Wälder und Täler, wo ihm die Substanz überreicht wurde. Wir alle nahmen an, dass die Mischung einen außerirdischen Ursprung hatte, und ich war sicher, dass sie von den Plejaden kam. Man lehrte uns, die Substanz zu nehmen und sie am Abend <u>vor</u> dem Vollmond energetisch aufzuladen. Dies war die Nacht, in der der Mond die Funktion einer Mutterbrust hatte, die die Milch ihrer magischen Heilenergie jedem oder allem gab, auf das ihr Licht fiel. Außerdem war dies die Nacht, in der magische Manifestationen geschehen konnten.

In jeder Ecke unseres Tempels standen Statuen von Göttinnen. Eine dieser Statuen nannte ich »Göttin Diana«. Eine runde

Skulptur mit dem Gesicht unseres politischen Führers befand sich auf dem dreieckigen Platz vor unserem Gebäude über den Säulen. Stufen führten hinunter auf den Berghang und ins Dorf.

Eines Tages wurde ich zur Rede gestellt, weil ich den Bauern Lesen und Schreiben beigebracht hatte, und man warnte mich, so etwas nicht noch einmal zu tun. Gegen Ende meines Lebens begannen die Dorfbewohner, sich gegen die Klassentrennung aufzulehnen und zu randalieren. In einem unverständlichen Akt der Selbstzerstörung fingen sie an, ihre eigenen Häuser und das ganze Dorf in Brand zu setzen. Ich versuchte, den Aufstand zu stoppen, doch war die Situation bereits zu sehr außer Kontrolle geraten, als dass irgendjemand alleine hätte intervenieren können. Ein paar Wochen später hielten zwei Soldaten mich auf der Straße an, da ich weiterhin den Dorfbewohnern das Lesen beigebracht hatte. Die jungen, dreisten Soldaten nahmen das Gesetz in die eigenen Hände und brachten mich um. Ich starb auf der Straße.

Die Rückführung hatte einen tiefen Eindruck bei mir hinterlassen, da sie meine Augen für die heilende Kraft des Mondlichts geöffnet hatte. Am Tag nach der Rückführung begann ich mit meinen Nachforschungen über Babylon, da ich bis dahin nicht viel darüber wusste. Stellen Sie sich meine Überraschung vor, als ich erfuhr, dass Babylon als der Ort galt, wo zum ersten Mal die Astronomie bekannt wurde, und dass die Astronomen gleichzeitig Priester gewesen waren! Ich las über unsere Sternenaufzeichnungen und sah sogar Fotos der Tafeln, auf die wir die Position der Konstellationen mit Hilfe von Kurzschrift-Symbolen eingezeichnet hatten, um jede Sternenanhäufung zu identifizieren.

Während der Rückführung, als ich mich noch in einem Zustand hypnotischer Trance befand, hatte Dolores es irgendwie geschafft, mich dazu zu bringen, die Symbole auf den Tafeln zu zeichnen. Die von mir gezeichneten waren tatsächlich mit den archäologischen Fotografien identisch, die alte babylonische Astronomie-Figurationen darstellten!

Als ich später mit den Nachforschungen für mein Buch *Archangels & Ascended Masters* beschäftigt war, fiel mir durch Zufall verblüffendes Material über Babylon in die Hände. Es stellte sich heraus, dass die Babylonier mit Erzengel Haniel zusammenarbeiteten, um eine heilende Substanz zu kreieren, die »Astrallicht« genannt wurde, was auf wundersame Weise der pulverähnlichen Mischung ähnlich zu sein schien, an die ich mich in meiner Rückführung erinnert hatte.

Als ich damals diese Information las, beschloss ich, eine ähnliche Substanz herzustellen. Da Quecksilber als in hohem Grade giftig galt, konzentrierte ich mich auf das Pulver und den nahenden Vollmond. Nachdem ich Erzengel Haniel um Führung gebeten hatte, nahm ich klaren Quarzkristall und mischte ihn mit gemahlenem Schiefer, da in der Regression die Grundlage des Pulvers Schiefergestein gewesen war. Das Pulver aus meiner Rückführung hatte eine schimmernde, funkelnde Konsistenz, was wahrscheinlich auf das Quecksilber zurückzuführen war. Ich glaubte, dass ich die gleichen Eigenschaften mit klarem Quarzkristall erreichen konnte.

Nachdem ich das Pulver zu einer feinen Substanz gemahlen hatte, schüttete ich es in eine Schüssel aus Silber mit einem luftdichten Deckel, den man versiegeln konnte. Dann stellte ich die offene Schüssel mit dem Pulver auf meinen Balkon in Südkalifornien, am Vorabend des Vollmondes. Ich betrachtete das Mondlicht und alles in meiner Umgebung und platzierte die Schüssel so, dass die Strahlen des Mondlichtes direkt auf sie fielen. Im Laufe des Abends veränderte ich die Position der Schüssel immer wieder, um die maximale Menge an Mondlicht einzufangen.

Ich beschloss, die Substanz zu einem bevorstehenden Treffen von Engeltherapie-Heilern mitzunehmen – Personen, die an meinem sechstägigen Seminar zur Entwicklung ihrer außersinnlichen Fähigkeiten teilgenommen hatten. Ohne meinen ehemaligen Schülern zu viele Einzelheiten über die Zutaten der Substanz zu geben, rieb ich sie den Teilnehmern, die dazu bereit waren, auf den Bereich des dritten Auges. Außerdem rieb ich es auf jede Stelle ihres Körpers, wo sie Schmerzen hatten (nicht auf offene Wunden).

Dann bat ich die Betreffenden, mir ihr ehrliches Feedback hinsichtlich der Substanz zu geben. Fast jeder stellte fest, dass seine hellsichtigen Fähigkeiten stärker geworden waren und dass Schmerzen nachgelassen hatten. Die Mischung schien ihre Kraft zu behalten, ohne dass sie aufgeladen werden musste, da ich den

Behälter mit seinem fest verschlossenen Deckel auf meinem Altar stehen hatte. Das Pulver schien sich selbst aufzuladen und zu erneuern, nachdem es am Anfang energetisch aufgeladen und von dem beinahe vollen Mond verstärkt worden war. Natürlich bin ich davon überzeugt, dass die Substanz noch wirkungsvoller wäre, wenn sie erneut ins Freie gestellt und eine kräftige Dosis Mondlicht empfangen würde.

Der Mond ist sehr machtvoll, und jahrhundertelang haben Zivilisationen überall auf der Welt Zeremonien kreiert, um seine Zyklen zu feiern. Die meisten spirituellen Traditionen betrachten die Zeit des Vollmondes als eine Zeit, in der alte, überholte Muster und Negativität losgelassen werden können, und den Neumond (bzw. Dunkelmond) als die Zeit der Manifestation und Ernte.

Obwohl wissenschaftliche Studien zu widersprüchlichen Resultaten kommen, wenn es darum geht, ob der Vollmond tatsächlich Verrücktheit im Sinne verstärkter krimineller Aktivitäten und Unfälle kreiert, wissen wir dennoch, dass der Mond definitiv Einfluss auf unseren Körper hat. Das macht Sinn, wenn wir bedenken, dass der Mond die Gezeiten reguliert und dass unsere Körper größtenteils aus Wasser bestehen.

Im Januar 1986 berichtete das angesehene *New England Journal of Medicine* über eine Studie, die besagte, dass eine beachtliche Anzahl von Frauen ihre Menstruation zur Zeit des Neumondes und ein geringerer Prozentsatz von Frauen ihre Periode während des Vollmondes hatten. Die Forscher kamen zu dem Schluss, dass es eine wichtige Beziehung zwischen den Menstruations- und Mondzyklen gibt.

3

Eine Verbindung mit der Vergangenheit

Am Dienstag unseres Santorini-Aufenthaltes beschlossen wir, die Stadt Akrotiri zu besuchen. Dr. Chronis hatte uns von Ausgrabungen antiker Ruinen dort erzählt, von denen viele glaubten, sie seine ein Teil von Atlantis.

Ich musste lachen, als ich sah, wie Steven unseren kleinen Mietwagen aus dem Parkplatz kutschierte – er sah aus, als säße er am Steuer eines Spielzeugautos! Aus irgendeinem Grund schien es auf der Insel eine unverhältnismäßig hohe Zahl von großen Lastwagen zu geben, die durch die Stadt rasten und dabei die ganze Breite der engen Straßen einnahmen. Unser Auto erzitterte jedes Mal, wenn ein solcher Lastwagen an uns vorbeizischte, und mehr als einmal musste Steven an die Seite fahren, damit wir nicht überrannt wurden.

Auf dem Weg nach Akrotiri machten wir Halt in Fira, der Hauptstadt der Insel. Viele Menschen hier sprachen perfekt Englisch. Das lag wahrscheinlich an den riesigen Kreuzfahrtschiffen, die in der Nähe vor Anker gingen und den Touristen ermöglichten, einzukaufen und in den Restaurants an Land essen zu gehen. Wir stellten unseren Wagen auf einem kleinen Parkplatz ab und spazierten durch Firas Einkaufszentrum, um einen elektrischen Konverter für unseren Laptop zu kaufen. Als wir an einem Restaurant mit dem Namen »Mama's« vorbeikamen, rief uns eine rundliche, matronenhafte Frau mit Schürze in dröhnender Stimme zu: »Juuhuu Babys! Habt ihr Hunger? Mama ist hier!«

Als Steven und ich »Mama« höflich versicherten, dass wir bereits gegessen hatten, widersprach sie liebevoll: »Seid ihr sicher? Ihr habt bestimmt noch nie so was Gutes gegessen wie meine Küche!«

Sobald wir sicher waren, dass Mama uns nicht mehr sehen konnte, kicherten wir über Mamas übertriebene Erscheinung und laute Stimme. Wir hörten viele Leute, die uns und anderen offensichtlichen Touristen ihre Waren lautstark anpriesen. »Du brichst mir das Herz, wenn du nicht hereinkommst und dir meinen Schmuck ansiehst!«, sagte ein Ladenbesitzer zu mir. »Kommt herein, nobles Paar«, flehte ein anderer Ladenbesitzer. So wie die Dinge aussahen, machten die meisten hier ein gutes Geschäft. Die Ladenbesitzer schienen es echt zu genießen, die Leute in ihren Laden zu rufen. Wir stellten fest, dass alle Inselbewohner so warm und freundlich waren wie das Wetter.

Nachdem wir die beiden elektrischen Konverter erstanden hatten, gingen wir zu unserem Wagen zurück und kamen wieder an Mamas Restaurant vorbei in der Hoffnung, sie würde uns nicht bemerken. Gott sei Dank sah sie uns nicht! Wir drängten uns in unser kleines Auto und fuhren durch den dichten Verkehr von Fira.

Ich hielt die Landkarte auf dem Schoß, als wir aus der Stadt hinaus aufs Land fuhren. Obgleich es nur eine Hauptstraße auf Santorini gab, mussten wir irgendwann in eine andere Straße einbiegen, um nach Akrotiri zu gelangen. Das Zentrum der Insel war wie eine Oase, mit grünen Feldern, gesäumt vom tiefblauen Meer und azurfarbenen Himmel. Überreste antiker Ruinen erhoben sich wie Silhouetten gegen den Himmel. Als wir uns Akrotiri näherten, stellte ich fest, dass die Ruinen auf der Meeresseite mit Schnitzereien von Delphinen, Meerjungfrauen und Meerjünglingen verziert waren.

Ich hatte in meinem Buch *Die Heilkraft der Feen* über »Meermenschen« geschrieben und erst vor kurzem ein Orakelkartendeck über Meerjungfrauen und Delphine fertiggestellt. Meine Nachforschungen hatten enthüllt, dass alte Zivilisationen überall auf der Welt, bis zurück in die Zeit der Babylonier, Statuen von Meerjungfrauen hatten. Nicht zuletzt weil so viele Kulturen dieses Image anerkennen, hatte der Archetypus des »Meermenschen« seine Wurzeln ohne Zweifel zumindest teilweise in der Realität.

Mir fiel die hellsichtige Vision ein, die ich während des Schreibens von *Healing with the Fairies* gehabt hatte. Die Vision zeigte mir, dass Meerjungfrauen und Meerjünglinge tatsächlich vor langer Zeit existiert haben und irgendwann bewusst ihr Aussterben gewählt hatten, um die Schmerzen und das Leid zu vermeiden, das ihnen von brutalen Seefahrern zugefügt wurde. Und ein Mystiker hatte mir mal von einer Vision erzählt, in der die Menschen von Atlantis Meerjünglinge und Meerjungfrauen geworden waren, die vom Land wegschwammen, um ihrer Vernichtung zu entgehen. Der Mystiker sagte, dass die Meermenschen die Delphine von heute geworden sind.

Ich dachte an all die (englischen) Worte, die die Silbe »mer« *(Meer auf französisch – Anmerk. d. Übers.)* aufwiesen, wie beispielsweise *merchandise, summer, mesmerized, astronomer, shimmer* und *mercury.* Außerdem stellte ich fest, dass die Nachnamen sowohl meines Ehemannes aus auch meiner Lektorin (Farmer bzw. Kramer) und die Namen der Gottheiten Merlin und Merkur die Silbe »mer« enthielten. Und dann fand ich eine alte Weltkarte, auf der die Ozeane »Mara« hießen.

Mein Nachschlagen in verschiedenen Wörterbüchern der am weitesten verbreiteten Sprachen weltweit zeigte einige interessante Wurzelbedeutungen für »mer« und seine Abwandlungen »mar«, »mara« und »mir«. Im Französischen sind die Worte für *Ozean* und *Mutter* verwandt (»mère« und »mer«); im Deutschen (»Mutter« und »Meer«); im Italienischen (»madre« und »mare«), und im Spanischen (»madre« und »mar«).

Die Verbindung zwischen *Meer* und *Mutter* scheint eine weitere Referenz zu sein für unsere seit Urzeiten bestehende tiefe Beziehung zum Meer. Sind die Meermenschen unsere Ahnen? Sind wir nach dem Untergang von Atlantis aus den Tiefen des Meeres aufgetaucht?

Reise zu einer antiken Stadt

Wir verfuhren uns nur zweimal, bevor wir endlich Akrotiri erreichten und unsren kleinen Mietwagen neben zwei riesigen Touristenbussen voller Kreuzfahrtschiff-Passagiere parkten. Die Ausgrabungsstätte war komplett mit Plastikfolie abgedeckt, was ihr die Erscheinung eines gigantischen Gewächshauses verlieh.

Als Steven und ich die Stätte betraten, begannen wir beide zu weinen. Als ich ihn anschaute, wusste ich, dass mein Mann das gleiche Gefühl des Heimgekommenseins empfand wie ich. Unsere sentimentalen Gefühle gingen mit zärtlichen Erinnerungen an eine Stadt einher, die heute in Ruinen liegt. Es war, als würde man seine Heimatstadt besuchen, nur um festzustellen, dass sie zerstört ist, und sich an die Freuden jenes Lebens zu erinnern und an den Schmerz über seine Zerstörung. Dennoch versicherte uns ein Gefühl innerer Weisheit, dass das Ende dieser Zivilisation auf eine friedliche und liebevolle Weise eingetreten war.

Die Stadt war komplett intakt, wenn auch definitiv gealtert, nachdem sie jahrtausendelang unter vulkanischer Asche verschüttet gelegen hatte. Archäologen schätzten, dass die vulkanische Explosion, die den größten Teil der Insel im Meer versinken ließ, um 1625 v. Chr. stattgefunden hatte. Die Bewohner der Stadt wussten offensichtlich, dass die Zerstörung unmittelbar bevorstand, da bei der Ausgrabung kein einziges Skelett gefunden wurde. Darüber hinaus waren zerbrechliche Objekte gefunden worden, die absichtlich unter die schützenden hölzernen Betten platziert worden waren. Wertsachen wurden keine gefunden, obwohl Gemälde darauf hindeuteten, dass die Frauen kunstvollen Schmuck trugen. Die Menschen wussten, dass ihnen nur wenig Zeit blieb, also packten sie ihre Wertsachen ein und flohen aus der Stadt.

Dann explodierte der Vulkan. Er riss den größten Teil von Santorini mit sich ins Meer und kreierte so den Lavakrater im Hafen. Der Ausbruch dieses Vulkans war gewaltiger als der von Krakatoa – tatsächlich zeigten Baumringe an so weit entfernten Orten wir Irland und Kalifornien Beweise einer dramatischen klimatischen Veränderung zur Zeit dieser vulkanischen Explosion, was darauf hinwies, dass sie sich auf große Teile der Welt ausgewirkt hatte.

Nach dem Erdbeben blieb Santorini dreihundert Jahre lang unbewohnt. Erst in den sechziger Jahren des zwanzigsten Jahrhunderts begannen die Ausgrabungsarbeiten an der Stätte, an der wir uns jetzt befanden. Die beinahe perfekt erhaltene Stadt lag vier Meter unter Weintraubenfeldern, bedeckt und konserviert von vulkanischer Asche. Als wir die Ruinen besuchten, hatten Archäologen erst ungefähr drei Prozent des gesamten Areals freigelegt.

Als wir die Straßen der versunkenen Stadt entlanggingen, hatte ich das surreale Gefühl, mir zweier Momente in der Zeit bewusst zu sein: das eine betraf die unmittelbare Gegenwart, das andere eine Zeit, als diese Stadt noch bewohnt war. Während ich wie in Trance einen Fuß vor den anderen setzte, verschmolz ich mit der Vergangenheit der Stadt und sah und fühlte sie so, wie sie in ihrer Blütezeit gewesen ist:

Die ganze Stadt ist erfüllt von fliegenden, herabgleitenden Engeln und Göttinnen, die hier Seite an Seite mit der Bevölkerung leben. Klare Quarzkristallspitzen und Lapislazulis sind überall in die Häuser eingelassen, und die machtvolle Energie dieser Kristalle ist deutlich spürbar. Der ganze Ort ist durchdrungen von Gebet, Lachen und freudiger Energie – es herrscht eine wunderbar klare, helle und gleichzeitig kraftvolle Energie. Den Bewohnern dieser Stadt ist die Macht der Sanftmut und Freundlichkeit wohl bekannt.

Überall wachsen purpurfarbene Lilien und wilder Wein. Die Menschen feiern ständig und laben sich bei Festmahlen an Fisch, Getreideprodukten, Rosinen und Honig. Es herrscht eine ausgeprägte Harmonie und Kooperation an diesem Ort – ein friedvoller Zustand seligen Entzückens, wo jeder für jeden sorgt. Wir alle genießen es, im ewigen Sonnenschein zu baden, und wir sind sehr glücklich. Und es gibt so viele Engel hier!

Ich legte meine Hand auf den Grundstein eines Gebäudes und fühlte eine elektrische Welle durch meinen ganzen Körper strömen. War dies Atlantis, wie jeder behauptete? Historisch gesehen lag die Zeit des Vulkanausbruchs noch nicht so lange zurück, wenn man Platos Dialoge als Basis nimmt. Es sei denn – und einige Gelehrte ziehen diese Möglichkeit in Betracht –, Plato oder seine Übersetzer haben sich im Datum geirrt. In *Timaeus* und *Critias* spricht Plato über das Ende von Atlantis neuntausend Jahre früher. Sollte er jedoch anstatt neuntausend *neunhundert* Jahre gemeint haben, dann würde der Zeitpunkt mit Santorinis Zerstörung übereinstimmen. Viele Gelehrte glaubten, dass der griechische Herrscher Solon, der auf einer Reise nach Ägypten zum ersten Mal von Atantis hörte, vielleicht das ägyptische Symbol für 900 als das für 9000 missverstanden haben könnte. Und da Plato die Befunde von Solon aus zweiter Hand gehört hatte (durch seinen Enkel Critias den Jüngeren), konnte man sich leicht vorstellen, dass sich die genaueren Einzelheiten bei der Wiedergabe der Geschichte geändert hatten.

Die Ausgrabungsstätte, genau wie der Rest der Insel, bestand aus rotem, schwarzem und weißem Gestein, so wie Plato es beschrieben hatte. Außerdem fiel mir die Steinskulptur eines Stierhornes auf, und einer der Archäologen erklärte, dass der Stier das heilige Tier der untergegangenen Zivilisation gewesen war. Daher wurden also Stierhörner in die Wände von Palästen geschnitzt! Und Plato hatte über die Präsenz von Stieren in Atlantis geschrieben.

Es gab keinen Beweis für Gebäude aus reinem Kristall, wie zuweilen spekuliert wurde, und ich sah auch keine Landebahnen für fliegende Gefährte. Ich spürte jedoch deutlich überall die Gegenwart von Kristallen. Wenn dies nicht Atlantis war, so bestand dennoch eine starke Verbindung mit dem untergegangenen Kontinent. Und seine Energie rief in mir auf der einen Seite eine Flut von Erinnerungen an eine vergangene Inkarnation an diesem Ort hervor, und andererseits merkte ich, wie die Kanäle göttlicher Kommunikation mit den Engeln von Atlantis offener waren als je zuvor.

4

Kristalle und Olivenöl

Am darauffolgenden Tag besuchten Steven und ich das Prähistorische Museum von Fira, in dem die in der Ausgrabungsstätte in Akrotiri gefundenen Malereien und Objekte ausgestellt waren.

Kunstvolle Malereien stellten Göttinnen dar, die Make-up trugen und fein gearbeiteten Schmuck aus Gold und Edelsteinen. Wie bereits erwähnt, wurden weder Wertsachen noch menschliche Überreste in der Ausgrabungsstätte gefunden, was darauf hindeutet, dass die Bürger über eine bevorstehende Katastrophe informiert waren und genug Zeit hatten, ihre Sachen zu packen und ohne Panik die Stadt zu verlassen. Nur sehr intuitive Personen konnten einen solchen Vulkanausbruch voraussehen – eine weitere Indikation für die Verbindung mit Atlantis, da Atlantis von jeher als ideales Modell einer Bevölkerung mit hoch entwickelten außersinnlichen Fähigkeiten galt.

Viele der Malereien, die an den Innenwänden der Ruinen von Akrotiri gefunden wurden, bestätigten sowohl meine Visionen als auch Platos Beschreibungen von Atlantis. Die Wandgemälde zeigten, dass die Gegend mit üppigen tropischen Blumen und Pflanzen überwachsen war. Andere Malereien zeigen eine Flotte von Schiffen vor einem Hintergrund, der die konzentrischen Ringe in den Klippen widerspiegelte, die Plato erwähnt hatte.

Am bemerkenswertesten jedoch war eine Ansammlung von Kristallperlen, die in den Ruinen gefunden wurden. Die runden Perlen waren poliert und hatten ein Loch in der Mitte für eine Schnur, genau wie moderner Schmuck. Und die Kristalle waren die gleichen, deren Energie ich auf Santorini spürte: klarer Quarz und Lapislazuli. Beide Edelsteine werden mit gesteigerten außersinnlichen Fähigkeiten und Heilkräften assoziiert. Darüber hinaus waren Amethyste und Perlen aus Karneol ausgestellt.

Heutzutage werden Quarzkristalle weltweit abgebaut, wobei Lapislazuli vor allem im Mittelmeerraum vorkommt. Dies waren die beiden Edelsteine, die ich in meiner Vision überall in den Ruinen von Akrotiri, in die Häuserwände eingelassen, gesehen hatte. Heutzutage sind Amethyst und Karneol jedoch nicht in Griechenland heimisch: Amethyst wird in Nordamerika gefunden, in England, Südamerika, Indien, Russland und Afrika, während Karneol in Indien, Osteuropa, Peru, auf den Britischen Inseln und in Island abgebaut wird. Wie gelangten Amethyst- und Karneolperlen vor so langer Zeit nach Santorini? Wurden sie auf Schiffen importiert, oder erstreckte sich die Landmasse vom griechischen Festland bis nach Ägypten, was bedeutete, dass man über Land reisen konnte? Oder wurden sie aus einem anderen Teil von Atlantis hierher gebracht?

Die runden Kristallperlen waren mit denen identisch, die Teil der modernen »Power bracelets« sind *(»Kraft-Armbänder« – Anmerk. d. Übers.)*, die aus Kristallperlen bestehen, die auf Gummiband aufgezogen werden. Während wir auf die Kristalle starrten, fühlten Steven und ich eine starke Präsenz hinter uns. Wir drehten uns beide um, doch es war niemand zu sehen. Ich spürte die Präsenz jedoch deutlich und hörte sie sagen: *»Jene, die heute Kristalle tragen, sind Atlanter. Kristalle sind für euch das Zeichen, mit dem ihr einander erkennt.«*

An diesem Abend fuhren wir in die Stadt Oia, um Dr. Chronis und Andres nach Sonnenuntergang zu einem Abendessen zu treffen. In Oia gab es wesentlich mehr neuere und luxuriösere Villen und Geschäfte als in den anderen Städten auf Santorini. Die Stadt befand sich auf einer Erhöhung, was sie zu einem perfekten Ort machte, um den Sonnenuntergang zu betrachten. Tatsächlich kam jegliche Aktivität in Oia zum Stillstand, als sich alle Bewohner auf der Spitze des Hügels trafen, um die intensiven Farben der Strahlen der untergehenden Sonne zu sehen. Ich dachte an die Botschaften der Engel darüber, wie wichtig es ist, dem Sonnenuntergang beizuwohnen, um die Chakras für die Nacht und einen tiefen Schlaf zu aktivieren. Es war auf jeden Fall beruhigend, zu sehen, wie die Sonne im Meer versank und einen feurigen Himmel hinterließ, der sich mit den Farben der Abenddämmerung vermischte.

Als die letzte Spur von Orange einem tiefen Blau gewichen war, gingen Steven und ich zum Oia-Café. Wie die meisten Restaurants auf der Insel befanden sich fast alle Tische draußen auf einer Terrasse.

Dr. Chronis und Andres trafen in dem Moment ein, als wir uns gerade hinsetzten. Nach einer warmen Umarmung und Begrüßung erzählten sie mir von einem Patienten, dem sie gerade einen Hausbesuch abgestattet hatten. Hausbesuche waren für diese beiden Ärzte normal, je nach der Beweglichkeit und Transportmöglichkeit des Patienten. Wenn ein Patient nicht in ihre Praxis kommen konnte, besuchten Chronis und Andres ihn oder sie zu Hause.

»Wie klären Sie Ihre Energie, wenn Sie einen Patienten behandelt haben?«, wollte ich wissen.

»Ich wasche meine Hände mit Olivenöl«, erwiderte Chronis sofort. Einen Moment stockte mir der Atem, als ich seine Worte hörte, die eine Praktik beschrieben, die ich in meiner Rückführung am vorherigen Abend gesehen hatte. Ich hatte vorher nie davon gehört, dass man Olivenöl für irgendetwas anderes als zum Kochen nehmen kann. Und jetzt beschrieb mir ein Arzt seine Verwendung auf die exakt gleiche Weise, wie sie von anderen Heilern und mir selbst in dem atlantischen Heilungstempel praktiziert wurde! Mir fiel die wissenschaftliche Studie ein, die den Verzehr von Olivenöl mit Langlebigkeit in Verbindung gebracht hatte. Olivenöl scheint magische Eigenschaften zu haben, und vielleicht ist das ein Grund, warum Olivenzweige mit Frieden assoziiert werden.

Sonnenuntergänge und Sonnenschein

Begeistert erzählten wir von den Sonnenuntergängen, die wir auf Santorini bisher gesehen hatten, und obwohl Chronis und Andres Tausende von ähnlichen Sonnenuntergängen gesehen hatten, lauschten sie unseren Beschreibungen begeistert. Es war offensichtlich, dass die Santorinianer nicht müde wurden, die Wunder der Natur zu preisen.

»Das Sonnenlicht ist nicht nur beruhigend, sondern es ist auch sehr wichtig für die physische und geistige Gesundheit«, bemerkte

Andres. »Erinnert ihr euch, wie ich gesagt habe, dass goldenes Licht das dritte Auge öffnet? Nun, ihr könnt das goldene Licht durch Meditieren auf das Sonnenlicht herbeirufen, entweder durch visuelle Erinnerung oder indem ihr euch direkt davon bestrahlen lasst.«

Langsam begann ich zu akzeptieren, dass mir meine Engelbotschaften während meiner wachen Stunden verbal übermittelt wurden, damit ich auch wirklich darauf achtete. Warum sonst würde Andres genau die Worte äußern, die die Engel von Atlantis mir bezüglich des goldenen Lichtes gesagt hatten, das ich mit meinen Händen auffangen und diese dann auf mein Herz legen sollte?

Mir fiel der Heilungstempel von Atlantis ein, den ich in meiner Rückführungssession besucht hatte, wo ein rundes Loch direkt über der Kristallpyramide goldenes Sonnenlicht in die Pyramide leitete. Das Sonnenlicht wurde durch den Kristall selbst und durch die gebetsvollen Gedankenmuster des Hermes und der Priesterinnen, die das »feuerlose Feuer« innerhalb der Pyramide hüteten, noch verstärkt.

Ich machte mir eine Notiz, um die entsprechende wissenschaftliche Literatur zu durchforsten und die Beziehung zwischen Sonnenlicht und Gesundheit zu untersuchen. Ich fragte mich, ob es wohl irgendwelche Daten gäbe, die die positive Wirkung von Sonnenlicht auf die Gesundheit beweisen, oder ob die einzige Verbindung zwischen Sonne und Gesundheit negativer Natur ist und zu Hautschäden und Melanomen führt.

5

Auf nach Athen

Viel zu bald waren unsere Ferien auf Santorini vorüber, und es war Zeit für uns, nach Athen zu fliegen, meine griechischen Verleger zu treffen und mein Seminar abzuhalten.

Als wir zu dem am Meer gelegenen Hotel in Athen fuhren, das für die nächsten Tage unserer Zuhause sein sollte, fielen mir Botschaften auf, die auf die Autobahnmauern gesprayt waren und die besagten: »Mörder, geht nach Hause!« Ich fragte den Chauffeur, auf wen sich diese Aufforderungen bezogen, und er antwortete feierlich: »Amerikaner.« Ich schluckte. Der Irakkrieg hatte gerade erst begonnen, trotz weltweiter Proteste. Auf unseren Reisen waren wir oft gefragt worden, warum die amerikanischen Bürger Präsident Bush »erlaubt« hatten, den Krieg anzufangen. Sie wussten nicht, wie viele Amerikaner sich mit anderen Ländern verbunden hatten, um gegen den Krieg zu potestieren. Im Stillen betete ich, dass die Griechen den Amerikanern gegenüber vergebend und vorurteilsfrei sein mögen.

George Kelaiditis und Charitini Christakou, unsere griechischen Verleger, trafen uns in der Hotelhalle. Innerhalb von fünf Minuten wurde mir klar, dass George und Charitini an New-Age-Themen interessiert waren – was nicht bei allen Verlegern der Fall ist. Charitini war früher Rechtsanwältin, und ihr Partner George Ingenieur. Ihrer bürgerlichen Berufe müde, beschlossen sie, Lee Carrolls gechannelte Bücher von *Kryon* in griechischer Sprache herauszubringen. Dies führte dazu, dass sie eine Anzahl von Hay-House-Büchern (Hay House ist mein amerikanischer Verlag) mit ähnlichen Themen aussuchten, übersetzten und verlegten.

Charitini sagte mir, dass sie gerade ein Buch über ihre Erinnerungen an eine Inkarnation in Lemurien schrieb. »Während ich Ihr Buch *Die Heilkraft der Feen* übersetzte, war ich fasziniert über das, was Sie über die Meermenschen schreiben«, sagte sie.

»Und der Teil Ihres Buches *Engel der Erde,* in dem Sie von Personen berichten, die inkarnierte Meerjungfrauen, Meerjünglinge, Meerengel und Meerfeen sind, ergab plötzlich einen Sinn! Ich glaube, dass die Meermenschen die Lemurianer sind und dass wir eine Verschmelzung von Delphinen und Menschen waren.«

»Und die Meerengel sind eine Verschmelzung von Delphinen, Menschen und Engeln«, fügte ich hinzu.

»Ja!« rief Charitini begeistert aus. »Das ist genau das, worüber ich in meinem Buch über Lemurien schreibe.«

»Außerdem hat sie eine neue Form der Reiki-Energie entwikkelt, basierend auf ihren lemurianischen Erinnerungen an die Meermenschen«, fügte George hinzu. »Es heisst Meer-Reiki.«

»Ich kann seine wässrigen Eigenschaften bereits fühlen«, sagte ich. Charitini und ich verstanden uns auf Anhieb, da auch ich Erinnerungen an die tropische Insel Lemurien hatte. Als ich ihr über meine Forschungen hinsichtlich Atlantis berichtete, meinte sie, dass ich hier genau richtig war.

»Wir haben für morgen eine besondere Tour arrangiert, um euch das Parthenon und seine Umgebung zu zeigen«, erklärte sie. »Euer Führer ist Hellseher, Historiker und Autor. Er wird der richtige Mann sein, um euch über die wirklichen spirituellen Bedeutungen hinter den historischen Monumenten Athens aufzuklären.«

Von Küste zu Küste

Am nächsten Morgen hatte ich einen telefonischen Interviewtermin mit der amerikanischen Radioshow *Coast to Coast.* Ich war glücklich, in dieser beliebten Talkshow aufzutreten, vor allem da der Zeitunterschied bedeutete, dass mein Interview live um acht Uhr morgens ausgestrahlt wurde und nicht mitten in der Nacht, wo kaum jemand zuhört. Das Thema, das diskutiert werden sollte, war mein Buch *Die Kristall-Kinder,* bei dem es um die sensitiven und hellsichtigen Kinder und Kleinkinder geht, die oft als autistisch fehl diagnostiziert werden, obwohl sie in Wahrheit telepathisch sind.

Um acht Uhr saß ich neben dem Telefon und wartete auf meinen Anruf. Ich hatte meditiert, gebetet und war bereit für die Show. Doch das Telefon klingelte nicht. Daran gewöhnt, dass Produzenten zehn Minuten nach der vollen Stunde anrufen, um Raum für letzte Meldungen freizuhalten, machte ich mir keine Sorgen. Doch als auch nach zwanzig Minuten noch niemand angerufen hatte, wusste ich, dass irgendetwas schief gelaufen war.

»Erzengel Michael, bitte korrigiere alle Irrtümer oder Fehler in dieser Situation«, bat ich. »Bitte hilf dem Produzenten der Radio-Show, mit mir Kontakt aufzunehmen.« Ein paar Minuten später klingelte das Telefon. Es stellte sich heraus, dass die griechische Telefonvermittlerin des Hotels, die nur wenig Englisch sprach, mich nicht in ihrer Gästeliste finden konnte, doch der hartnäckige Produzent von *Coast to Coast* hatte immer wieder angerufen, bis man mich gefunden hatte.

In der Zwischenzeit hatte sich meine Mutter die Show angehört (mein Vater war eingeschlafen, denn es war ein Uhr morgens in Kalifornien, wo meine Eltern leben). Sie war entsetzt, als George Noory zu Beginn der Show besorgt mitteilte: »Wir können unseren geplanten Gast für heute Abend, Doreen Virtue, leider nicht ausfindig machen. Wir wissen nur, dass sie irgendwo in Griechenland ist, und Sie wissen, wie es momentan im Nahen Osten zugeht. Schließlich liegt Griechenland gleich neben der Türkei ...« Meine Mutter war zu Tode erschrocken, als sie dies hörte, und begann zu beten. Ich bin mir sicher, dass ihre Gebete und meine der griechischen Hoteltelefonistin schließlich halfen, meinen Namen und meine Zimmernummer zu finden.

Nach dem dreistündigen Interview gingen Steven und ich hinunter in die Hotellobby für unsere Tour zum Parthenon. Hoch erfreut umarmten wir zwei Freunde und Engeltherapeuten aus Texas, Jerry und Savroula »Stav« Stefaniak, die an meinem Engel-Seminar teilnehmen und uns auf der Tour begleiten würden. Wir waren uns zum ersten Mal 1998 begegnet, als ich einen Vortrag bei einer Universal Lightworker Conference in Houston hielt. Meine Mutter, die mich auf dieser Reise begleitet hatte, und Jerry verstanden sich auf Anhieb, nicht zuletzt wegen ihres gemeinsamen Interesses am *Kurs in Wundern*. Jerry und Stav, eine lizensierte Psychotherapeutin, geben *Kurs in Wunder*-Seminaren. Stav kam ursprünglich aus Zypern, daher sprach sie fließend Griechisch. Als Stav und ich ein paar Monate vorher während eines Engel-Therapie-Seminars (wo sie ein Teammitglied war) miteinander gesprochen hatten, hatte sie mir angeboten, nach Griechenland zu kommen und als Übersetzerin für meine Seminare zu fungieren. Ich spürte, dass ihr freiwilliger Service nicht nur gut für das Publikum sein würde, sondern ihr auch die Gelegenheit bieten würde, ihrem Geburtsland etwas zurückzugeben.

Wir vier drängten uns in ein Taxi und machten uns auf den Weg zum Parthenon. Eine halbe Stunde später schluckte Steven plötzlich und stieß überrascht hervor: »Oh, wow!«

Da, genau vor uns, war das Parthenon. Wenn ich auch schon viele Fotos, Illustrationen und Videos dieses Ehrfurcht gebietenden Gebäudes gesehen hatte, war der unmittelbare Anblick atemberaubend. Die Sonne ließ seine Säulen in goldenem Licht erstrahlen, und ich hörte regelrecht die Engel singen, als wir näher heranfuhren. Wir hatten alle Hunger, doch waren wir zu aufgeregt, als dass wir hätten anhalten und etwas essen können.

Der hellsichtige Historiker

Als Steven einen Granolariegel kaufte, um uns während unserer Besichtigungstour vor dem größten Hunger zu bewahren, betrachtete ich die Besuchermenge in der Nähe des Eingangs. Charitini und George waren gekommen, um uns persönlich mit unserem Fremdenführer bekannt zu machen, doch er wusste bereits, wer wir waren. Ich hätte ihn unter tausenden in einem vollbesetzten Stadion erkannt, so hell leuchteten seine Aura und seine ganze Persönlichkeit. Außerdem trug er ein T-Shirt, das die Worte »Ich bin ein New Ager!«, regelrecht hinausschrie.

Zuerst musste ich ihm schwören, dass ich nicht seinen wirklichen Namen in meinen schriftlichen Aufzeichnungen erwähnen würde, und um mein Versprechen zu halten, stimmte ich zu, ihn Nicholas zu nennen – in der Hoffnung, dass er sich eines Tages selbst öffentlich identifizieren würde. Nicholas fürchtete, dass die Informationen, die er mir zu geben gedachte, ihn in Gefahr bringen könnten, sowohl professionell als auch persönlich.

Nicholas war ein energetischer Mann, der mit einem ausgeprägt nasalen Akzent sprach, der mich an Andy Kaufmanns Charakter »Latka« in der Fernsehshow *Taxi* erinnerte. Sein umfangreiches Wissen über griechische Spiritualität und Geschichte strömte schneller aus ihm heraus, als ich in meinem Notizheft festhalten konnte. Oftmals, wenn ich Schwierigkeiten hatte, sein Englisch zu verstehen, nahm er mir das Heft aus der Hand und schrieb seine Worte selbst hinein, während er sie gleichzeitig verbalisierte.

Nicholas wohnte in der Nähe des Parthenon und hatte mehrere Jahre damit verbracht, die Gegend zu Fuß zu erkunden, wobei er meditierte und außersinnliche Botschaften empfing. Außerdem hatte er die überlieferten Texte studiert, die mit der Geschichte und den Legenden des Parthenons zusammenhingen. Darüber hinaus war er der Verfasserer diverser Bücher über antike griechische Persönlichkeiten – von denen eines von seinem vergangenen Leben handelte, jedoch als reiner historischer Text geschrieben worden war.

Nicholas empfand eine große Leidenschaft für die Göttin Athena, nach der die Stadt benannt war. Ich hatte seit dem Schreiben meines Buches *Archangels & Ascended Masters* verschiedentlich mit Athena gearbeitet, begann jedoch an diesem Tag eine tiefere Beziehung mit ihr.

Als wir über die Plattform unterhalb des Parthenons gingen, erklärte Nicholas: »Parthenon bedeutet soviel wie ›Tempel der Jungfrau‹, und er ist Athena geweiht. Die meisten Menschen sprechen Athenas Namen falsch aus, indem sie ›A-THE-na« sagen, wobei die richtige Betonung ›Athen-AH‹ lautet, also die letzte Silbe betont wird.«

Ich merkte, dass ich eine Menge von Nicholas lernen würde. Ich notierte seine Worte, so schnell ich konnte, während ich gleichzeitig versuchte, mit seinem schnellen Schritt mitzuhalten. Steven, Jerry und Stav ließen sich Zeit und folgten uns in einiger Entfernung, nicht sicher, ob sie sich an unserer Lehrstunde beteiligen oder ihre langsamere Gangart genießen sollten.

Nicholas erklärte mir: »Athena ist die Göttin der Weisheit. Ihre Symbole sind der Olivenbaum und die schwarze Taube. Die meisten Leute denken, ihr Tier sei die Eule, da sie mit Weisheit assoziiert wird. Doch in Wirklichkeit ist es die schwarze Taube.«

Er deutete auf die zahlreichen schwarzen Tauben, die überall um das Parthenon herum zu finden sind. »Weiße Tauben bedeuten Frieden, doch schwarze Tauben und Wildtauben sind Zeichen der Weisheit«, fügte er hinzu.

Er zeigte mir ein antikes Relief von schwarzen Tauben, das in eine Wand unterhalb des Parthenons gemeißelt war. Als ich das Relief berührte, fühlte ich mich in eine andere Zeit versetzt. Die Umgebung des Parthenon verwandelte sich von Braun und staubig in einen üppigen, farbenfrohen Garten. Als wolle er die Vergangenheit und Gegenwart verbinden, landete einen kurzen Moment lang ein Schmetterling auf meiner Hand.

Dann deutete Nicholas auf die Spitze des Parthenons und sagte: »Unsere Vorfahren errichteten eine ätherische Pyramide über dem Parthenon, um die Vögel daran zu hindern, auf dem Gebäude zu landen. Die Vögel spürten das Energiegitter, als wäre es eine solide Struktur. Man nannte die Pyramide einen ›*aornos petra*‹, oder einen ›Kein-Vogel-Stein‹, was soviel bedeutete wie: »Ein Ort, an dem Vögel nicht fliegen können.« Und tatsächlich, wenn ich auch dutzende von Tauben in der Gegend sah, so befand sich doch keine einzige in unmittelbarer Nähe des Parthenons. Und auch auf dem Dach des Parthenons war kein einziger Vogel zu sehen, eine Tatsache, die zweifellos zur Erhaltung der alternden Konstruktion beigetragen hat.

Die kosmische Schlange

Nicholas deutete mit der Hand auf einige Statuen wunderschöner Frauen. »Dies sind die Frauen von Athen, die die Flamme der Göttin am Leben erhielten. Sie waren Arbeiterinnen im Tempel von Erechtheion, einem Schlangengott, der versuchte, Athena zu verführen. Er schwängerte sie, ohne mit ihr geschlafen zu haben, und in einer jungfräulichen Geburt schenkte sie dem Gott des Metalls das Leben.«

Die Geschichte von der jungfräulichen Geburt und der Schlange kam mir vertraut vor. Nicholas erklärte seine Theorie: »Die ursprünglichen Athener waren Schlangenmenschen von den Pleiaden. Dann, im sechsten Jahrhundert vor Christus, veränderten die olympischen Götter ihre DNA und verwandelten sie in aufrecht stehende Menschen Dieser Prozess war im fünften Jahrhundert vor Christus abgeschlossen.«

Seine Worte erinnerten mich an das Buch *The Cosmic Serpent* von Jeremy Narby, das Steven und ich erst kürzlich gelesen hatten. Narby, ein Anthropologe, entdeckte, dass alle Ureinwohner Mythen, Malereien und Zeichnungen aufwiesen, in denen dargestellt wird, dass die Menschheit von Schlangen abstammt. Narby spekulierte, dass diese überlieferten Glaubenssätze sich auf die schlangenförmige DNA beziehen, die unter Umständen außerirdischen Ursprungs ist; weiter theoretisierte er, dass die ursprünglichen Menschen auf der Erde vielleicht schlangenähnlich gewesen seien und dass bereits ihre Körper die heutige DNA aufwiesen. Mit anderen Worten, unsere Ahnen existieren in unserer DNA.

Als wir durch das Museum der Artefakte wandelten, sahen wir viele Statuen von Schlangenmenschen. »Schlangen sind in der Bibel und anderen Texten dämonisiert worden«, sagte Nicholas. »Doch ich glaube, dass sie unser Ursprung sind.«

Außerdem sahen wir diverse Statuen meerjungfrauenähnlicher Menschen mit Schlangenkörpern, den typischen Meerjungfrauenschwänzen sowie menschlichen Oberkörpern, Armen und Köpfen. »Der Gott Poseidon befasste sich mit DNA-Experimenten und kreierte viele Anomalien, wie beispielsweise Kobolde, Meerjungfrauen, Schlangen, Zentauren und Seeungeheuer, doch Zeus stoppte diese Praktik.« Ich musste an die vielen Meerjungfrauen und Meerjünglinge denken, die ich auf Santorini gesehen hatte, als Nicholas hinzufügte: »Die Meermenschen werden im griechischen ›*Gorgonas*‹ genannt.«

»Vor dreihunderttausend Jahren«, fuhr er fort, »kamen die Pleiader, die auch als ›*Anunakis*‹ bekannt waren, was soviel bedeutet wie ›jene, die vom Himmel auf die Erde kamen‹, auf diesen Planeten. Die Schlange, oder die ursprüngliche Form der Pleiader, ist heute unsere Wirbelsäule, die DNA und die Kundalini-Energie. Der menschliche Körper hat die Form der Götter und Engel. Daher sind Menschen eine Vermählung der Engel mit der Schlange oder des höheren mit dem niedrigeren Selbst.

»Wir Menschen sollten eigentlich zwölf DNA-Stränge haben bzw. sechs Paare. Doch feindliche und kontrollierende Invasoren übten sich in genetischer Manipulation, damit wir nicht mit höheren Autoritäten kommunizieren konnten, und ließen uns mit unserer gegenwärtigen doppelten Helix zurück«, erklärte Nicholas. »Der DNA-Fluch der Invasoren wird nach 300 000 Jahren aufgehoben sein, und zwar am 21. Dezember 2012. Zu diesem Zeitpunkt werden unsere fünf zusätzlichen DNA-Paare wieder miteinander verbunden.

Ich dachte an den Maya-Kalender, der 2012 endet. Viele Menschen glauben, dass dies eine kommende Apokalypse signalisiert. Doch die Engel haben mir stets versichert, dass 2012 das Ende des *Messens* der Zeit ist ... nicht das Ende der Zeit selbst. Die Engel sagten, dass das Tragen von Armbanduhren und die Benutzung von Kalendern uns in der dreidimensionalen Illusion der Zeit gefangenhält. Sobald wir aufhören würden, die Zeit mechanisch zu messen, würden alle scheinbaren Limitationen und Einschränkungen von uns genommen werden. Zudem wären wir in der Lage, endlich wieder unsere natürlichen, wunderbaren Kräfte anzuzapfen.

Nicholas fuhr fort: »Wir müssen nicht auf das Jahr 2012 warten, um unsere DNA-Stränge wieder zu verbinden. Wir können zu Gott beten, zu Spirit, zum Universum, zur Liebe – wie immer Sie den Ersten Schöpfer nennen wollen. Nur achten Sie darauf, dass Sie zu dem Ersten Schöpfer beten, denn es gibt andere und weniger machtvolle Schöpfer, denen die Überlegenheit der menschlichen Rasse ein Dorn im Auge ist. Das ist der Grund, warum Lichtarbeiter auf die Erde gekommen sind, nämlich um den Menschen zu helfen, den Zugang zu ihren spirituellen Kräften wiederzufinden.

Es reicht, wenn Sie die Intention aufrechterhalten, sich mit dem Ersten Schöpfer zu verbinden, und schon ist es passiert. Dann verlangen Sie von ihm, dass er Ihnen die gesamten zwölf DNA-Stränge zurückgibt. Innerhalb von drei Monaten werden Sie alle wiederbekommen haben.«

Athenas Grab

Wir gingen das Parthenon entlang, während ich Nicholas Worte in mich einsinken ließ. Dann blieb er plötzlich stehen. »Athenas Grab befindet sich unter den Statuen der Frauen von Athen«, sagte er, und seine Bemerkung schreckte mich auf. Wie die meisten Menschen war ich bisher davon ausgegangen, dass Athena nie einen sterblichen Körper gehabt hatte. Meine Gedanken lesend, sagte Nicholas: »Athena war ein Supermensch mit einem sterblichen Körper.«

Ich fragte mich, *könnte Ignatius Donnelly Recht haben?* Donnelly hatte in seinem 1882 geschriebenen Buch *Atlantis* die Theorie aufgestellt, dass die atlantischen Könige, Königinnen, Hohepriester und Hohepriesterinnen Atlantis vor seiner Zerstörung verlassen hatten und nach Griechenland, Rom, ins Land der Kelten und nach Ägypten gegangen waren, wo sie aufgrund ihrer außerordentlichen Fähigkeiten als Götter verehrt wurden. Donnelly glaubte, dass die Götter und Göttinnen jener Kulturen in Wahrheit die hoch entwickelten Bewohner von Atlantis waren.

Ich war zutiefst fasziniert, und als Nicholas mit mir zum Grab von Athena ging, sah ich, das es von Stacheldraht und Bauarbeitern umgeben war. »Sie revitalisieren das Parthenon für die Olympischen Spiele«, erklärte er.

Ich fühlte mich magisch zu dem Bereich hingezogen, den Nicholas als das Grab von Athena beschrieben hatte. Er zog den Stacheldraht hoch, und ich kroch darunter hindurch, während Steven, Stav und Jerry zusahen. Mein langes Kleid verfing sich in dem Stacheldraht, doch es war mir egal, da die Energie mich unweigerlich zu der kistenähnlichen Struktur hinzog.

»Hey, Sie dürfen hier nicht hin!«, schrien zwei der Arbeiter. Doch ich war wild entschlossen, unwiderstehlich von der Energie des Grabes angezogen.

»Ich werde nichts anrühren, und es wird auch nicht lange dauern«, versprach ich unter Aufbietung all meines weiblichen Charmes.

Als die Männer ihre Köpfe schüttelten und sich wieder ihrer Arbeit zuwandten, bat ich innerlich Athena um eine Botschaft. Ich schrieb schnell mit, als ihre Worte durchkamen:

»Frauen müssen lernen, die Kontrolle über ihre vielfältigen Emotionen zu gewinnen«, sagte sie in einer süßen, liebevollen Stimme, die von Weisheit durchsetzt war. *»Die Emotionen sind wunderschöne Energien, die nichtsdestotrotz auf die richtige Weise beherrscht und zum Zwecke maximaler Effektivität gelenkt werden müssen, um diese Erde und ihre heiligen Bewohner zur ursprünglichen Ordnung zurückzuführen.*

Die göttliche weibliche Essenz harmonisiert Männer und Frauen gleich. Die Stärke der Frauen liegt in ihrer Sanftmut und ihren nährenden Eigenschaften, doch sie muss mit ihrem eigenen heiligen Selbst beginnen.«

Mit anderen Worten, wir Frauen müssen uns selbst gegenüber ebenso gebend sein wie gegenüber anderen.

Ein lauter, schriller Ton riss mich aus meiner Trance. Ein rotgesichtiger, uniformierter Mann, der wütend auf einer Pfeife blies, rief mir mit lauter Stimme zu: »Kommen Sie da raus, bevor ich Sie festnehme!«

Ich kroch eilig unter dem Stacheldraht hervor, und wir machten uns schnell davon. Jerry meinte scherzhaft: »Zeit, dass wir unsere Harry-Potter-Umhänge anziehen und uns unsichtbar machen!«

6

Pythagoras und Hermes

Als wir das Museum verließen und den Blick vom Hügel auf die Umgebung genossen, fragte Nicholas mich. »Möchten Sie gerne wissen, wie die Menschen damals all die riesigen Steine auf diesen Berg gebracht haben?« Auf mein bejahendes Nicken hin sagte er: »Die Alten hoben die Schwerkraft mit der Macht von Musik und Tönen auf. Die Priester benutzten die Schwingungen von Musik, um die Steine vom Boden zu heben und auf den Berg zu transportieren.

Und in einer Schlacht zwischen den Griechen und den Persern geschah es, dass die Griechen zahlenmäßig unterlegen waren, mit sehr wenigen Männern und Schiffen, während sich tausende persischer Soldaten auf die Griechen stürzten. Dennoch gewannen die Griechen die Schlacht. Wie war das möglich?«, stellte Nicholas die rhetorische Frage. »Die Griechen benutzten Musik, um die Steine hochzuheben, und außerdem wussten sie, wie man mit Hilfe von Flötentönen Feuer und Zaubersprüche kreieren kann. Nur die persischen Schiffe wurden von dem Feuer heimgesucht, und auf diese Weise wurden sie besiegt.«

»Hat dies etwas mit den musikalischen Theorien von Pythagoras zu tun?«, fragte ich. Genau in dem Moment, so als würde das Universum mir antworten, flogen drei Schmetterlinge vorbei, die sich mitten in der Luft miteinander verbanden. Ich betrachtete dies als ein Zeichen, da in der klassischen griechischen Sprache das Wort für *Schmetterling* das gleiche ist wie für *Seele:* das Wort *Psyche*. Und die alte Weisheit ging davon aus, dass unsere Seelen die Form von Schmetterlingen annehmen, während sie nach einer neuen Inkarnation suchen.

»Pythagoras war ein *elohim*«, sagte Nicholas, »ein Gott von Atlantis, der menschliche Form annahm.«

Wenn der griechische Philosoph Pythagoras auch in erster Linie berühmt ist für seine mathematischen Formeln zur Definition einer *Hypotenuse* eines rechtwinkligen Dreiecks $a^2 + b^2 = c^2$, so gingen seine Beiträge zum Verständnis der Welt und des Universums noch wesentlich weiter. Pythagoras, Philosoph und geistiger Lehrer, wurde um das Jahr 580 v. Chr. auf der Insel Samos geboren. Es wird behauptet, dass er nach der Python benannt wurde – eine weitere Verbindung zur vorgeschichtlichen Schlange.

Die Legende besagt, dass Pythagoras umfangreiche Lehren aus den Reisen mit seinem Vater durch Ägypten und Indien bezogen hat. Nach politischen Unruhen, die seinen moralischen Grundsätzen zuwiderliefen, verließ er Griechenland und ging ins südliche Italien. Dort gründete er eine philosophische und spirituelle Mysterienschule. Potentielle Schüler wurden drei Jahre lang geprüft und überwacht, bevor ihnen der Zutritt zu seiner Schule gewährt wurde. Die Initianten waren Vegetarier, die das Schweigegelübde ablegen und sich aus der politischen Arena fernhalten mussten. (Seine Regel, »Haltet euch von den Bohnen fern«, bezog sich auf die Tatsache, dass die Menschen damals bei Wahlen mit Hilfe von Bohnen ihre Stimme abgaben.) Pythagoras und seine Schule wurden immer wieder von außen angegriffen, und viele seiner Schüler wurden aufgrund ihrer Glaubenssätze exekutiert. Es wird gesagt, dass Pythagoras als Resultat dieser tragischen Vorkommnisse Selbstmord beging.

Einige Jahre zuvor hatte ich einen luziden Traum gehabt, in dem ich deutlich die Stimme meiner Großmutter Pearl hörte, die mich aufforderte: »Studiere Pythagoras.« Ich folgte ihrem Rat und stellte fest, dass der griechische Philosoph davon überzeugt war, dass alles im Universum von mathematischer Präzision war. Dazu gehörten auch Musik und Pythagoras' Feststellung, dass bstimmte Akkorde und Noten mit der Heilung bestimmter Krankheiten einhergingen, was ihn zur Einführung von Musiktherapie in die frühen griechischen Krankenhäuser brachte, die nach Asclepios, dem griechischen Gott der Heilung, benannt waren. Meine Beschäftigung mit Pythagoras inspirierte mich, die heilige Numerologie zu erforschen, was mich wiederum dazu brachte, mich mit dem Tarot zu beschäftigen und es zu benutzen. Als ich merkte, dass viele meiner Tarot-Klienten vor den Bildern auf den Karten zurückschreckten, wusste ich, dass ich ein Deck von Engel-Weissagungskarten ohne angsteinflößende Illustrationen kreieren musste. Und so wurde mein erstes Kartendeck *Das Heilorakel der Engel* geboren.

Als wäre das nicht genug, entdeckte ich auch noch zwei Bücher über präsokratische Philosophen mit einer Bezugnahme auf Pythagoras, die mich schier aus den Schuhen hob: »Heraklid von Pontus sagt, dass Pythagoras von sich selbst behauptete, er sei einst unter dem Namen Aethalides geboren und als Sohn des Hermes betrachtet worden.« Hermes sagte Aethalides, dass er sich alles wünschen könnte, und es solle ihm gewährt werden – außer Unsterblichkeit. Aethalides bat um die Fähigkeit, die Erinnerung an Dinge, die geschehen waren, sowohl im Leben als auch im Tod beizubehalten. Daher erinnerte er sich während seines Lebens an alles, und auch nach seinem Tod blieben ihm diese Erinnerungen erhalten. Später wurde er als Euphorbus wiedergeboren.

In meinen Büchern über die griechischen Philosophen fand ich dazu das folgende:

Euphorbus sagte oft, dass er früher als Aethalides geboren und seine Gaben von Hermes empfangen hatte, und er sprach häufig über die Reisen seiner Seele und all ihrer Wanderungen, zählte sämtiche Pflanzen und Kreaturen auf, zu der sie gehört hatte, und beschrieb alles, das er selbst im Hades erlebt hatte, und die Erfahrungen, denen der Rest der Seelen dort ausgesetzt war. Als Euphorbus starb, ging seine Seele in Hermotimus über, und er wollte beweisen, dass er es sei, also begab er sich nach Brnachidae, betrat das Heiligtum des Apollo und deutete auf das Schild, welches Menelaus dort geweiht hatte …

Als Hermotimus starb, wurde er zu Pyrrhus, dem Fischer von Delos, und wieder erinnerte er sich an alles, so wie zuvor in seiner Form als Aethalides, dann Euphorbus, dann Hermotimus und jetzt Pyrrhus. Und als Pyrrhus starb, kehrte er als Pythagoras zurück und erinnerte sich an alles, das hier erwähnt wurde.

Da war schon wieder die Verbindung zu Hermes!

Rückkehr nach Asklepios

»Würden Sie gerne an den Ort gehen, wo das Asklepios-Krankenhaus und der Heilungstempel standen?«, fragte Nicholas.

»Wollen Sie damit sagen, dass es hier in der Nähe ist?«, erwiderte ich schnell und voller Aufregung.

»Es ist gleich da vorne«, sagte Nicholas und deutete auf die Rückseite des Parthenon-Hügels.

Während Nicholas uns auf eine gemächliche und umständliche Tour führte, konnte ich es kaum erwarten, an den Ort des Heilungstempels zu kommen. Er ließ uns vor der Seite des Hügels innehalten, wo nackte Erde und Steine mit abgestorbenem Unkraut überwachsen waren. »Was sehen Sie hier?«, fragte er mich.

Ich schloss meine Augen. »Ich sehe eine zweite Stadt unterhalb von Athen; sie glüht in einem gelbweißen Licht. Die Stadt ist wunderbar sauber und strahlend hell!«

»Genau!«, sagte Nicholas. »Unter dem Parthenon gibt es Tunnel, die zu einer Stadt unter der Stadt führen. Es ist streng verboten, darüber zu sprechen, da die Macht dieser zweiten Stadt manipuliert und für zerstörerische Zwecke benutzt werden könnte.«

Ich hatte von der »Hollow Earth Theory« *(»Theorie der Hohlen Erde« – Anmerk. d. Übers.)* gehört und gelesen, die besagt, dass spirituell machtvolle Wesenheiten tief im Inneren der Erde leben. Ich hatte dies immer als Science-Fiction abgetan. Doch meine Vision der zweiten Stadt war sehr *real* und völlig spontan, also nahm ich mir fest vor, offen zu bleiben für dieses Thema.

»Ich werde Ihnen die geheimen Eingänge zeigen«, sagte Nicholas mit gedämpfter Stimme, »doch Sie müssen mir schwören, dass Sie nie verraten, wo sie sich befinden.«

Nicht wissend, auf was ich mich da einließ, und mit dem Gefühl, als sei ich eine Figur in einem Spionagefilm, folgte ich Nicholas zu einem kleinen Tunnel in der Seite des Hügels. »Die Hohle Erde hat viele Eingänge, und dies hier ist nur einer von ihnen. Sie werden winzige Kirchen sehen, die scheinbar ohne Plan überall in Athen gebaut wurden. Viele dieser Kirchen sind kleiner als ein Toilettenhäuschen und bieten kaum mehr als drei eng beieinander stehenden Personen gleichzeitig Raum. Diese Kirchen sind absichtlich über den Eingängen der Hohlen Erde errichtet worden, damit kein Unbefugter sie entdecken konnte.«

Während seine Worte wie eine Art Verschwörungsformel klangen, hörte ich offen und aufmerksam zu, als Nicholas weiter sprach. Schließlich war es eine historische Tatsache, dass das Christentum und der Katholizismus alte heidnische Glaubenssätze und Zeremonien übernommen hatte, wie beispielsweise »Ostara« (was zu »Ostern« wurde) sowie die Wintersonnenwende und »Yule«, was zu »Weihnachten« wurde. Also waren Nicholas' Ausführungen plausibel genug, um sie in Erwägung zu ziehen.

»Fünf oder sechs verschiedene Rassen von Wesenheiten leben in der Hohlen Erde, einschließlich Zwergen, Feen, Atlantern mit Wissen über hochentwickelte Technologie, und Außerirdische, die nicht von den Pleiaden stammen.« *Das hört sich an, als käme es direkt aus dem »Herrn der Ringe«,* dachte ich, und es war mir nicht möglich, Nicholas' Worte ernst zu nehmen. Doch als ich näher darüber nachdachte, fiel mir die Möglichkeit ein, dass *Der Herr der Ringe* unter Umständen auf historischen Tatsachen beruhte. Noch einmal schwor ich mir, diesen Konzepten gegenüber offen zu bleiben.

»Diejenigen, die über die Hohle Erde Bescheid wissen, treffen sich zu einem alljährlichen Frühlingsfest, *Kalikantzaroi* genannt, als Zeichen des Respekts für die Wesen, die dort unten leben. Die Zeremonie ehrt die Elfen und andere Elementarwesen. Man könnte sagen, dass Kalikantzaroi ein wenig wie Halloween ist, bei dem Respekt für die Toten gezeigt wird.«

Als wir vor dem Eingang des Tunnels angekommen waren, erklärte Nicholas, dass sich jeder, der ihn betritt, von einem dreidimensionalen in ein vierdimensionales Wesen verwandelt. Er sagte mir, dass die Tunnel mit Vortexen und geomantischen Kraftlinien verbunden sind, d. h. Energielinien, die sich über den Erdball hinziehen.

Als Stav den Tunnel sah, rief sie überrascht aus: »In meiner Meditation gestern sah ich mich in einer Vision in einen Tunnel gehen, der genauso aussah wie dieser hier!«

Schließlich, nach unzähligen Stopps, die mir wie eine Ewigkeit erschienen, erreichten wir den Ort, wo der Heilungstempel gestanden hatte.

»Zieht eure Schuhe aus«, forderte Nicholas uns auf. Als wir barfuß auf den Steinen des antiken Atlantis standen, fühlte ich, wie Energie durch meine Füße nach oben lief. Ich spürte die Kundalinienergie, wie sie sich von meinem Wurzelchakra bis hinauf in mein Kronenchakra ausdehnte.

Als wir über den Hügel zu der Stelle des Heilungstempels gingen, begann ich zu weinen. Und als ich endlich an der Stelle stand, zu der halb zerfallene Steinmauern und ein Fundament gehörten, fühlte ich mich in eine ferne Zeit zurückversetzt. Die Gärten waren überwuchert von herrlichen Blumen, Weinreben und bunten Singvögeln. Der Heilungstempel befand sich am Fuß des Berges, genauso wie ich es in meiner Rückführung in Skaros gesehen hatte.

»An dieser Stelle befand sich einer von mehreren atlantischen Heilungstempeln«, sagte Nicholas. »Das Asklepios-Krankenhaus wurde später über dieser Stelle errichtet. Zur Zeit von Atlantis nahmen jungfräuliche Priesterinnen die Heilungen vor, indem sie Zeremonien, Pyramiden, Licht, Farbe und Olivenöl benutzten.«

Ich bekam am ganzen Körper eine Gänsehaut, als Nicholas bis aufs I-Tüpfelchen die Erfahrungen meiner Rückführung in ein Leben als atlantische Heilerin beschrieb. »Wie konnten Sie das wissen?«, fragte ich ihn eindringlich.

»Ich war ein Hohepriester in diesem Heilungstempel«, erwiderte er ruhig. Ich starrte ihn an. Kein Wunder, dass er mir auf Anhieb so vertraut war. Und kein Wunder, dass einige seiner Eigenheiten mir liebenswert erschienen und andere mich irritiert hatten – schließlich *war* er die gleiche Seele!

»In meinem Leben nach Atlantis war ich der Heldendichter Omiros«, sagte Nicholas. »Ich wurde als Strafe dafür, dass ich die heiligen Geheimnisse in meinen Schriften dargelegt hatte, von den Priestern geblendet.«

Omiros war der alte griechische Name für den Dichter Homer, der die *Ilia*s und die *Odyssee* geschrieben hat. Diese Bücher umfassten sowohl einen Großteil der griechischen Philosophie als auch Informationen über Götter und Göttinnen. Dies half mir zu verstehen, warum Nicholas anonym zu bleiben wünschte, während er mir gleichzeitig esoterische Informationen zukommen ließ. Seine Seele erinnerte sich daran, wie schmerzhaft es war, geblendet zu werden als Strafe für das Weitergeben spiritueller Geheimnisse, und tief in seinem Inneren fürchtete er, das Gleiche könnte ihm noch mal passieren.

Ich sagte Nicholas und den anderen Mitgliedern unserer kleinen Gruppe, dass ich ein wenig Zeit für mich allein brauchte. Dann ging ich zu einer Ecke des (früheren) Tempelgartens und setzte mich mit Notizheft und Stift auf einen großen, sonnengewärmten Stein. Als Nächstes merkte ich, dass ich zurück in eine längst vergangene Zeit transportiert wurde, und ich schrieb Folgendes nieder:

Ich bin im Inneren des Heilungstempels und spüre ein Gefühl tiefer Liebe in meinem Körper aufsteigen. Die Essenz von Heilung ist Würde und Mitgefühl für das Leiden und das Elend eines anderen. Verbinde dich mit dem kranken Menschen durch seinen Schmerz und hebe ihn dann empor. Du kannst ihn nicht emporheben, wenn du dich nicht zuerst in seiner eigenen Realität mit ihm verbunden hast. Lass ihn einen Moment lang in diesem Gefühl des Verstehens und Teilens ausruhen und hebe ihn dann liebevoll empor, wie eine Mutter ein weinendes Kind hochhebt und tröstet.

Während ich dies niederschrieb, dachte ich *Es gibt so viele Geister meiner eigenen Vergangenheit hier!* Dann überkam mich ein Gefühl der Trauer, als ich erkannte, dass an Stelle der antiken Schönheit dieses Geländes heute nur noch totes, verbranntes Gras und Bäume zu finden waren, denen es an jeglicher Farbe mangelte. Dennoch waren die Gebete des Heilungstempels so tief in die Erde eingebettet, dass die wahre Schönheit nie völlig verloren gehen konnte. Die Liebe, die die Steine von Atlantis durchdrungen hatte, war tief, immerwährend und real.

Ich sah Visionen von Drachen und riesigen Männern, halb Tier und halb Mensch, durch Atlantis gehen, und mir wurde klar, dass die Sphynx in Ägypten nach ihrem Vorbild modelliert worden war. Die Kultur von Atlantis breitete sich über weite Teile der Welt aus und umfasste Griechenland, Indien, Ägypten und wahrscheinlich auch Indonesien, Südamerika und Mexiko. Als Atlantis versank, zogen seine Bewohner in diese Länder und verbreiteten dort ihre Weisheit, ihre Legenden und ihr Wissen.

Ich sah den sagenhaften Minotaurus, halb Stier, halb Mensch.

Er war real, er hatte wirklich existiert! Mir fielen die Stierhörner ein, die ich als Reliefs in den Ruinen von Akrotiri gesehen hatte, und Platos Worte über die Stiere in den Straßen von Atlantis, und dass sie geopfert wurden, um die Götter zu besänftigen und friedlich zu stimmen.

Ins Licht

Nachdem meine Vision wieder zur Gegenwart zurückgekehrt war, bildeten Stav, Jerry, Nicholas, George, Charitini und ich einen Kreis an der Stelle, wo einst der Heilungstempel stand, und hielten uns an den Händen. Ich bat meine Freunde, den Prozess mit mir zu teilen, den ich in meiner Rückführungs-Session gesehen hatte: Wir gingen um die Stelle herum, wo sich früher die Kristallpyramide befunden hatte, streckten gemeinsam unsere Hände zum Licht empor und legten sie anschließend auf unser Herz.

Das Auge im Zentrum der Pyramide war ein all-liebender Vortex, eine multidimensionale Repräsentation der Einheit des Höheren Selbst mit Gott. Mir fiel meine Past-Life-Regression ein, in der ich mich daran erinnert hatte, dass das Licht von Hermes kommt. Ich sah, dass dieses Licht von Hermes einem Vortex unterirdischer Energie entsprang. Eine Energielinie in der Erde leitete das Licht in den unteren Teil der Pyramide, während das Sonnenlicht von oben in die Pyramide hineinströmte. Diese beiden Lichtenergien trafen sich in der Mitte, wo das blaue Auge holographisch in alle Richtungen blickte.

Als wir unsere Notizen über das verglichen, was wir gesehen hatten, kristallisierte sich als gemeinsamer Nenner in unseren Visionen heraus, dass uns allen ein milchig weißes Licht in der Pyramide aufgefallen war. Dies erinnerte mich an etwas, das Andres in Santorini gesagt hatte: Weißes Licht *war* die Milch des Universums. Meine eigene Erfahrung sagte mir, dass es sich bei dem weißen Licht um eine intelligente, liebevolle und lebendige Wesenheit handelte. Wenn wir uns selbst, unsere Liebsten und unsern Besitz mit weißem Licht umgeben, rufen wir in Wahrheit Engel an. Da weißes Licht unsere eigene wahre Essenz und Substanz war, waren weißes Licht und Liebe die Basis allen Lebens.

Dann hatte ich einen Gedankenblitz: Wenn Nicholas' Theorie der Schlangen, die mit den Engeln verschmelzen, der Wahrheit entsprach, war es dann möglich, dass die Engel die Liebe repräsentieren und die Schlangen das Licht? Schließlich war die Schlange ein lebendiges Wesen, das Sonnenlicht und Wärme braucht, um existieren zu können. Und waren Engel nicht reine Wesen der Liebe? Vielleicht war unser Ursprung – Licht plus Liebe – der Grund, warum diese Formel gleichbedeutend war mit Heilung. Licht und Liebe war und ist demnach unser wahres Wesen. Und unser wahres Wesen ist bereits in jeder Hinsicht geheilt, ganzheitlich und perfekt. Wenn wir Licht und Liebe anrufen, rufen wir in Wahrheit unser höheres Selbst an, dass es hervortreten und alle Illusionen von Krankheit oder Dunkelheit verscheuchen möge.

Nicholas kam zu uns herüber und setzte sich neben Steven und mich. Ich erzählte ihm von meiner Vision der Minotauren, wie sie um den Heilungstempel herumgingen. Nicholas sagte: »Auf der Insel Kreta, die von König Minos regiert wurde, gab es eine Kreatur, die als Minotaur bekannt war. Die Minoaner (bzw. Kreter) verehrten den Stier als ein Symbol der Mondgöttin, da die Hörner des Stiers die Form des aufgehenden Mondes haben. Der Kopfschmuck der ägyptischen Göttin Isis war mir Stierhörnern geschmückt, da auch sie mit dem Halbmond in Verbindung stand.«

Ich fragte mich, ob dem Halbmond – jenseits des Voll- und Neumondes – vielleicht eine geheime Kraft zu Eigen war, von der ich wissen sollte? Vor allen Dingen unter Berücksichtigung der Tatsache, dass ich unter dem astrologischen Sternzeichen Stier geboren wurde, also mit einer besonderen Verbindung zum mythischen Stier der alten Griechen und Ägypter. Später fand ich heraus, dass der Halbmond in der U-Form eines Stierhorns ein Zeichen von Macht ist. Und eine Eigenschaft des astrologischen Stiers ist es, furchtlos weiterzugehen, um das erstrebte Ziel zu erreichen, so wie es ein richtiger Stier tun würde. Die Stierhörner und Halbmonde sammeln die Früchte der Manifestationen ein, ähnlich einem Gabelstapler, der Objekte aufschaufelt.

Nicholas' Worte erinnerten mich daran, wie Symbole von Göttinnen dämonisiert und verfolgt worden waren. Zum Beispiel hatten die dreizehn Mondzyklen in einem Jahr dazu geführt, dass die Zahl 13 als eine Unglückszahl gesehen wurde. Frauen haben dreizehn Menstruationsperioden pro Jahr. War dies der Grund, warum Stiere, die Symbole des Mondes und der Göttinnen, in Atlantis geopfert wurden? Hatte sogar *jene* fortschrittliche Gesellschaft Angst vor der Macht der Frauen?

Als ich Nicholas über meine Gefühle erzählte, sagte er: »Atlantis besaß ein numerisches System, das auf der Zahl 13 basierte. Dreizehn ist die Zahl des Weiblichen, wie Sie wissen. Es gibt dreizehn Universen, und die Computer von Atlantis basierten auf der Funktionsweise von dreizehn Zahlen.« Also war Atlantis doch progressiver bezüglich Frauen als unser gegenwärtiges System, in dem beispielsweise Hotels keine dreizehnte Etage haben!

Nicholas fuhr fort: »Im Heilungstempel habt ihr Priesterinnen gesungen, um die Vortexe energetisch zu öffnen.« Dann begann er, das gleiche Lied zu singen, das ich in meiner atlantischen Rückführungs-Session gesungen hatte! Steven und ich sahen einander erstaunt an und konnten es kaum fassen, dass wir schon wieder einen überwältigenden Beweis für die Realität meiner Rückführung erhalten hatten.

»Sie dürfen das Lied niemandem beibringen, bei dem die Möglichkeit besteht, dass er es missbraucht«, warnte Nicholas. »Wenn die falschen Leute das Lied kennen, könnten sie Kräfte entdecken, die unter Umständen vielen Wesenheiten in diversen Dimensionen schaden können.« Dann lächelte er und fügte hinzu: »Allgemein jedoch ist Singen für uns alle sehr heilsam, und es verstärkt definitiv unsere Heilungsfähigkeiten.«

An diesem Abend, als Steven und ich von unserem Hotelzimmer aus den Sonnenuntergang betrachteten, sprachen die Engel zu mir. Sie sagten: »*Das Betrachten des Sonnenuntergangs ruft nicht nur wegen der schönen Farben angenehme Gefühle hervor. Die Strahlen der untergehenden Sonne baden euch in den verschiedenen Farben des Lichts, die eure unteren Chakras aktivieren, was euch hilft, euch zu zentrieren. Das ist der Grund, warum Menschen sich am frühen Abend den Aktivitäten ihrer unteren Chakras hingeben, wie Essen, Trinken und Sexualität, um sich zu entspannen. Durch das Baden im Licht des Sonnenuntergangs aktiviert ihr in euch auf eine natürlichere Weise die Möglichkeit, euch zu zentrieren. Es ist von großer Wichtigkeit, den Sonnenuntergang mitzuerleben, ins Freie zu gehen und im Licht der letzten Sonnenstrahlen zu baden oder zumindest neben einer offenen Tür oder einem geöffneten Fenster zu stehen, wo ihr das Sonnenlicht ohne die filternden Eigenschaften des Glases absorbieren könnt.*

Das Licht des Mondes und der Sterne aktiviert die nächtlichen Chakras im aurischen Feld, einschließlich des Dritte-Auge- und Hals-Chakras, die Teile dieses Feldes sind und eine wichtige Heilfunktion in der Traumzeit innehaben. Dieser Vorgang schließt das Empfangen außersinnlicher Instruktionen während der nächtlichen Traumzeit ein. Das Licht des Sonnenaufgangs aktiviert das Herzchakra, um die diversen Energieebenen sowie das außersinnliche Gespür für Intuitionen während des Tages zu wecken. Die Aufnahme von Sonnenlicht im Laufe des Tages sorgt dafür, dass sich eure höheren und niederen Chakras in fließender Kommunikation und Übereinstimmung befinden.«

Nachdem ich die Worte der Engel in mich aufgenommen hatte, machte ich mir eine mentale Notiz, den Heilungsnutzen des Sonnenlichts gründlicher zu studieren. *Sind die gesundheitlichen Bedenken hinsichtlich des Sonnenlichts einfach nur zusätzliche Möglichkeiten, unsere innere Kraft zu unterdrücken?*

Ich dachte über das Inselleben nach. Steven und ich hatten längere Zeit auf Hawaii verbracht und dabei festgestellt, dass die kleineren Inseln jedem die Gelegenheit boten, sowohl den Sonnenuntergang als auch den Sonnenaufgang mitzuerleben, wenn die Sonne am Morgen aus dem Meer auftaucht und sich abends wieder in ihm verliert. Die Reflexion der Sonnenstrahlen im Wasser des Pazifiks kreierten jedes Mal hinreißend farbenfrohe Sonnenuntergänge, mit leuchtenden Orange-, Rot-, Rosa, Violett- und Gelbtönen.

Vielleicht ist dies der Grund, warum so viele der jüngeren »Kristallkinder« (empfindsame und außersinnlich begabte Kleinkinder und Babys) so fasziniert sind mit dem Mond, der Sonne und den Sternen. Zahllose Eltern schrieben mir während meiner Nachforschungen zu meinem Buch *Kristall-Kinder,* um mir zu sagen, dass ihre Kleinen Stunden damit verbringen, den Mond anzustarren. Eine Frau schrieb sogar, dass das erste Wort ihrer

Tochter *Mond* war, was sie aussprach, als die Mutter mit ihrer Tochter an einem Vollmondabend nach draußen ging.

Ist die Tatsache, dass sich so viele Kinder meistens in geschlossenen Räumen aufhalten, ohne natürliches Licht, ein weiterer Grund, warum ihnen die Schule verhasst ist? Studien zeigen deutlich, dass das fluoreszierende Licht in den normalen Klassenzimmern in einer Geschwindigkeit flimmert, die bei den meisten Schülern zu diffusen Angstgefühlen und Konzentrationsschwierigkeiten führt.

Ich dachte an die Mediumship- und Mentorship-Klassen *(zur Förderung medialer Fähigkeiten – Anmerk. d. Übers.)*, die ich kürzlich in einem neuen Seminarraum gehalten hatte. Während ich früher immer in den Ballsälen von Hotels mit wenig natürlichem Licht unterrichtet hatte, hielt ich meine Workshops jetzt im Inn at Laguna Beach in Kalifornien ab, wo der Seminarraum wandhohe Glasfenster hat und man auf den Ozean hinausschauen kann. Meistens waren die Türen geöffnet, damit frische Luft hereinkam. Es war nicht nötig, das künstliche Licht einzuschalten, da das Sonnenlicht den Raum ausreichend erhellte.

Der Unterschied in meinem Energielevel am Ende eines Unterrichtstages in diesem Raum gegenüber den früheren Seminarräumen war dramatisch. Wo ich mich normalerweise am Abend müde und ausgelaugt fühlte, war ich jetzt energetisiert und erfrischt, weil ich mich den ganzen Tag in einer Atmosphäre von natürlichem Licht und frischer Luft aufgehalten hatte.

Tunnel des Lichts

In dieser Nacht schliefen Steven und ich besonders tief. Am Morgen stellten wir fest, dass wir beide Träume übers Fliegen gehabt hatten, wobei ich mich auch noch an einen anderen Traum erinnerte, der mich zum Nachdenken brachte.

In diesem Traum war ich mit Anita, meiner besten Freundin in Kindertagen, und einigen anderen Personen, die ich nicht identifizieren konnte, zusammen. Wir alle ärgerten uns darüber, dass die Abflussrohre in unserer Wohnung und der ganzen Stadt verstopft waren. Die tapfere Anita meldete sich freiwillig, um in das unterirdische Rohrsystem hinabzusteigen und zu versuchen, sie zu reinigen.

Während sie da unten beschäftigt war, machten wir uns alle Sorgen um sie. Glücklicherweise erschien Anita einige Minuten später mit einem breiten Lächeln im Gesicht wieder an der Oberfläche. Sie war kein bisschen nass oder schmutzig. Stattdessen rief sie aus: »Oh, da unten gibt es eine ganze Stadt! Sie ist das Schönste, was ich je gesehen habe!«

Der Traum zeigte mir, dass ich mir die Symbolik der Tunnel näher anschauen musste, die Nicholas mir gezeigt hatte. Ich dachte über die Parallelen zwischen den Tunneln und unserem Gespräch über Schlangen nach, weil die Tunnel wie Schlangen waren.

Meine Gedanken kehrten zu einer Vision zurück, die ich 1996 gehabt hatte. Damals lehrte ich gerade die Entwicklung außersinnlicher Fähigkeiten, und während die Klasse damit beschäftigt war, sich gegenseitig Readings zu geben, schloss ich meine Augen und fühlte mich in der Zeit zurückversetzt. Ich sah die Erde, bevor die Menschheit sie bevölkerte. Überall war Wasser, und mir war bewusst, dass ich auf dem Wasser trieb. Ich spürte, dass ich ein einfaches, einzelliges Wesen war, eine schlauchähnliche Kreatur. Ein Wurm.

»Alles okay?« Die Stimme einer Schülerin riss mich aus meiner Vision.

»Ja. Ich habe mich gerade an ein vergangenes Leben erinnert«, antwortete ich.

»Nun, es hatte nicht den Anschein, als handelte es sich um etwas Angenehmes«, sagte die Schülerin. »Ihr Gesicht war so verzerrt, als hätten Sie Schmerzen.«

Ich habe nie den Anblick und das Gefühl vergessen, die mit dieser Vision einhergingen. Hier saß ich nun auf dem Balkon meines Hotelzimmers in Athen, sah auf das Meer hinaus und dachte: *Vielleicht waren Schlangen und Würmer nicht die ersten Bewohner auf der Erde. Vielleicht waren es ätherische Schläuche, wie die Tunnel, die manche Menschen während des Sterbens und bei Nahtoderlebnissen gesehen haben. Diese Tunnel verbanden die materielle und geistige Welt.*

Waren wir nicht schließlich alle durch den engen Geburtskanal auf die Welt gekommen? Bei der Geburt wird unsere Nabelschnur durchtrennt und durch eine silberne Schnur ersetzt, die unsere Seele mit unserem physischen Körper verbindet. Und ein Großteil meiner spirituellen Heilungsarbeit schließt das Durchtrennen ätherischer Schnüre ein, die Gedankenformen der Angst sind.

Vielleicht sind diese ätherischen Tunnel vor unzähligen Äonen verkalkt und haben später die ursprüngliche Essenz von dem geformt, was heute unsere Wirbelsäule ist bzw. die Stämme von Pflanzen und Bäumen – der buchstäbliche »Baum des Lebens«. Vielleicht war das Abflussrohr in meinem Traum ein Symbol für den Ursprung des Lebens, genau wie die Tunnel hinunter in die Hohle Erde in Athen Symbole waren.

Ich fragte mich: *Ist unsere Wirbelsäule ein Tunnel zu unserer eigenen inneren Stadt des Lichts? Eine Brücke zu dem Königreich in unserem Inneren – zum Himmel? Ist dies der Grund, warum so viele von uns während der Meditation diese emporschießenden Empfindungen in unserem Rücken spüren, bekannt als Kundalinienergie?*

Bedeutete dies vielleicht, dass Rückenprobleme ein Zeichen spiritueller Blockaden waren? Ich begann, Licht zu visualisieren, das ich durch meine Wirbelsäule sandte, und schwor mir, diese Praktik konsequent anzuwenden. Zuvor hatte ich Licht nur durch das Zentrum meines Körpers geschickt.

War es möglich, dass die Wirbelsäule der Körper der Schlange war und ihr Kopf unser reptilartiges Gehirn, auch bekannt als *Medulla oblongata*? Könnte es sein, dass dieses reptilienartige Gehirn noch immer aufgrund unserer alten Instinkte funktionierte, einschließlich des Instinktes, unseren Körper zu beschützen, indem wir Angreifer zurückschlagen? Und wenn es wahr ist, dass unsere Schlangenessenz mit einer höheren Engelessenz verschmolz, brauchten wir dann immer noch den alten Instinkt, der uns zum Angriff verleitete, um uns selbst zu schützen? Ich erinnerte mich an Zeiten, wo ich mich aggressiv verhalten und es später bereut hatte. War dies mein »Teufel-« und »Engel«-Konflikt, wie die Mythologie ihn beschreibt? War dies der Grund, warum es als beleidigend empfunden wurde, als »Schlange« oder »Wurm« bezeichnet zu werden?

Ich fragte mich, ob wir unsere Instinkte beibehalten konnten, um uns an unsere Engel zu wenden, wenn wir uns in Gefahr wähnten. Mir fielen die wissenschaftlichen Studien ein, die mit buddhistischen Mönchen durchgeführt worden waren, deren physiologische Lebenszeichen keine Veränderungen zeigten, wenn ihre Körper intensivem Stress ausgesetzt waren. Die Wissenschaftler folgerten daraus, dass die Meditationspraxis der Mönche zu einem geistigen Zustand geführt hatte, der unerschütterlich war. Vielleicht könnten wir alle durch regelmäßige Meditation ähnlich friedvolle Zustände erreichen.

Keine Zeitsorgen

Meine Zeit auf Santorini hatte mich gelehrt, dass die Griechen eine entspannte Einstellung zu Terminplänen und Zeit im allgemeinen hatten. Nach Aussage der Engel war dies eine gesunde Einstellung, da uns das Messen von Zeit in dreidimensionalen Begrenzungen gefangen hielt.

Mein Seminar in Athen sollte an einem Samstagmorgen um halb zehn beginnen, an einem fünfzehn Minuten entfernten Ort. Als George also sagte: »Der Wagen wird euch um halb zehn abholen und zum Seminar bringen«, waren Steven und ich einigermaßen überrascht. Sollte der Workshop nicht schon um halb zehn *beginnen*?

»In Griechenland fangen Seminare nie pünktlich an«, sagte George als Antwort auf meine unausgesprochene Frage.

Am nächsten Morgen warteten Stav, Jerry, Steven und ich vor dem Hotel auf unseren Wagen. Er kam um 9.35 Uhr. Steven war ein wenig nervös wegen unseres Zuspätkommens, da es ihm sehr wichtig war, Termine pünktlich einzuhalten. Ich habe stets seine Integrität in dieser Hinsicht bewundert, war jedoch persönlich entspannter und genoss die kulturellen Unterschiede in Griechenland, verglichen mit anderen Orten, an denen ich Seminare gehalten hatte.

Auf der Fahrt bemerkte ich zahllose riesige Reklametafeln, die Nescafé und verschiedene Zigarettenmarken anpriesen. Wie viele Europäer schienen auch die Griechen dem Kettenrauchen verfallen zu sein. Und tatsächlich, als wir am Ort des Seminars eintrafen, war das Auditorium leer, und die ca. 300 Teilnehmer hielten sich in der Cafeteria auf, rauchten Zigaretten und tranken Kaffee.

Wie kann ich diese Menschen die Entwicklung außersinnlicher Fähigkeiten lehren, wenn sie sich unter dem Einfluss aller möglichen Anregungsmittel befinden?, fragte ich mich bestürzt, doch dann übergab ich Erzengel Michael die Angst, damit er sich darum kümmern konnte.

George gab bekannt, dass der Workshop beginnen würde, und begleitete mich zu einem Büro, wo ich mich ausruhen und meine persönlichen Gegenstände ablegen konnte. Mittlerweile war es zehn nach zehn, und niemand hatte auch nur das Geringste daran auszusetzen, dass mein Seminar verspätet begann.

Ein Mann und eine Frau in einer Kabine über dem Auditorium übersetzten meine Worte. Ihre griechischen Übersetzungen wurden in Kopfhörer geleitet, die von dem größten Teil der Zuhörer, die alle kein Englisch verstanden, benutzt wurden. Die Übersetzung fand beinahe simultan mit meinen Ausführungen statt. Also musste ich ein wenig langsamer sprechen als normal, konnte andererseits jedoch ohne Unterbrechung reden. Dies stand im Gegensatz zu meinen Vorträgen in Deutschland im Jahr davor, wo ich mit einer deutschen Übersetzerin namens Angelika unterwegs war. Wir wechselten uns mit dem Reden ab: Ich sagte etwas in Englisch, und dann übersetzte Angelika meine Worte ins Deutsche. Diese Art der Übersetzung dauerte doppelt so lange, vor allem da mehrere Leute unter den Zuhörern, die sowohl Englisch als auch Deutsch sprachen, Angelika zuweilen bezüglich ihrer Übersetzungen kritisierten!

Die Seminarteilnehmer waren reizende Menschen, und sie öffneten wirklich ihre Herzen, um die Botschaften der Engel im Laufe des Tages zu hören. Als sie sich in Paaren zusammentaten und ich mit ihnen durch die einzelnen Stufen eines außersinnlichen Engel-Readings ging, sah ich, dass die Freude, das Vertrauen und die Liebe in ihren Herzen erfolgreiche Readings förderte.

Stav und Jerry halfen jenen, die Fragen hatten, und Stav erklärte sich bereit, nach dem Seminar für eine geringe Summe private Readings vorzunehmen. DerTerminplan der beiden war schnell voll, wobei dutzende weiterer Seminarteilnehmer auch noch auf einen Termin hofften. Also holte Jerry – der kein Griechisch konnte – einen Übersetzer, der ihm bei seinen Engel-Readings helfen konnte. Stav und Jerry waren drei Tage lang mit Readings ausgebucht! Es war harte Arbeit und erforderte große Hingabe von den beiden, doch gleichzeitig spürte ich, dass es für Stav wichtig war, ihrem Geburtsland auf diese Weise etwas zurückzugeben Irgendetwas tief in ihrem Inneren wurde dadurch geheilt.

Steven und ich kehrten rechtzeitig zu unserem Hotel zurück, um während des Sonnenuntergangs im Freien sitzen und unseren letzten Abend in Griechenland genießen zu können. Am nächsten Morgen flogen wir nach London, wo wir weitere Seminare und Vorträge in Buchläden abhielten. Steven hatte sein Didgeridoo auf unsere Reise mitgenommen, ein aus ausgehöhlten Baumästen hergestelltes australisches Windinstrument.

Steven hatte das Didgeridoo in einer schwarzen Tragetasche, und immer wieder kam es vor, dass wir auf Flughäfen von den Sicherheitsbeamten über den Inhalt der Tasche befragt wurden. Auf dem Flughafen in Athen war es nicht anders, und als der Beamte fragte: »Was ist das?«, gab ich ihm meine übliche Antwort: »Es ist eine Flöte«, was eine abgekürzte Erklärung des exotischen Instrumentes für diejenigen war, die es nicht kannten. Steven korrigierte mich jedes Mal, indem er richtigstellte: »Nein, es ist ein Didgeridoo.« Er schien es zu genießen, den verschiedenen Kulturen dieses »eingeborene« Instrument vorzustellen. Auf einem Flughafen forderten ihn die Sicherheitsbeamten auf, das Didgeridoo zu spielen als Beweis dafür, dass es sich tatsächlich um ein Musikinstrument handelte – eine Aufforderung, der Steven nur zu gerne nachkam.

7

Das Land der Verzückung

Als wir auf dem Heathrow-Flughafen in London landeten, freute ich mich darauf, eine Weile in England zu sein, das mir immer wie ein magisches und bezauberndes Land erschienen ist. England erinnert mich an ein Märchenbilderbuch, mit seinen Schlössern, Schwänen, Trauerweiden, seinen Meilen von sanften, grünen Hügeln, seiner kunstvollen Architektur und den herrlichen Gärten voller wildblühender Blumen.

Megan Slyfield und Jo Lal, zwei leitende Manager der Dependance meines amerikanischen Verlages Hay House, begrüßten uns am Flughafen, was ich als außerordentlich freundliche Geste empfand, die weit über ihre Aufgabe als Verlagsmanager hinausging, wenn man bedenkt, dass es ein Sonntagmorgen war, wo die meisten Leute gerne länger schlafen. Doch während unserer ganzen Reise durch England und Irland bewiesen mir die beiden Frauen immer wieder, wie sehr sie sich um die Autoren kümmern, mit denen sie arbeiten.

Am Abend meines ersten Seminars trafen wir uns sowohl mit Megan und Jo als auch mit Michelle Pilley (Geschäftsführerin) und Emma Collins (Verlagsassistentin) von Hay House England. Michelle befasst sich seit Jahren mit New Age und entsprechenden Forschungen. Ich dachte: *Wenn ich in England bin, fühlt sich alles immer richtig an.* Dann fragte ich mich: *Warum ist das so an bestimmten Orten, an anderen hingegen nicht?*

An diesem Abend hielt ich einen Vortrag in der St. James Church, einer wunderschönen, alten viktorianischen Struktur, komplett mit Orgel und Balkonen. Der Abend war von »Alternatives« gesponsert worden, einer spirituell arbeitenden Nonprofit-Organisation, die von drei einfühlsamen Männern geleitet wird: Steve, Tom und Richard.

Mein Vortrag sollte um Punkt 19.00 Uhr beginnen – und da

Alternatives die Kirche nur bis 20.30 Uhr benutzen durfte, musste der Workshop pünktlich beginnen. Zwei Minuten vor sieben schaute Tom auf seine Uhr und begann, die Sekunden bis zu dem Augenblick zu zählen, wo er mich dem Publikum vorstellen würde. Welch ein Kontrast zu der nonchalanten Einstellung bezüglich meiner Anfangszeit in Griechenland!

Ich fragte mich, ob die sonnige Lage Griechenlands einen Unterschied in Sachen Pünktlichkeit machte, verglichen mit dem relativ trüben Himmel in England. Mir fiel ein, dass auch in Hawaii Termine und Verabredungen eher lose gehandhabt werden, à la »Inselzeit«, was bedeutet, dass ein für 15.00 Uhr angesetzter Termin unter Umständen nicht vor 16.30 Uhr stattfindet. Schafften Sonnenschein und ein warmes Klima eventuell die Voraussetzungen für einen entspannteren Umgang mit der Zeit? Und da die Engel gesagt hatten, dass das Messen von Zeit Begrenzungen kreiert, deutete das etwa auf die Vorteile von Sonnenschein hin, so wie die Engel es mir erklärt hatten? Der Vortrag begann und endete auf die Minute genau wie geplant, und alle waren zufrieden.

Im Laufe unserer zweiten Woche arrangierten Steven und ich einen Besuch mit Michelle und Megan in der magischen südenglischen Stadt Glastonbury. Michelle wusste einiges über die Legenden und Spiritualität von Glastonbury, daher war sie an diesem Tag unser Führer. Auf der Fahrt dahin sprach Michelle über die *ley lines,* die unter England hindurchlaufen. Wie bereits früher kurz erwähnt, sind »ley lines« unterirdische Energielinien oder -gitter, die wie geistige elektrische Leitungen funktionieren.

»Wir werden heute den Glastonbury Tor erklimmen«, sagte Michelle. Der Tor ist ein bergähnlicher Erdhügel in Glastonbury. »Es gibt eine mächtige *ley line*, die sich vom St. Michael's Mound auf der Land's End Peninsula in Cornwall bis zur St. Michaels-Kirche auf dem Hügel von Glastonbury Tor erstreckt. Alle heiligen Orte, die Erzengel Michael geweiht sind, verlaufen in einer geraden Linie, die wir die ›Engellinie‹ nennen.

Es gibt eine weitere *ley line*, benannt nach der Jungfrau Maria, die sich mit Michaels Energielinie unterhalb des *Tor* kreuzt, was ihre Kraft noch verstärkt.«

Ich war sprachlos, schon wieder einen Hinweis auf die Paarung von Engeln und Schlangen zu hören! Und die Tatsache, dass die

Engel Gruppen bildeten unter männlicher Führung, während sich Schlangen mit weiblicher Energie verbanden, empfand ich als höchst interessant. Es erinnerte mich an die Schlange im Garten Eden, die als der Verführer Evas galt – der letzten Endes die Schuld an der Vertreibung aus dem Paradies gegeben wurde.

Als ich diese Gedanken mit Michelle, Megan und Steven diskutierte, fügte Michelle hinzu: »Tatsächlich gibt es zwei Pfade, die zur St. Michaels-Kirche auf dem Glastonbury Tor führen. Einer ist gerade und schneller. Der andere windet sich wie eine Schlange und führt um den Tor herum. Dieser Weg dauert länger und ist normalerweise für Frauen reserviert. Er bietet die wunderbare Möglichkeit, einen meditativen Spaziergang hinauf zum Tor zu machen.«

Aufgrund eines Unfalls wurde der Verkehr auf der Landstraße immer langsamer und kam nur stockend voran. Als Rettungs- und Abschleppwagen an der Unfallstelle erschienen, kam der Verkehr völlig zum Erliegen. »Schaut!«, rief Steven plötzlich aus. »Da ist Stonehenge!« Unsere umgeleitete, langsame Fahrt hatte uns zu dem uralten Kreis stehender Steine gebracht. Wir alle stimmten überein, dass dies der Grund für unser langsames Fahren gewesen war – damit wir die Schönheit von Stonehenge bewundern und in uns aufnehmen konnten. »Stonehenge befindet sich auf der Energielinie von Michael«, erklärte Michelle, während ich diese Worte in das Notizbuch schrieb, das ich seit Santorini immer parat hatte. Ich war sehr dankbar für die Informationen, die sie mir vermittelte.

Die Insel von Avalon

Als wir nach Glastonbury hineinfuhren, bekam ich regelrecht Herzklopfen und atmete schneller. Als Michelle dies bemerkte, kommentierte sie: »Glastonbury wird aus gutem Grund als das ›Herzchakra‹ der Welt bezeichnet, finden Sie nicht auch?« England war ohne Zweifel ein magisches Land, was ein Grund dafür war, dass Steven und ich jedes Jahr hierher zurückkamen. Neben einer alten Kirche, teilweise in Ruinen und bekannt als »die Abtei«, befanden sich zwei Grabstellen, aus deren Inschriften hervorging, dass hier König Arthur und Königin Guinevere Seite an Seite begraben lagen.

Die romantisch-mystischen Eigenschaften von Glastonbury und seine vielen hübschen Geschäfte und Naturwunder machten es leicht, sich König Arthur, den Zauberer Merlin und Erzengel Michael vorzustellen. Die Legende besagt, dass die »Insel von Avalon«, berühmt geworden durch die Geschichten über König Arthur und das Buch *Die Nebel von Avalon*, sich in Glastonbury befand, direkt hinter der Abtei.

»Ja, ein Aufenthalt in Glastonbury macht auf jeden Fall das Herz weit«, stimmte ich ihr zu, als wir in den Parkplatz von Chalice Wells einbogen, einem botanischen Garten mit natürlichen Heilwasserquellen. Jesu Onkel, Joseph von Arimathea, brachte den Heiligen Gral auf die Insel von Avalon. Als er in Glastonbury ankam, stieß er seinen hölzernen Gehstock in den Boden. Der Stab schlug an der Stelle des späteren Chalice Wells Wurzeln und wuchs zu einem stattlichen Dornenbusch heran, der jedes Jahr zur Weihnachtszeit erblüht. Diese Art Baum *(Crateagus Monogyma Praecox)* ist normalerweise nur im Nahen Osten heimisch. Neben dem heiligen Dornenbaum entsprangen zwei Quellen: eine mir rotem eisenhaltigem Wasser und eine mit klarem weißem Wasser. Die Reisenden tranken das Wasser aus beiden Quellen, denen man heilende Kräfte nachsagte.

Es erstaunte uns, dass wir die einzigen Menschen in Chalice Wells waren, normalerweise ein hoch frequentierter Ort sowohl für Touristen als auch für die Bewohner der Umgebung. Wir verbrachten die Zeit mit Meditieren und freuten uns über die Schönheit der Quellen, der Blumen und der Energie. Und wir tranken zeremoniell von dem heilenden Wasser der roten und der weißen Quelle.

Dunkle Wolken erschienen am Himmel, daher beschlossen wir, den Tor zu besuchen, bevor es dunkel wurde oder zu regnen anfing. Da bereits einzelne Tropfen fielen, kamen wir überein, den geraden Weg auf den Hügel zu nehmen. Bauarbeiter hatten zu Reinigungs- und Reparaturzwecken außen und im Inneren der Kirche ein Gerüst errichtet. Das Gerüst beeinträchtigte die äußere Erscheinung der Kirche, doch merkten wir während unseres Aufstiegs, dass ihre Energie noch immer äußerst anziehend war.

Auf der Spitze des Tor drückten kalte Winde uns gegen die Kirche. Eine einsame Bauarbeiterin stand ganz oben auf dem Gerüst in der Kirche und arbeitete. Michelle und ich warfen einen Blick ins Innere. »Tut mir leid, kein Zutritt«, sagte die Frau. Wenn sie auch wie die Männer einen Arbeitskittel trug, fielen mir dennoch ihr feminines Gesicht und die Locken unter ihrem Helm auf.

»Könnte sie nicht vielleicht für einen Moment hereinkommen?«, fragte Michelle für mich. »Sie ist eine amerikanische Autorin, die für ihr neues Buch Nachforschungen über den Tor macht.«

Michelles Energie und respektvolle Aufrichtigkeit verfehlten ihre Wirkung nicht, und die Frau machte mir ein Zeichen, hereinzukommen. »Aber nur für eine Minute«, warnte sie mich.

Das Erste, was mir auffiel, waren die Skulpturen von Erzengel Michael und der keltischen Göttin Bridget. Ich hatte seit meinem ersten Besuch in Irland, wo ich Bridget begegnet war, mit ihr zusammengearbeitet. Bridget war eine feurige, leidenschaftliche, beschützende Göttin, die kurzzeitig von der katholischen Kirche »übernommen« und heilig gesprochen wurde. Ich habe meinen Klienten immer gesagt, dass Bridget das weibliche Äquivalent zu Michael war, da ihre Energie dermaßen heiß war, dass sie – wie Michael – die Menschen in ihrer Umgebung zum Schwitzen brachte. Außerdem spiegelte Bridget Michaels Fähigkeit wider, Vertrauen und Mut zu stärken und jene zu beschützen, die sie anriefen.

Ich hatte Bridget immer mit Irland assoziiert, und doch war es hier auf der Kreuzung der Michael-und-Maria-Energielinien angemessen, sowohl die weiblichen als auch die männlichen Aspekte des Göttlichen anzuerkennen.

Nach einem kurzen Moment verließ ich die Kirche wieder, aus Respekt für die Bauarbeiterin, deren Energie definitiv etwas von einer Göttin hatte. Hier, unter dem Helm und dem Kittel, befand sich eine göttliche Hüterin des Tempels.

Als ich wieder heraustrat, fuhr mir der Wind durchs Haar und durch die Blätter meines Notizheftes. Ich spürte die starke, liebevolle Gegenwart von Erzengel Michael um mich, also begab ich mich an eine beschützte Stelle, wo die Mauern der Kirche den Wind abblockte, und begann, seine Worte niederzuschreiben:

»Diese Kirche, mir zu Ehren benannt, wurde auf der Energie von Avalon erbaut, über der früheren Stelle des Heilenden Palastes von Avalon. Ich verbinde beide Welten, indem ich die alten Heilungstraditionen in die Christenheit und andere organisierte Religionen bringe – mit einem Fuß in der alten Dimension, die sich gleich unter dem Fundament organisierter Religionen befindet – und sie geduldig, ohne zu urteilen, unterstütze. Mit einem Fuß in der alten Welt und einem in der neuen, wie eine Brücke.

Eure Heilungskreis-Energien von Avalon sind immer noch in der Erdkruste hier lebendig, und die Energie ist in die heilenden Steinkreise von Avebury und Stonehenge transferiert worden. Diese Steine wurden aus der Vibrations-Dimension von Avalon an ihre gegenwärtigen Standorte befördert, indem ihre Moleküle in Schwingung versetzt wurden, um sie durch hoch vibrierende Gedankenprozesse zu transportieren.

Ebenso wie die Kapellen in Griechenland die Vortexe von Atlantis verdecken, schlägt die Tor-Kirche Kapital aus uralten Energien. Hierbei handelt es sich nicht um eine Verschwörung; vielmehr ist es die archaische Anleitung, die die Engel den Steinmetzen gegeben haben, die diese Kirche für euch errichteten in der Absicht, die Fortsetzung der Gebete an dieser Stelle zu sichern, die in den Blutkreislauf der Erde getragen werden.

Geomantische Kraftlinien, die ley lines, *sind die verbindenden Arterien der Erdenchakras, ähnlich der Kundalini-Schlange, die die Chakras eures Körpers miteinander verbindet.«*

Mir blieb kaum Zeit, Michaels Worte zu begreifen, als es zu regnen begann und wir uns eilig auf den Weg hinunter ins Dorf machten. Ich hielt mein Notizheft in meiner Jacke eng an mich gepresst, um es vor dem Regen zu schützen.

Energie-Schwingungen

In der darauf folgenden Woche organisierten Steven und ich eine private Tour nach Stonehenge, die es uns ermöglichte, die Steine zu berühren und neben ihnen zu sitzen. Steven nahm sein Didgeridoo mit, um bei Sonnenuntergang einen zeremoniellen Song zu spielen, während ich mein Journal und diverse Stifte mitgenommen hatte, um eventuelle Botschaften und Einsichten mitzuschreiben.

Phillip, unser Führer für Stonehenge, besaß eine Menge allgemeiner sowie esoterischer Informationen. Er erklärte, dass es in Stonehenge ursprünglich 56 hölzerne Pfähle gegeben hatte, die um die Steine herum errichtet worden waren. Diese Zahl war bedeutsam, da sie zweimal 28 war und somit die 28 Tage des Mondzyklus widerspiegelte. Phillip sagte: »Historiker schätzen, dass die Pfosten zehn Meter hoch und aus Eichenholz waren und dass sie benutzt wurden, um die Mondzyklen für das Bestellen des Landes zu ermitteln.«

Das erinnerte mich an meine babylonische Vergangenheit, wo wir die Bewegung der Sterne anhand der Säulen unseres Tempels nachvollzogen. Phillip fuhr fort: »Dreizehn verschiedene Ley Lines kreuzen sich in Stonehenge, was ebenso bedeutend ist, da es dreizehn Vollmonde im Jahr gibt.« Und wieder war die Mondenergie der Göttin offensichtlich!

Unser Führer zeigte uns einen großen Eckstein, der die Himmelsposition der Sommersonnenwende anzeigte, und zwei kleinere Steine für die Herbst- und Frühlings-Tagundnachtgleichen.

»Es gibt zahllose Spekulationen darüber, wie die Steine nach Stonehenge gekommen sind«, sagte Phillip. »Eine Legende besagt, dass Merlin die Steine von Irland herüber geflogen hat. Die blauen Steine von Stonehenge gibt es nur in Wales und in Irland, also mindestens 250 Meilen entfernt. Es gibt keinen ebenerdigen Weg, um die Steine irgendwie hierher ziehen zu können, da es zwischen Wales und Salisbury, wo sich Stonehenge befindet, viele Berge und Flüsse gibt, die überquert werden müssten.«

Auf der Mauer am Eingang zu Stonehenge gab es eine Malerei, die hunderte von Männern darstellte, die unter großen Mühen die riesigen Steine mit Seilen zogen. Alle Spekulationen über Stonehenge und die ägyptischen Pyramiden schienen auf dem gegenwärtigen Wissen der Menschheit über materielle Objekte zu basieren. Wissenschaftler waren offensichtlich nicht bereit, unser mögliches metaphysisches Wissen über die Umgehung irdischer physischer »Gesetze« in Erwägung zu ziehen.

Mir fiel Erzengel Michaels Botschaft für mich in Glastonbury Tor über die Beförderung der Steine ein: »*Diese Steine wurden aus der Vibrations-Dimension von Avalon an ihre gegenwärtigen Standorte befördert, indem ihre Moleküle in Schwingung versetzt wurden, um sie durch hoch vibrierende Gedankenprozesse zu transportieren.«*

Während diese Worte sich anhörten, als kämen sie direkt aus *Star Trek* – konnte es nicht dennoch möglich sein, unsere Gedanken so zu trainieren, dass sie materielle Objekte beeinflussen konnten? Schließlich hatten wissenschaftliche Studien gezeigt, dass Psychokinese – das Beeinflussen materieller Objekte durch Gedanken – eine Realität war. Ich hatte über zahllose Forschungen gelesen, bei denen die Gedanken der Testpersonen Flippermaschinen, Computer und ähnliches beeinflusst hatten. Warum sollten Personen, die sich mit dem Studium der Metaphysik beschäftigten – ohne moderne Unterbrechungen wie Fernsehgeräte oder Bürojobs – und die ihr ganzes Bemühen in jene Richtung fokussierten, diese Kraft nicht in die Fähigkeit katapultieren können, Steine zu dematerialisieren und an anderer Stelle wieder zu materialisieren?

Außerdem kam mir in den Sinn, was Nicholas mir in Griechenland gesagt hatte: »Die Alten hoben die Schwerkraft mit der Kraft der Musik auf. Die Priester benutzten die Schwingung von Musik, um die Steine schweben zu lassen.« Es machte Sinn, dass Musik auf einer höheren Schwingungsebene vibriert als dichter Stein. Und wenn Wissenschaftler darin übereinstimmten, dass alle materiellen Objekte in Wahrheit auf der atomaren Ebene aus Energie bestanden, warum sollten wir dann nicht mit Hilfe von Schwingungs-Einflüssen wie Musik oder Gedanken Atome neu arrangieren können?

Beim Schreiben meines Buches *Die Kristall-Kinder* hatten mir zwei Familien geschrieben, dass ihre Kinder erfolgreich ihre Spielzeuge zum Schweben gebracht hatten. Die neuen Kristallkinder, hochempfindsame und hellsichtige Wesen, haben einen derart unerschütterlichen Glauben, dass eben dieser Glaube es ihnen ermöglicht, Wunder zu vollbringen wie zum Beispiel Levitation, die sofortige geistige Heilung ihrer Liebsten und das Überleben eines Sturzes aus Höhen, die in der Regel tödlich sind.

Die kristallklaren Intentionen und der unerschütterliche Glaube dieser Kinder kreieren diese Wunder. Sie bestätigen eine alte Weisheit, die zurückgeht auf den Meister-Lehrer Jesus, der wiederholt gesagt hatte: »So wie ihr glaubt, so wird es geschehen.« Die neuen Kristallkinder zeigen uns den Weg dessen, was möglich ist, indem sie uns helfen, Fähigkeiten wiederzuentdecken, die wir in den Tagen von Atlantis und Avalon besaßen.

Heilungsbotschaften aus Stonehenge

Als ich in der Mitte des Stonehenge-Kreises stand, zog ich meine Schuhe aus und grub meine Zehen in die dunkle, weiche Erde. Es war die Stunde des Sonnenuntergangs, und ich konnte tausende von Engeln und weisen Wesen spüren, die mich mit großer Liebe umgaben. Der Kreis strahlte eine angenehme Vortex-Energie aus, und ich hörte die Steine, wie sie ein leises Mantra sangen.

Die Steine erzählten mir von großem Schmerz und Leiden, die in Stonehenge erduldet wurden. Die Steine hatten diesen Schmerz absorbiert. Ich konnte deutlich die Augen, Nasen und Münder in den Steinen erkennen, die Gesichtszüge der Stein-Menschen – Vertraute von Priestern und Priesterinnen, die gekommen waren und ihnen über ihre Schwierigkeiten und Sorgen berichtet hatten.

Die Steine sangen zu mir über die alten Astronomen, die die Bewegungen der Sterne auf den vertikalen Schablonen des Tempels aufgezeichnet hatten. Diese Männer waren sich zudem telepathisch der Not der Menschen überall bewusst. Sie wussten über Armut Bescheid, über Betteln, Hysterie und die Verschwendung der kostbaren natürlichen Rohstoffe.

Die Geheimnisse von Stonehenge wurden von einer Generation von Helfenden, die am und mit dem Steinkreis arbeiteten, an die nächste weitergegeben. Es gab sogar einmal eine Massentötung von Druiden-Priestern, die aufgrund ihrer »heidnischen« Handlungen hingemetzelt wurden; jedoch waren die Seelen dieser hoch entwickelten Priester in der Lage, sofort auf die Erde zurückzukehren, indem sie in einem Seelen-Austausch-Programm, basierend auf dem freiem Willen der Betreffenden, in die Körper anderer Menschen eingingen.

Als Stevens Didgeridoo-Musik durch die von den letzten Sonnenstrahlen beleuchteten Steine drang, setzte ich mich hin und stellte den Steinen Fragen:

»Was hat Stonehenge mit Heilung zu tun?«

Die Steine antworteten umgehend: »*Die von den Alten ausgesandte Heilungsenergie hüllt bis heute dieses Land (England) ein und macht es zu einem Zufluchtsort für Heilung. Das ist der Grund, warum du und so viele andere Menschen England für seine nährende mütterliche Energie lieben und verehren.*

Erzengel(in) Haniel war hier, und sie existiert nach wie vor auf mehreren Existenzebenen. Sie ist ein Engel des Mondlichts, der an diesem Ort unter den Namen Diana und Demeter verehrt wurde. Auch du warst im Laufe unserer Geschichte viele Male mit Haniel und ihren Göttinnen-Aspekten involviert.«

Ihre Worte ließen mich innehalten und riefen mir meine Past-Life-Erinnerungen von Babylon ins Gedächtnis. Eine der Göttinnen-Statuen in dem Tempel sah genauso aus wie Diana. Und meine Nachforschungen hatten Erzengel Haniel mit Babylon und der astrallichtähnlichen pulverartigen Substanz, die wir damals benutzten, in Verbindung gebracht. Und jetzt sagten mir die stehenden Steine, dass Haniel und Diana ein und dieselbe waren! Natürlich – beide waren Mondgöttinnen! Und die Verbindung zu Demeter, der griechischen Göttin üppiger Ernte, war ein weiterer Aspekt von Haniel. Nun, ich wusste, dass Haniel uns half, Fülle zu manifestieren, daher ergab das Ganze für mich einen Sinn.

Ich fragte mich, *Sind die Erzengel in Atlantis gewesen, und waren sie außerdem Aspekte der Götter, Göttinnen und Gottheiten in den Kulturen und Religionen der Welt?*

Während ich über diese Frage nachdachte, wollte ich von den Steinen über ihre Herkunft aufgeklärt werden und darüber, wie sie nach Salisbury gekommen waren.

Sie antworteten: »*Du hast diese Information bereits bei deinem Aufenthalt in Glastonbury erhalten. Wir Steine kamen durch die Portale von Avalon und Atlantis, zwei nebeneinander existierende Zivilisationen, in perfektem Zustand hier an. Avalon und Atlantis kontrollierten die Gedankenmuster der sich entwickelnden Menschheit, als diese begann, Waffen und andere Instrumente der Grausamkeit und Zerstörung zu entdecken und herzustellen.*

Wir Steine wurden in Partikel von Gedankenformen auseinandergebrochen und an der Stelle, an der sich die Vortexe kreuzen, die durch Glastonbury und Jerusalem laufen, erneut zusammengesetzt.«

Ich fragte: »Wie ist es möglich, dass Atlantis und Avalon gleichzeitig existierten? Hatte Atlantis seine Blütezeit nicht lange vor der Geburt Jesu, und wurde Avalon nicht erst nach Jesu Tod bekannt?«

Die Steine erwiderten: »Dies ist eine Lektion in gleichzeitigen Realitäten, da es viele Parallelen und Überlappungen gibt. Avalon ist ein uraltes Land, mit eindeutigen Grenzen, die Atlantis überlappten, sowohl geographisch als auch im Zeitrahmen. Durch den Untergang von Atlantis wurde die Geographie von Avalon merklich verändert, doch seine Essenz setzte sich fort in eine Zeit, die ihr die ›arthurische Zeit‹ (König Arthus' Zeit) nennt. Die alte Energie von Avalon wurde in uns (die Steine) übertragen, um für alle Ewigkeit ihre Kontinuität zu gewährleisten. Wir sind unzerstörbare Boten des Lichts, das immer bei uns gewesen ist, ein Licht, das in unsere ›Verpackung‹ kondensiert und konzentriert wurde.«

Ich wollte wissen: »Ihr seid also mit der Bundeslade vergleichbar, in der die ewige Flamme in einem vergänglichen Objekt aufbewahrt wurde?«

Die Steine erwiderten: »Vergänglich *ist nicht der beste Ausdruck, um sowohl die Bundeslade als auch unsere Beschaffenheit zu beschreiben; wir haben jedoch bestimmte Eigenschaften und Ähnlichkeiten gemeinsam, ohne Frage.«*

In diesem Augenblick kam Steven zu mir herüber und sagte, dass unser Führer Phillip ihm in einem der Steine die Abbildung eines Dolch mit griechischen Markierungen gezeigt hatte, der dort hineingeritzt worden war. Er setzte hinzu: »Der Dolch selbst wird mit Griechenland in Verbindung gebracht.«

Sehr interessant! Ich fragte die Steine: »Steht Stonehenge auch mit Atlantis in Verbindung?«

Sie antworteten: *»Die Einführung von Heilbrunnen fand zur gleichen Zeit statt wie in den Asclepios-Krankenhäusern, wo das Wasser gesegnet und dann über den kranken Patienten gegossen wird.«*

Als Nächstes fragte ich: »Was könnt ihr mir über Heilung mit Licht, Kristallen und Farben sagen?«

»*Wir sind Monumente der Kräfte der Natur*«, antworteten die Steine, »*wozu definitiv die Heilkräfte der Kristalle gehören, da sie Teil der Natur und unseres Königreichs der Steine sind. Kannst du nicht sehen, dass wir die gleiche Energie sind wie du? Wir sind Licht, und wir sind Liebe, aber in einer dichteren Form, die unsere Bewegungen weniger erkennbar macht als die deinen. Wir sind so positioniert, dass wir ein Maximum an Sonnen- und Mondlicht einfangen, das – wenn es in irgendein anderes Wesen geleitet wird – dort seine heilenden Eigenschaften entfesseln kann. Wir, die wir mit dem Licht der Sonne und des Mondes aufgeladen sind, können diese Energien in jemanden hineinströmen lassen, der sich zu lange in geschlossenen Räumen aufgehalten hat.*

Jene, die krank sind, sollten versuchen, schweigend mit der Natur zu kommunizieren, ähnlich wie wir es tun. Missachte nicht die Kraft von Sonnenlicht, Mondlicht, Sternenlicht und frischer Luft! Wasser ist ein essentielles Requisit, um krankmachende Partikel wegzuwaschen, die sich durch das Atmen von zu viel verbrauchter Luft im Körper angesammelt haben. Kristalle können ohne Frage die natürlichen Heilkräfte von Sonne, Mond, Sternen, Luft und Wasser intensivieren, doch sind sie nicht unbedingt notwendig. Tatsächlich ist es generell nicht ratsam, Heilungsinstrumenten – welcher Art auch immer – zu große Bedeutung beizumessen, denn sie behindern den Fluss der Hoffnung und des Vertrauens, die eine Folge des Aufenthalts in der freien Natur sind.

Die antiken Heilungstempel und Orte der Verehrung befanden sich stets im Freien. Es war eure frühe katholische Kirche, die dunkle Tempel mit Dächern erfunden hat, unter dem Vorwand, euch vor den Elementen schützen zu wollen.«

Hier war also die gleiche Botschaft, die ich während meiner Reise durch Griechenland bezüglich der Kraft des natürlichen Lichtes gehört hatte. Noch einmal nahm ich mir fest vor, mich mit wissenschaftlichen Studien über die Auswirkungen des Sonnenlichts auf die Gesundheit zu beschäftigen. Schließlich setzen die meisten Menschen Sonnenlicht mit Gesundheitsgefährdung gleich und nicht mit Gesundheitsförderung.

Dann fragte ich die Steine: »Welche Botschaft möchtet ihr mir und jedem geben, der eure Worte liest?«

Ihre umgehende Antwort lautete: »*Holt euch sofort eure Manifestations- und Heilkräfte zurück! Religiöse Praktiken haben den einzelnen davon abgehalten, Macht zu gewinnen, indem die Betreffenden als Häretiker und Verräter angeprangert wurden. Die daraus resultierenden Schuldgefühle und Angst sitzen noch immer in eurem Unterbewusstsein fest. Dazu gehört die Angst, zu den eigenen Überzeugungen und der eigenen Wesensart zu stehen, die Angst, einzigartig und unverwechselbar zu sein. Ihr habt die Aufmerksamkeit, die ihr erregen würdet, mit Verletzbarkeit assoziiert, also sabotiert ihr euch selbst immer wieder, indem ihr es nicht wagt, öffentlich die Wahrheiten und Probleme anzusprechen, die ihr seht. Ihr zügelt euch, koste es, was es wolle, und sobald auch nur ein wenig Aufmerksamkeit wie ein Lichtstrahl auf euch fällt, zieht ihr euch zurück und versteckt euch hinter euren schützenden Masken.*

Gib diese Information weiter: Heilende Energie steht jedem *überall und jederzeit zur Verfügung. Niemand ist besonders talentiert, ihr alle seid reich gesegnet. Es gibt nur solche, die frei sind, ihre inneren Kräfte zu nutzen, oder solche, die sich furchtsam vor ihren eigenen Kräften zurückzuziehen.*

Die Welt wird jedes Mal kälter und dunkler, wenn ein Mensch sich vor dem Gedanken fürchtet, seine Meinung kundzutun. Selbst wenn eure Botschaft nicht gut aufgenommen wird, breiten sich die in der Botschaft enthaltenen Eigenschaften auf energetischer Ebene für alle Ewigkeit über die Welt aus.

Jedem einzelnen von euch sagen wir dies: Deine Worte, deine Gedanken und deine Gefühle sind reine Poesie. Bemühe dich nicht, sie zu verstecken oder abzwerten, sondern bediene dich ihrer, damit ihr einander in eurem Wesen bestärken könnt. Eure Entwicklung wird durch diesen Gedanken- und Ideenaustausch wesentlich schneller voranschreiten, also sprecht offen und ohne Scheu über diese Dinge. Fürchtet euch nicht vor öffentlichen Auftritten, wo ihr eure Geschichten erzählt und lehrt.

Segne in deinem Herzen alle, denen du begegnest, egal, wie sie dich behandeln. Deine spirituellen täglichen Vitamine bekommst du aus dieser Praktik: Visualisiere Segnungen, die durch dein Blut fließen und deinen Körper reinigen und vitalisieren. Erfülle deinen Geist, deine Lungen und dein ganzes Wesen regelmäßig mit Sonnenlicht.«

Ihre Worte machten mich still. Dennoch hatte ich noch so viele Fragen auf dem Herzen. »Was hat es mit den Fortschritten in der Wissenschaft auf sich, einschließlich des Gebrauchs von Seife, um Bakterien abzutöten, und der Tatsache, dass die Lebenserwartung der Menschen heute wesentlich länger ist?«

»*Das ist deine Annahme*«, erwiderten die Steine. »*In Wahrheit sind die Menschen vieler antiker Völker in der alten sonnenlichtdurchfluteten Welt bis zu 300 und 400 Jahre alt und noch älter geworden. Ihr ganzes Leben lang waren sie vital und glücklich. Du weißt sicher, dass eure Wissenschaftler sagen, dass der menschliche Körper durchaus konzipiert ist, so lange zu funktionieren. Das industrielle Zeitalter, dessen treffendere Bezeichnung ›Zeitalter der geschlossenen Räum‹ wäre, ist der Ursprung eurer modernen Krankheiten und Gebrechen. Und zufälliger Tod oder Tod durch Unfälle ist das Resultat industrieller Erfindungen wie beispielsweise Autos und Schusswaffen.«*

»Und was ist mit der Pest?« fragte ich.

»Schau in euren Geschichtsbüchern nach – die Pest wütete während des Zeitalters der geschlossenen Räume. In Babylon hast du deine Zeit im Freien verbracht, in einem Tempel ohne Dach und Wände. In diesem Leben musst du dir den nötigen Freiraum in deinem Terminplan schaffen, um Zeit in der Natur verbringen zu können. Auf jeden Fall solltest du versuchen, das Außen in dein Inneres zu bringen, indem du ständig so viele Türen und Fenster wie möglich offen lässt!«

Die Worte der Steine erinnerten mich an die neuen Kristallkinder, die sich danach sehnen, Zeit im Freien zu verbringen. Tatsächlich neigen diese Kinder nur dann zu schlechter Laune, wenn sie zu lange in geschlossenen Räumen sind. Einmal in der freien Natur, sind sie stundenlang damit beschäftigt, fasziniert Bäume, Pflanzen, Insekten und Tiere zu betrachten.

Die Regenbogenkinder

Als wir nach Glastonbury zurückkehrten, sprachen die Engel dringend zu mir über die Wichtigkeit des Lichtes. Sie erinnerten mich an die Tatsache, dass Sonnenlicht ein bedeutender Katalysator für die Produktion des chemischen Stoffes »Serotonin« im Gehirn ist. Serotonin ist für die elektrischen Übertragungen im Gehirn mitverantwortlich, die Stimmungen, Appetit und Energieniveau regulieren.

Jede Nacht, wenn wir schlafen, kreiert unser Gehirn einen Vorrat an Serotonin, damit es uns am nächsten Tag zur Verfügung steht, da dieser chemische Stoff nicht gespeichert werden kann. Wenn wir während der Nacht genug Serotonin produzieren, wachen wir erfrischt und energetisiert auf. Doch mit zu wenig Serotonin fühlen wir uns verkatert und reizbar. Mangelndes Serotonin im Gehirn geht außerdem mit PMS (prämenstrualem Syndrom), Bettnässen, Stimmungsschwankungen, Verlangen nach Kohlehydraten und Depression einher.

Exzessiver Aufenthalt in geschlossenen Räumen, Mangel an körperlicher Betätigung und der abendliche Genuss von Alkohol und anderen Beruhigungsmitteln kann die Produktion von Serotonin behindern. Wenn wir einen ungesunden Lebenswandel führen, wachen wir lustlos auf und greifen oft nach Koffein und Zucker, um morgens in die Gänge zu kommen. Dann, nachdem wir im Lauf des Tages zur Energiegewinnung immer wieder künstliche Anregungsmittel zu uns genommen haben, trinken wir am Abend Alkohol oder nehmen Drogen, um einschlafen zu können. Dieser tödliche Kreislauf chemischer Abhängigkeit ist leider nur allzu sehr verbreitet.

Viele Menschen merken nicht, dass es dieser Kreislauf ist, der Depressionen und Angstgefühle kreieren kann. Also nehmen sie psychoaktive Drogen wie beispielsweise Ritalin und Prozac, obwohl ihnen natürliche Mittel zur Verfügung stehen, mit denen sie ohne schädliche Nebenwirkungen wesentlich bessere Resultate erreichen könnten.

Wenn Sie dafür sorgen, dass Sie genug Sonnenlicht und sportliche Betätigung bekommen, ist Ihr Gehirn in der Lage, ausreichende Serotoninmengen zu produzieren. Das liegt daran, dass

Sonnenlicht sich vom Melatonin in der Haut in Serotonin im Gehirn verwandelt.

Die Engel von Atlantis sagten: »*Viele Menschen wollen nicht auf die Führung ihrer Engel hören, da sie glauben, die Engel würden versuchen, sie zu kontrollieren oder ihnen den Spaß zu verderben. Sie wollen den Rat der Engel nicht hören, die ihnen sagen, dass sie sich gesünder ernähren und besser auf ihre Körper achten sollen.*

Dennoch geben die Schutzengel euch Anleitung, die die Produktion und Regulierung eures Serotonins verbessern wird. Wenn sie euch bitten, gesunde Nahrungsmittel zu essen und euch sportlich zu betätigen, dann zeigen sie euch damit, wie ihr euer Stimmungs- und Energieniveau auf natürliche Weise verbessern könnt.«

Dann sprachen die Engel von Atlantis über Regenbogenenergie. Sie sagten: »*Die Strahlen natürlichen Sonnenlichts sind eine Komposition der Farben Rot, Orange, Gelb, Grün, Blau, Indigoblau und Violett – die Farben des Regenbogens. Du hast diese Farben in den Prismen von Wassertropfen und in klaren Quarzkristallen gesehen. Regenbogen werden mit Lächeln und Glück assoziiert, da der menschliche Körper darauf ausgerichtet ist, durch das Licht der Sonne Regenbogenenergie aufzunehmen und zu assimilieren. Jeder von euch hat einen Regenbogen in seinem Inneren, den ihr eure Chakras nennt. Diese Energiezentren sind eure natürliche Verbindung sowohl zum göttlichen Licht als auch zum physischen Sonnenlicht. Mit ausreichend Sonnenlicht und Absorption von Regenbogenfarben fühlt ihr euch auf natürliche Weise glücklich und voller Leben.*

Doch als die Luft von Umweltgiften verschmutzt wurde und die Menschen damit begannen, einen Großteil ihrer Zeit in geschlossenen Räumen zu verbringen, reduzierte sich automatisch ihre Absorption der Regenbogenenergie. Dies wiederum führte zu Aggressionen und Leid unter den Menschen. Anstatt die einfache Lösung für dieses Problem zu erkennen (nämlich nach draußen zu gehen), versuchten die Menschen, Glück auf zunehmend künstliche Weise zu finden.

Teil unserer Antwort auf euer Bitten um Glück kam in neuen Möglichkeiten zum Ausdruck, wie wir euch die Energie des Re-

genbogens senden konnten, die ihr so sehr braucht und nach der euer Herz verlangt. Zuerst baten wir die Delphine, näher an eure Küsten heranzuschwimmen und mit euch zu spielen und im Wasser zu frohlocken. Delphine strahlen Regenbogenenergie aus, ähnlich wie früher die Menschen. Der Grund dafür ist, dass Delphine sich einerseits regelmäßig in Sonnenlicht aufhalten, das ungetrübt ist von den Verunreinigungen der Städte, und sich andererseits ständig körperlich betätigen. Diese beiden Komponenten verleihen den Delphinen ihre freudige Disposition, die euch stets das Herz erfreut, wenn ihr diese Wesen seht.

Die zweite Antwort, die wir euch gaben, bestand darin, dass wir eure Aufmerksamkeit auf die so genannte Energieheilung richteten. Die Regenbogenenergie ist konzentriert in Reiki, Qi Gong, Prana und den anderen Bezeichnungen für Heilformen enthalten, die ihr dem Channeln der Regenbogenenergie durch eure Hände und Herzen gegeben habt. Auch die Kristalle geben euch Regenbogenprismen, indem sie Licht in die ihnen innewohnenden Farben dirigieren und fokussieren.« Ihre Worte erinnerten mich an die Pyramide des Lichts in dem atlantischen Heilungstempel. Wir Priesterinnen dirigierten die Farben des Regenbogenprismas der Pyramide in die Chakras unserer Patienten. Es stand außer Zweifel: die Heilkraft des Regenbogenlichts war ungeheuer groß.

Die Engel fuhren fort: *»Heute bringen wir mit dem Ziel, mehr Menschen zu erreichen, die Regenbogenenergie in die geschlossenen Räume, indem neue ›Regenbogenkinder‹ geboren werden. Viele von euch haben die Geburt dieser Kinder intuitiv vorausgesehen, die jetzt auf die Erde kommen.«*

Die Engel erklärten, dass die Regenbogenkinder die Generation sind, die nach den Kristallkindern kam. Regenbogenkinder sind so hoch empfindsam, liebevoll, vergebend und magisch wie die Kristallkinder. Der Unterschied besteht darin, dass die Regenbogen nie zuvor auf der Erde inkarniert waren, also kein Karma auszugleichen haben. Daher wählen diese Kinder eine absolut friedliche und funktionierende Familie. Sie brauchen weder Chaos noch Herausforderungen, um ihr Karma auszugleichen oder zu wachsen.

Aus diesem Grund werden die Regenbogenkinder von den

älteren Kristallkindern geboren (den »Pfadfindern«, die in den achtziger Jahren des zwanzigsten Jahrhunderts geboren wurden). Indem die Kristallkinder heranwachsen, werden sie zu den friedliebenden Eltern, die den neuen Regenbogenkindern ihren Eintritt in die Welt ermöglichen.

Regenbogenkinder sind total offenherzig und lieben bedingungslos. Anders als die Kristallkinder, die nur jenen Personen Zuneigung zeigen, die ihr Vertrauen gewonnen haben, schenken die Regenbogenkinder jedem unterschiedslos ihre Zuneigung. Sie heilen uns mit ihren riesigen Herzchakras und hüllen uns in eine Decke regenbogenfarbener Energie ein, die wir so dringend brauchen. Sie sind buchstäblich Avatare, die sich auf der Erde inkarniert haben.

Heilung in Schottland und Irland

Unsere Tour durch England brachte uns auch nach Edinburgh, Schottland, wo ich ein ganztägiges Seminar mit dem Titel »Die Heilkraft der Engel« gab. Unter den Teilnehmern des ausverkauften Seminars waren viele Heiler, die an neuen Behandlungsmöglichkeiten für Krankheiten interessiert waren und daran, ihren Klienten zu helfen.

Das Seminar basierte auf meinem Buch *Medizin der Engel,* einer Sammlung sowohl von Fallstudien über Engel als auch meiner Erfahrungen im Bereich spiritueller Heilung. Ich hatte tausende Briefe von Menschen bekommen, die mein Buch gelesen und als Resultat Heilung erfahren hatten (viele ihrer Geschichten können Sie im zweiten Teil dieses Buches nachlesen), daher wusste ich, dass die Methoden gelehrt werden konnten. Außerdem plante ich, den Seminarteilnehmern Techniken vorzustellen, die ich in meinen früheren Büchern noch nicht erwähnt hatte.

Zuerst führte ich die Zuhörer durch Engel-Readings, damit sie die Methoden selbst erfahren konnten. Als nächstes erklärte ich die Techniken, damit sie die einzelnen Schritte in ihren Notizheften festhalten konnten. Eine der Methoden, die die Engel mir beigebracht hatten, war eine Möglichkeit, von den Schmerzen einer außersinnlichen Attacke geheilt zu werden, die stattfindet, wenn jemand zornig auf uns ist, uns verflucht oder uns Schmerz und Unheil wünscht. Als ich das Publikum durch diese Methode – »Curses and Dagger Lifting« *(»Unschädlichmachen von Flüchen und Beseitigung von Dolchen« – Anmerk. d. Übers.)* – führte, die ich im dritten Teil beschreibe – hörte ich, wie einige Leute weinten, und sah, wie sich ihr Gesichtsausdruck veränderte.

Nach der Curse-and-Dagger-Erfahrung berichteten viele Seminarteilnehmer, dass sie mit sofortiger Wirkung ihre Rücken- und Kopfschmerzen losgeworden sind – etwas, das sporadisch auch von anderen Teilnehmern an meinen Seminaren geäußert worden war, denen ich diese Methode beigebracht hatte. Doch in dieser Gruppe sagte mir praktisch jeder, dass diese Praktik dazu führte, dass sie sich leichter und positiver fühlten. Da meine Arbeit als spirituelle Heilerin und ehemalige Psychotherapeutin darauf abzielte, Menschen zu helfen, sich glücklicher und gesunder zu fühlen, war diese Methode offensichtlich ein höchst wirkungsvolles Instrument.

Anschließend fuhren wir weiter nach Irland, wo ich in Newtownmountkennedy, eine Autostunde von Dublin entfernt, den Engeltherapie-Kurs gab. Anstatt dass man das Stätdchen Newtown Mount Kennedy nannte, waren die einzelnen Namen zusammengezogen worden – wie man mir sagte, der längste Name für eine irische Stadt überhaupt. Das Seminar fand in einem hübschen Vorort namens Druid's Glen statt.

Steven und ich wohnten während des Seminars in einem wunderschönen zweistöckigen Haus am Strand von County Wexford, ungefähr eine Autostunde südlich. Das Haus wurde uns freundlicherweise von einem reizenden irischen Ehepaar – einer Frau, die als Heilerin tätig war, und ihrem erfolgreichen Unternehmer-Gatten – überlassen.

Da wir in einem Haus und nicht in einem Hotel wohnten, war es mir möglich, gesunde veganische Mahlzeiten für Steven und mich zu kochen. Wenn er auch selbst kein Veganer ist, so genießt mein Mann dennoch die geschmackreiche vegetarische Küche. Um kochen zu können, brauchte ich natürlich die richtigen Zutaten, also machten wir uns auf den Weg zu Tesco, dem nächsten Lebensmittelladen.

Wir fanden diverse wunderbare biologisch-dynamische Gemüsesorten, Sojamilch und andere Nahrungsmittel. Mir fehlte nur noch eine Ingredienz, und das war Tofu. Doch als wir die Angestellten in dem Laden fragten, ob sie Tofu hätten, sagten sie, das Wort hätten sie noch nie gehört. Schließlich erkundigte sich Steven bei der Managerin von Tesco, ob sie wüsste, wo wir es kaufen können, und sie erklärte uns den Weg zu einem neuen Naturkostladen in einer nahe gelegenen Kleinstadt.

Völlig hin und weg!

Als wir in dem Städtchen Gorey den Naturkostladen von Mrs. Bee betraten, wusste ich auf Anhieb, dass wir am richtigen Ort waren. Die Energie des kleinen, sauberen, effizient geführten Ladens hatte ewas Magisches. Steven und ich hatten auf unseren Reisen festgestellt, dass die Bezeichnung Naturkostladen in der Regel einem Laden galt, in dem man zwar Vitamine, aber so gut wie keine Lebensmittel kaufen konnte. Doch in Mrs. Bees Laden gab es jede Menge Nüsse, Bohnen, Säfte und Trockenmischungen. Und sie hatte Tofu in ihrer Kühltruhe! Außerdem verkaufte sie zu meiner Freude ökologisch unbedenkliche Reinigungsmittel, von denen ich gleich einige in unseren Einkaufskorb legte. Der Gedanke, Irlands herrliche Flüsse und Bäche mit chemischen Putzmitteln zu verschmutzen, hätte mich sehr gestört. Dann kaufte ich noch eine auf Olivenölbasis hergestellte Hautlotion, da mir während unseres Aufenthaltes in Griechenland die magischen Heilungs- und Reinigungseigenschaften des Öls offenbart worden waren.

Als Steven und ich unseren Einkaufskorb füllten, kamen wir an einem Regal voller Engelprodukte vorbei: Statuen, Wandbehänge, und – vor Überraschung blieb mir schier die Luft weg – meine eigenen Orakelkarten und Bücher! Einen Moment lang zögerte ich, mich bei Mrs. Bee vorzustellen. In der Regel halte ich mich während meiner Freizeit eher zurück, da ich es nicht mag, wenn die Leute ein Theater um mich machen, vor allem dann, wenn ich mit so alltäglichen Aktivitäten wie Einkaufen, Essen oder Sport beschäftigt bin. Doch aus irgendeinem Grund beschloss ich, an diesem Tag mit Mrs. Bee offener zu sein. Vielleicht lag es daran, dass sie meiner Mutter zum Verwechseln ähnlich sah, oder vielleicht war es ihre liebevolle Aura – Mrs. Bee hatte einfach etwas an sich, das mir Vertrauen einflößte.

Als ich also meine Lebensmittel auf den Checkout-Counter legte, sagte ich: »Ich bin Ihnen sehr dankbar, dass Sie meine Engelkarten und Bücher führen.«

Sie schaute mich an, und die Röte stieg ihr ins Gesicht. »Sind Sie Doreen Virtue?«, fragte sie.

Einen Moment lang zögerte ich, doch dann antwortete ich: »Ja, die bin ich.«

Mrs. Bee schrie so laut auf und umarmte mich so heftig, dass ich einen Moment lang bereute, mich ihr vorgestellt zu haben. Doch ihre Reaktion kam aus einem reinen und kindlichen Gefühl der Liebe.

»Oh, ich bin ja völlig hin und weg!«, rief sie aus. Dann erzählte sie mir eine Geschichte, die mir half, ihre Aufregung zu verstehen. »Heute Morgen hatten wir keinen Kunden im Laden. Nicht einen einzigen. Also schaute ich mir meinen Wandteppich von Erzengel Uriel an und sagte: ›Uriel, bitte schick mir ein paar Kunden.‹ Das war erst vor einer halben Stunde, und schon sind Sie da!« Sie umarmte mich erneut. »Ihre Bücher haben mich gelehrt, die Engel um Hilfe zu bitten, und schauen Sie nur, was passiert ist!«

Während Mrs. Bee, Steven und ich miteinander sprachen, kamen immer mehr Kunden in den Laden. Mrs. Bee bat mich, meine Bücher und Kartendecks zu signieren, was ich gerne für einen solch liebevollen Menschen tat. Als wir schließlich gingen, war der Laden von Mrs. Bee vollgepackt mit Kunden.

Engel Erde

Ich konnte es kaum erwarten, mein neu gewonnenes Wissen über Atlantis und die Heilungstempel an die Teilnehmer meines Seminars weiterzugeben, um ihnen zu helfen, geheilt zu werden und zu lernen. Mark Watson und Shaun Wise von der Band »Angel Earth« aus Detroit waren nach Irland gekommen, um in unserem Angel-Practitioner-Kurs Musik zu machen. Alle Seminarteilnehmer legten sich auf Decken auf den Boden, und während Mark auf dem Keyboard spielte, nahm ich meine Zuhörer mit auf eine geführte Meditationsreise, basierend auf meinen Erinnerungen an die kristallenen Heilungsbetten von Atlantis.

Ich sah, wie geistiger Unrat sich von den Körpern jedes Einzelnen löste und knapp unter der Zimmerdecke hing, doch wollte diese klebrige schwarze Masse den Raum nicht verlassen! Dann erkannte ich, dass meine Mitarbeiter den Raum geistig versiegelt hatten, um zu verhindern, dass ungebetene Energien von außen hereingelangen konnte. Allerdings führte dieses Versiegeln auch dazu, dass der geistige Unrat den Raum nicht *verlassen* konnte. Meine Mitarbeiter standen in einem Kreis um die Seminarteilnehmer herum, und ich gab ihnen durch Zeichen zu verstehen, die Energie durch die Zimmerdecke steigen zu lassen. Als sie meiner Bitte Folge leisteten, brach das Siegel, die schwarze Masse verschwand und der Raum klärte sich.

Die Meditation über die Heilungstempel von Atlantis war so intensiv, dass jeder mich um eine Kopie davon auf Kassette oder CD bat. Die Meditation, zusammen mit Mark Watsons Musik, ist heute erhältlich und heißt *Angel Medicine: A Healing Meditation CD* (auch erschienen bei Hay House, deutsche Ausgabe in Vorbereitung bei Allegria). Die Band »Angel Earth« hatte seit drei Jahren immer wieder mal mit mir zusammengearbeitet. Wir waren gemeinsam durch die USA gereist und enge Freunde geworden. Ursprünglich hatte »Earth Angel« noch ein drittes Mitglied, Michael Wise, dem ich zum ersten Mal 1998 in Pittsburg begegnet war.

Michael hatte in einer Detroiter Fabrik gearbeitet, doch sein eigentlicher Wunsch war es, sein Leben der Musik und spirituellem Lernen zu widmen, also bat er die Engel um ein Zeichen. An jenem Tag sah er seinen Geburtstag und seine Initialen auf einem Nummernschild und wusste, dass die Engel ihm ihr Okay gaben. Am nächsten Tag kündigte Michael seinen Job und wurde Vollzeitmusiker.

Michael, sein Sohn Shaun und sein Jugendfreund Mark reisten mit Steven und mir zu unseren Seminaren nach Kanada und durch die Vereinigten Staaten. Michael war ein Schüler von Paramahansa Yogananda und außerdem arbeitete er eng mit Jesus und Erzengel Michael zusammen. Er schrieb den größten Teil der

Texte zu den Songs der Band, die alle spiritueller Natur und wunderbar erbauend waren.

Michael war ein sanfter, ausgeglichener Mann und hatte immer gute Laune. Er fuhr endlose Meilen, baute die Anlage seiner Band auf und interagierte mit dem Publikum, ohne je ein negatives Wort von sich zu geben.

Dann, im August 2002, während Steven und ich das Hawaiian Healing Retreat in Kona leiteten, bekam ich eine E-Mail von Mark mit den Worten »In tiefster Trauer« als Überschrift. Sofort öffnete ich die E-Mail und war schockiert, zu lesen, dass Michael an diesem Morgen gestorben war. Er war in seinem Garten gewesen und hatte ein Buch über Außerirdische gelesen und bei dem Kapitel mit der Überschrift »Crossing Over« *(»Hinübergehen, Sterben« – Anmerk. d. Übers.)* angelangt. Dann fiel Michael einfach auf dem Stuhl vorneüber und starb, wo seine Frau Sandy, mit der er seit seiner Jugend zusammen war, ihn kurz danach fand. Er war nur 48 Jahre alt geworden, ohne jemals irgendwelche Probleme mit seiner Gesundheit gehabt zu haben; er hatte weder geraucht noch getrunken, noch Drogen genommen. Es wurden zwei Autopsien vorgenommen, doch keine Todesursache gefunden.

Michael ist seither in mehreren luziden Träumen zu mir gekommen und hat mich wissen lassen, dass er in der geistigen Welt sehr glücklich ist. Sein geliebter Yogananda und Jesus sind bei ihm, und er sagte mir: »Meine Zeit war gekommen.«

Wann immer fortan die restlichen Mitglieder von »Angel Earth« ihre Musik machten, sah ich Michael deutlich neben ihnen stehen, die Gitarre in der Hand und glücklich, seine geliebte Musik spielen zu können. (Sie können Michaels Foto sehen und mehr über ihn erfahren, wenn Sie die Website der Band besuchen: www.AngelEarth.org.)

Zurück nach Irland. Nach einem erfüllenden Seminartag entspannte ich mich am Abend in einem Bad mit Meerwasser, das ich bei Mrs. Bee gekauft hatte. (In Salzwasser zu baden ist eine schnelle Möglichkeit, sich am Ende des Tages zu grundieren und den Geist zu klären). Das Meersalz absorbierte spirituellen Unrat und andere Giftstoffe und schenkte mir ein Gefühl entspannter Ruhe, das ich oft beim Schwimmen im Meer empfunden hatte.

Meine Readings waren immer am klarsten, wenn ich mich in der Nähe von Salzwasser befand. Zum Beispiel gab ich bei einem meiner Workshops auf Hawaii allen Teilnehmern individuelle Readings, wobei ich bei strahlendem Sonnenschein auf einer Terrasse am Strand saß. Meine Readings waren so detailliert und klar, dass sogar ich schockiert war. Ich schrieb die Klarheit der Nähe zum Meer und meiner Angewohnheit zu, jeden Tag im Meer zu schwimmen. Schließlich war Salz ein Kristall, also war ein Bad in Salzwasser dassebe wie ein Bad in kristallenem Wasser!

Außerdem hatte ich bei Mrs. Bee drei kleine, polierte Rosenquarzkristalle und einen Amethyst erworben. Tatsächlich war es Mrs. Bee, die darauf bestand, mir diese Steine als Geschenk zu überreichen, was ihre Energie noch spezieller machte. Die Engel hatten mich aufgefordert, die Kristalle während meiner Reise in meine Trinkwasserflasche zu geben, als Absicherung gegen stressige Energien. Jedes Mal, wenn ich eine neue Flasche Wasser kaufte, nahm ich die Steine aus der alten und gab sie in die neue. Obwohl ich in Irland einen vollgestopften Terminkalender hatte, blieb meine Energie ungeschmälert und meine Gesundheit ausgezeichnet – ich bin mir sicher, dass die Edelsteine ihren nicht zu unterschätzenden Anteil daran hatten. Ich besuchte Mrs. Bee noch ein paar weitere Male während meines Aufenthaltes in Irland und freute mich darüber, dass einige der Teilnehmer unseres Seminars planten, in ihrem Laden Engel-Readings zu geben.

8

Der Sonnenschein-Bericht

Nachdem Steven und ich nach Südkalifornien zurückgekehrt waren, stürzte ich mich in das Studium wissenschaftlicher Forschungen über den Sonnenschein. Ich beschloss, objektiv zu bleiben, egal, was die Engel mir gesagt hatten. Schließlich wollte ich in verantwortungsvoller Weise über das Thema schreiben und nicht Meinungen weitergeben, die von keinerlei Indizien erhärtet waren.

Doch während ich mit den entsprechenden Nachforschungen beschäftigt war, trat eine persönliche Situation ein, die zur Folge hatte, dass ich das Thema noch ernster nahm: Bei meiner Mutter wurde eine leichte Form von Hautkrebs im Gesicht diagnostiziert.

Eine Woche bevor sie und mein Vater mich in meinem Haus besuchten, um ihren 50. Hochzeitstag zu feiern, war meine Mutter zu ihrer ersten von mehreren Untersuchungen gegangen. Zusätzliche Tests waren für die Zeit nach ihrer Rückkehr geplant. Mom war ihr Leben lang eine Sonnenanbeterin gewesen, so wie viele kalifornische Mädchen. Sie hatte ihre Teenagerjahre damit verbracht, in der Sonne zu liegen und sich bräunen zu lassen – jetzt bereute sie diese Angewohnheit und hatte geschworen, sich nie mehr dem direkten Sonnenlicht auszusetzen.

Das Wetter war angenehm warm und sonnig, als Mom Steven und mich besuchte, und während der ganzen Zeit trug sie Sonnenbrillen, langärmelige Blusen, lange Hosen und Hüte mit einem breiten Rand. Mein Vater machte große Umstände wegen ihr und war darum besorgt, dass seine geliebte Frau nicht in Kontakt mit Sonnenschein geriet und der Hautkrebs womöglich zurückkommen würde. Da sie für den folgenden Monat Ferien auf Hawaii geplant hatten, um ihren Hochzeitstag zu feiern, machte ich mir Sorgen, dass sie nichts von dem schönen Wetter mitbekommen würden.

Als wir draußen auf dem Balkon saßen – meine Eltern im Schatten eines Sonnenschirms und ich in der Sonne –, fragte mein Vater, was ich benutzte, um mich vor den ultravioletten Strahlen zu schützen. Als ich ihm sagte, »Nichts«, schien er sehr besorgt. Dann erzählte ich ihm von den Forschungsergebnissen, die ich gefunden hatte:

»Sonnenlicht und direkter Kontakt mit Sonnenstrahlen ist aufgrund seiner Korrelation mit Hautkrebs und Katarakten dämonisiert worden«, sagte ich. »Einige Wissenschaftler glauben, dass eine Reduzierung der Ozonmenge in der Atmosphäre ein Hauptfaktor für diese Konditionen ist. Die Menschen werden davor gewarnt, in die Sonne zu gehen bzw. Sonnenschutzcreme aufzutragen und Sonnenbrillen zu tragen. Doch ich persönlich habe immer festgestellt, dass Sonnenschein meine Seele wärmt und meine Stimmung verbessert.«

Mom lächelte und sagte: »Ja, ich auch!«

»Und jeder weiß, dass vermindertes Sonnenlicht mit lähmender Depression und jahreszeitlich bedingten Leiden zusammenhängt«, fügte ich hinzu.

Ich erzählte meinen Eltern über die wissenschaftlichen und historischen Studien, die sowohl auf die heilenden Eigenschaften der Sonne hindeuten als auch auf ihre gesundheitsschädlichen Aspekte. Nach dem Studium dieser Forschungen hatte ich das Gefühl, als hätten wir kollektiv das Kind mit dem Badewasser ausgeschüttet, indem wir den Sonnenschein verteufeln. Schließlich berichten Artikel, die in geachteten Fachzeitschriften wie beispielsweise *The New England Journal of Medicine* und das *Journal of the American Medical Association* veröffentlicht wurden, dass Personen, die im Freien arbeiten, auffallend weniger häufig an Hautkrebs erkrankten als jene, die sich meistens in geschlossenen Räumen aufhalten (und nur *gelegentlich* nach draußen gehen und dann einen Sonnenbrand bekommen). Eine dieser Studien war an der University of Western Australia durchgeführt worden, einer Institution in einem Land, das angeblich unter einem der größten Ozonlöcher in der Atmosphäre leidet.

Ich erzählte meinen Eltern über Forschungen, die zeigten, dass in nördlichen Breitengraden lebende Frauen eher dazu neigen, Eierstockkrebs und Brustkrebs zu entwickeln als Frauen, die in sonnigeren südlichen Gebieten leben. Eine ähnliche Studie kam zu dem Ergebnis, dass Frauen, die im Freien arbeiten, auffallend seltener an Brust- oder Darmkrebs erkrankten. Wissenschaftlern ist seit langem bekannt, dass zu wenig Sonnenlicht zu Vitamin-D-Mangel führt, einer der möglichen Ursachen für Eierstockkrebs, Brustkrebs und Darmkrebs. Vitamin D schützt gegen diese Krebsformen. Vitamin-D-Mangel wird außerdem mit Knochenbrüchen und Knochenschwund assoziiert.

Meine Eltern hörten mir aufmerksam zu, als ich fortfuhr: »Wissenschaftler haben darüber hinaus entdeckt, dass die empfohlene tägliche Menge Vitamin D nicht ausreichend ist für Personen, die nicht ihre tägliche Dosis Sonnenschein bekommen. Tatsächlich kamen zwei Studien über Frauen, die in den sonnigen Klimazonen des Nahen Ostens leben, zu dem Schluss, dass sie unter Vitamin-D-Mangel litten, weil ihre bodenlange Kleidung das Sonnenlicht davon abhielt, sich in ihren Körpern in Vitamin D zu verwandeln.«

Ich war voll in Fahrt (und ein bisschen ausrutschgefährdet), doch meine leidenschaftlichen Ausführungen hielten das Interesse meiner Eltern gefangen. »Die meisten Forschungen über Hautkrebs und Sonnenschein sind mit hellhäutigen Testpersonen durchgeführt worden, und es ist gut möglich, dass dunkelhäutige Rassen, bei denen Hautkrebs häufiger vorkommt, sich häufiger dem Sonnenlicht aussetzen müssen. Auch die Studien hinsichtlich der Beziehung von Sonnenlicht und Melanomen zeigen kein durchgängiges Design oder standardisiertes Vorgehen, das ihre sich widersprechenden Resultate erklären könnte. Viele Untersuchungen haben ergeben, dass Sonnenschutzmittel zwar gegen die nicht-tödlichen Arten von Hautkrebs schützen, dass sie jedoch keinen ausreichenden Schutz gegen Melanome bieten, der tödlichen Krebsform. Mit anderen Worten: Die Jury ist noch unentschieden, ob oder wie viel Sonnenlicht zu Melanomen führt.«

»Du sagst also, dass jeder mehr Zeit in der Sonne verbringen sollte?«, fragte meine Mutter.

»Ich sage, dass die Forschungen zeigen, dass Sonnenlicht ein zweischneidiges Schwert ist – in Moderation ist es für die Erhaltung der Gesundheit nötig, und im Exzess gesundheitsgefährdend – vor allen Dingen für hellhäutige Personen. Die Menschen sollten auf jeden Fall dafür sorgen, keinen Sonnenbrand zu bekommen, doch sollten sie sich gleichzeitig mindestene eine Stunde täglich frischer Luft und dem direktem Einfluss des Sonnenlichts aussetzen.

Nachdem ich mir alle verfügbaren Studien genau angeschaut habe, glaube ich wirklich, dass es am gesündesten ist, am Morgen oder in den späten Nachmittagsstunden ohne Sonnenbrille oder Sonnencreme nach draußen zu gehen. Schließlich gelangen die gesundheitsfördernden Sonnenstrahlen durch das Auge in den Körper. Hellhäutige Personen sollten sich nicht mehr als eine Stunde täglich in direktem Sonnenlicht aufhalten, während sie ihre auf Melanin basierende Bräune aufbauen.

Außerdem glaube ich, dass wir sowohl zum Sonnenaufgang und Sonnenuntergang nach draußen gehen sollten als auch in der Nacht, um das Licht des Mondes und der Sterne in uns aufzunehmen.«

Ich gab meinen Eltern eine Kopie des Buches *The Healing Sun* des Engländers Richard Hobday. Da dieses Buch von einem promovierten Ingenieur geschrieben worden war, der die letzten wissenschaftlichen Forschungen über die Beziehung zwischen Sonnenschein und Gesundheit bzw. Krankheit zitierte, dachte ich, dass mein Vater dieses Werk respektieren würde.

Eine Woche vor der geplanten Reise meiner Eltern nach Hawaii fragte ich meine Mutter, ob sie sich hinsichtlich der intensiven Sonnenbestrahlung in Hawaii weniger Sorgen machte und sich vorstellen konnte, ab und zu ungeschützt in die Sonne zu gehen.

Sie erwiderte: »Wir lesen immer noch das Buch, das du uns gegeben hast, doch wir fühlen uns schon viel besser bezüglich der Sonne. Ich denke nach wie vor, dass ich vorsichtig sein sollte, wenn es um mein Gesicht geht, und die Seite meines Gesichtes nicht direkter Sonnenbestrahlung aussetzen sollte, wo die Narben meiner Operation Sonnenbrand bekommen könnten. Doch wir werden die Sonne genießen und deinen Rat befolgen, alles ›in Moderation‹ zu tun. Das Buch ergibt eine Menge Sinn. Wenn ich es mit dem *Course in Miracles* in Verbindung bringe, glaube ich wirklich, dass die ganze negative Publicity über die Sonne Schuldgefühle hervorruft und dass dies der wahre (wenn auch eher illusorische) Grund für das ist, was mir widerfahren ist!«

Ich dachte auch über die Tatsache nach, dass wir zusätzliches Vitamin B-12 zu uns nehmen müssen, wenn wir nicht genug Zeit in der Sonne verbringen. Wenn unsere Körper zu wenig Vitamin B-12 haben, fangen unsere Ohren zu klingen an – das Geräusch, das unsere Engel machen, wenn sie uns Botschaften zukommen lassen oder uns durch Toning *(eine Art Singen – Amerk. d. Übers.)* erbauen.

Licht im Blackout finden

Wir waren auf unserem Weg nach Toronto, wo ich ein Abendseminar geben würde und Steven ein Seminar am Tag darauf. Die Stewardess hatte alle gebeten, die Markisen vor den Fenstern herunterzuziehen, damit die Passagiere den gezeigten Film besser sehen konnten, doch der Gedanke, das Tageslicht und den herrlichen Anblick der Wolken auszuschließen, war mir unerträglich. Schließlich brauchten wir einen ganzen Tag für den Flug von Kalifornien nach Toronto, einschließlich des Zeitunterschiedes, der uns erst am späten Abend in Toronto landen ließ. Also ließ ich die Markise vor meinem Fenster halb offen, um wenigstens einen Teil des Tageslichts genießen zu können.

»Der Kapitän hat uns informiert, dass wir demnächst durch eine Zone mit schweren Turbulenzen fliegen werden, und daher das Anschnallzeichen eingeschaltet. Bitte bleiben Sie auf Ihren Plätzen und halten Sie Ihren Sitzgurt fest geschlossen.«

Ich seufzte und rief die Engel an, damit sie unserem Flugzeug Auftrieb geben und es ruhig in der Luft halten. Ich sah dutzende von Engeln neben dem Bauch des Flugzeuges, wie sie es auf ihrem Rücken durch den Himmel trugen. Ich hatte schon seit Jahren immer wieder Engel angerufen, damit sie bei Flugturbulenzen zu Hilfe kommen, und es hatte immer funktioniert. (Viele meiner Leser und Seminarteilnehmer haben mir ähnliche Geschichten erzählt.) Auch dieses Mal funktionierte es, und bald ließ sich die Stewardess über die Bordsprechanlage vernehmen, dass wir uns »frei durch die Kabine bewegen« durften.

Mein Toronto-Seminar verlief gut, und ich genoss meine Zeit in Kanada. Der Learning Annex *(Zentrum für Seminare, Work-*

shops etc. – Anmerk. d. Übers.) hatte für Steven und mich Zimmer in einem wunderbaren Hotel reserviert, das einen tollen Fitnessraum hatte und veganisches Essen servierte – zwei Dinge, die das Reisen für mich wesentlich erträglicher machten. Am nächsten Abend, dem 14. August 2003, sollte Steven einen Workshop über sein fünftes Buch, *Sacred Ceremony*, geben. Während des Seminars würden die Teilnehmer eine Gruppenzeremonie durchführen, zu der die Errichtung eines Altars, Trommeln, Tanzen und andere Aktivitäten gehörten, um zu beten und zu meditieren.

Um 16.11 Uhr ruhte sich Steven vor seinem Workshop ein wenig aus, als plötzlich die Lichter und das Radio in unserem Hotelzimmer ausgingen. Wir nahmen an, dass das Hotel einen Stromausfall hatte. Dann hörten wir ein lautes, schrilles Geräusch über dem Lautsprecher in unserem Zimmer und gleich darauf eine weibliche Stimme, die bekannt gab, dass in der ganzen Stadt die Lichter verloschen waren. Ein paar Minuten später ertönte das schrille Geräusch erneut, und wir hörten die folgende Bekanntmachung: »Dieser Blackout umfasst ein großes Gebiet; sowohl der Norden Kanadas als auch New York, New Jersey, Connecticut, Ohio und Michigan sind davon betroffen.«

Die Stimme erklärte, dass das Elektrizitätswerk im nahe gelegenen Buffalo, New York, eine Funktionsstörung hatte. Niemand wusste, wann der Fehler behoben sein würde. Die Aufzüge gingen nicht mehr, und es gab auch kein fließendes Wasser, das elektrisch in die Hotelzimmer hinaufgepumpt werden musste.

Die Sonne stand noch hoch am nördlichen Himmel, also begaben sich Steven und ich nach unten, um rauszugehen und uns die Situation näher anzuschauen. Wir gingen in ein nahe gelegenes Starbucks-Café, wo es keine heißen Getränke gab, dafür aber Saft und Wasser in Flaschen. Alle Kunden in dem Café redeten durcheinander und spekulierten nervös darüber, wie lange der Blackout dauern und welche Folgen er haben würde. Steven und ich stellten fest, wie dramatische Ereignisse Fremde zu Freunden machen, wenn vielleicht auch nur vorübergehend. Wir kauften unser Wasser und gingen nach draußen.

Die Stadt war auf eine unheimliche Weise ruhig. Die Kunden der umliegenden Geschäfte saßen auf den Bürgersteigen (ein seltener Anblick!) und überlegten, wie sie nach Hause kommen konnten. Taxis, Busse und Mietwagen waren ohne die Computer in ihren Headquarters funktionsunfähig, daher war der öffentliche Verkehr zum Stillstand gekommen. Und Autos waren nicht länger in der Stadt erlaubt, um Plünderer davon abzuhalten, in die Stadt zu fahren und die Situation auszunutzen.

Das Restaurant unseres Hotels war nur noch für registrierte Hotelgäste geöffnet, um seine Vorräte zu konservieren, da keine neuen Lieferungen gebracht werden konnten. Es gab nur Sandwiches, Salate und andere Dinge zu essen, die nicht gekocht werden mussten. Als die Sonne unterging, knabberten Steven und ich an einem Salatblatt und beteten in dem vom Kerzenlicht erhellten Restaurant um himmlische Intervention.

Als wir die zehn Treppen zu unserem Zimmer hochstiegen, dankte ich innerlich dafür, dass wir beide eine gute physische Kondition hatten. Viele der Hotelgäste, nicht an körperliche Anstrengung gewohnt, schnauften und stöhnten auf den Treppen. Die Engel hatten sowohl Steven als auch mir gesagt, wie wichtig es für jeden ist, sich eine ausgezeichnete Kondition für kommende Situationen anzutrainieren, bei denen wir alle ein großes Maß an Durchhaltevermögen und Kraft brauchen. Während wir die letzten paar Stufen zu unserem Zimmer hochgingen, waren wir beide dankbar dafür, dass wir auf die Empfehlung der Engel gehört hatten.

Steven hatte Kerzen für sein *Sacred-Ceremony*-Seminar gekauft, das wegen des Stromausfalls abgesagt worden war. Dankbar zündeten wir die Kerzen an, als die Dunkelheit unser Zimmer einzuhüllen begann.

»So war das Leben jahrhundertelang, bevor die Glühbirne erfunden wurde«, bemerkte ich zu Steven.

»Ja, bevor Glühbirnen die Tageslichtstunden künstlich bis in die frühen Morgenstunden hinein ausdehnten«, stimmte er mir zu. Wir sprachen über den natürlichen Rhythmus des Menschen, der darauf angelegt war, beim ersten Schein der Morgendämmerung aufzuwachen und bald nach Sonnenuntergang schlafen zu gehen. Später entdeckte ich, dass der Beginn moderner Krankheiten – wie beispielsweise Diabetes, Krebs und Herzerkrankungen – zeitlich genau mit der Erfindung der Glühbirne einherging, die in den zwanziger Jahren des letzten Jahrhunderts ihren unaufhaltsamen Einzug in Privathäuser und Büros begonnen hatte.

Meine früheren Nachforschungen hatten mir gezeigt, dass wichtige chemische Stoffe im Gehirn, vor allem Serotonin, während unseres nächtlichen Schlafes produziert wurden. Wenn wir aufgrund künstlicher Beleuchtung unter kollektivem Schlafentzug litten, konnte man davon ausgehen, dass wir auch kollektiv unter Serotoninmangel litten. Da Serotonin Stimmungen, Energieniveau und Appetit regulierten (vor allen Dingen auf Kohlehydrate wie zum Beispiel Gebackenes und Süßigkeiten), konnte künstliche Beleuchtung durchaus der Übeltäter hinter den Epidemien von Fettleibigkeit, Depression und anderen lebensverkürzenden Krankheiten sein.

In diesem schwach beleuchteten Hotelzimmer in Toronto zu sitzen und den Blick über eine dunkle Außenwelt gleiten zu lassen machte es leicht, sich eine lange vergangene Zeit vorzustellen, als die Menschen wesentlich früher schlafen gingen; eine Zeit, in der es keine elektronischen Stimulanzien wie Fernsehen oder das Internet gab, um Menschen wach zu halten. Nach dem Abendessen und vielleicht ein wenig Konversation am Kamin war es ganz natürlich, zwischen acht und neun Uhr zu Bett zu gehen.

Ich dachte über die vielen modernen, verschreibungspflichtigen Medikamente nach, die künstlich die Serotoninproduktion anregten oder imitierten, wie zum Beispiel Ritalin, das für ADHD (Attention Deficit Hyperactive Disorder) genommen wird; und Prozac, ein Antidepressivum. Niedrige Serotoninlevel wurden außerdem mit PMS (prämenstrualem Syndrom), Bettnässen und Fettleibigkeit in Verbindung gebracht. *Hört sich an, als sollten wir alle früher schlafen gehen!* dachte ich. Dann hatte ich eine Idee.

»Liebling, lass uns nach draußen gehen, den Mond und die Sterne betrachten«, sagte ich zu Steven. »Lass uns das Beste aus der Situation machen und den nächtlichen Himmel anschauen.«

Ich musste Steven, einen fanatischen Naturliebhaber, nicht zweimal bitten. Der nachtschwarze Himmel war der samtige Hintergrund, auf dem die Sterne wie Diamanten funkelten. Als wir um die Ecke bogen, grüßte uns der fast volle Mond mit seinem strahlenden Licht. Von Ehrfurcht ergriffen sahen wir den Mond und die Sterne, wie sie aus dem dunklen Himmel hervorleuchteten und viel näher zu sein schienen als sonst, wenn sie mit dem Licht der Straßenbeleuchtung konkurrieren mussten. Bald kamen andere Leute vorbei und merkten, dass wir den Mond betrachteten. Sie blieben stehen, und wir alle bewunderten gemeinsam die Lightshow von Mutter Natur.

Als wir wieder in unserem Hotelzimmer waren, beteten Steven und ich und baten die Engel, uns zu helfen, unseren Zielort zu erreichen. Ich hatte in Atlanta, Georgia, für Samstagmorgen einen Vortragstermin, zu dem sich zweitausend Zuhörer angemeldet hatten, und musste daher Toronto am nächsten Tag, Freitag, verlassen, um rechtzeitig in Atlanta zu sein. Doch der Flughafen von Toronto und alle Flughäfen in der näheren Umgebung waren aufgrund des Blackouts geschlossen. Und nicht nur das – es gab auch weder Taxis, Busse oder Mietwagen, mit denen wir irgendwohin hätten fahren können. Wir brauchten ein Wunder, und zwar schnell, wenn ich meinen Vortrag rechtzeitig halten wollte.

Ich dachte über unsere Abhängigkeit von Elektrizität nach. Es schien, als hinge alles von diesem Saft ab. Ich erlebte, wie es sein würde, wenn es keine Elektrizität mehr gäbe. Dies brachte mich zu der Erkenntnis, dass der Stromausfall eine Übung und ein Zeichen war. Wir müssen verstärkt die Gewinnung und Verwendung von Sonnenkraft und auch Mondkraft betreiben oder unsere Abhängigkeit von Elektrizität drastisch verringern.

Um 22.45 Uhr an diesem Abend kam der Strom in Toronto straßenweise zurück, und unser Hotel befand sich in einer dieser Straßen. Die Lichter waren wieder an! Wunderbarerweise fanden wir ein Limousinen-Unternehmen, das uns zum Flughafen fuhr, wo der Flugverkehr wieder aufgenommen worden war. Im Flughafengebäude fand ich eine weiße Feder auf dem Sitz neben mir. *»Die Engel sind hier und helfen uns!«*, sagte ich zu Steven. Und als wir im Hotel in Atlanta eincheckten und ich mitten in unserem Zimmer eine zweite Feder fand, gab es für mich keinen Zweifel mehr, dass unsere Gebete von den Engeln erhört worden waren.

Innerhalb weniger Tage kehrte der Strom überall zurück, und der größte Blackout in der Geschichte – von dem ca. 50 Millionen Menschen betroffen gewesen waren – war vorbei. Doch die Warnzeichen, die uns aufforderten, alternative Energiequellen zu suchen, ließen nicht nach: Im Laufe der nächsten zwei Monate hatten sowohl London als auch Teile von Italien umfangreiche Stromausfälle zu beklagen.

9

Der Zauberer von Atlantis

Es war September, Zeit für unseren alljährlichen Besuch des magischen Kontinents Australien. Den ersten Teil der Reise legte ich gemeinsam mit drei Hellsehern zurück: Gordon Smith (alias »der hellsichtige Barbier« von Schottland), John Holland und Sonia Choquette. Ich nannte unsere Auftritte »Die Hellseher-Parade«, doch Hay House, unser Verleger und Veranstalter dieser Reise, nannte sie offiziell »Intuitive Boten«. Wir vier leiteten gemeinsam diverse Tagesseminare, in deren Verlauf wir den Teilnehmern Readings gaben und kurze Vorträge hielten.

Nachdem die anderen drei Redner in ihre jeweiligen Länder zurückgekehrt waren, blieben Steven und ich in Brisbane, um uns auf das dreitägige Seminar vorzubereiten, das ich dort geben würde. Der »Angel Intuitive«-Kurs, eine hochkonzentrierte Version des Engeltherapie-Trainings, war von Hay House für Brisbane, Melbourne und Sydney angekündigt worden.

Zur gleichen Zeit war ich damit beschäftigt, die letzten Kapitel dieses Buches zu schreiben. Manchmal verspürte ich unerklärliche Angstgefühle, was gelegentlich dazu führte, dass ich zögerte, mich an meinen Computer zu setzen und zu arbeiten. Nach mehreren besorgten Gesprächen mit meinen Engeln kam ich zu dem Schluss, dass diese Ängste mit vergangenen Inkarnationen zu tun hatten, wo ich für die Veröffentlichung der Art von Informationen, wie sie in diesem Buch enthalten sind, mit meinem Leben bezahlen musste.

Ich hatte ein paar Rückführungs-Sessions mit Steven, wobei wir herausfanden, dass mir in einem früheren Leben die Kehle durchgeschnitten und ich in einem anderen gehängt worden war, weil ich diese Art von Heilungsarbeit lehrte. Sofort nachdem Steven dies herausgefunden hatte, wurde eine tiefe, gezackte Spur schorfiger Haut sichtbar, die sich wie eine blutige Kette um meinen

Hals legte. Es dauerte eine ganze Woche, bis diese Linie wieder verschwand. Als sie weg war, war auch meine Angst geheilt.

* * *

Während meines Aufenthalts in Brisbane beschäftigte ich mich mit einigen der Botschaften der Engel von Atlantis und den Informationen, die ich durch die Rückführung in mein Leben in Atlantis bekommen hatte. Ich fand es faszinierend, dass ich mich im Laufe der Session daran erinnert hatte, wie Hermes die Pyramide des Heilungstempels mit Licht erfüllt hatte. *Wer war Hermes?*, fragte ich mich. Er schien ein machtvoller, sterblicher Mann zu sein, ein gütiger Herrscher über Atlantis. Es stimmt, er war auch als ein griechischer Gott bekannt und als Thoth, eine ägyptische Gottheit. Er wurde als der Schöpfer der »hermetischen Wissenschaft« bezeichnet, der Kunst der Manifestation durch Visualisierung und Alchemie, und es wird behauptet, dass seine Arbeit die Grundlage ist für das geheime Wissen solcher Gruppen wie die Freimaurer und der Bund der Rosenkreuzer. Es wird behauptet, dass die mit einem Auge im obersten Drittel einer Pyramide bedruckte amerikanische Eindollarnote auf die dem Freimaurerorden angehörenden Gründer des Landes zurückzuführen ist. Wie interessant, dass dieses Auge und die Pyramide identisch sind mit dem, was ich in dem atlantischen Heilungstempel gesehen habe, stellte ich verblüfft fest!

Ich hatte Nicholas, dem hellsichtigen Historiker, den ich in Griechenland kennen gelernt hatte, eine E-Mail geschickt und ihn um Information bezüglich der Beziehung zwischen Hermes und Atlantis gebeten. Doch Nicholas hatte bisher keine meiner E-Mails beantwortet. Meine Engel sagten mir, er hätte Angst, sich schriftlich zu äußern. Schließlich hatte er in seinem vergangenen Leben sehr darunter gelitten, esoterische Geheimnisse weitergegeben zu haben.

Also bat ich in einer Meditation Hermes, mir diese Informationen zu übermitteln. Umgehend hörte ich eine tiefe, männliche Stimme sagen, dass Atlantis aufgestiegen sei. *»Es ist der Ort der kristallenen Schlösser, die du in den Reiseträumen deiner Seele besuchst.«* Hermes erinnerte mich daran, dass er den berühmten

Ausspruch »Wie oben, so unten« geprägt hatte, der sich auf die Tatsache bezieht, dass Atlantis ein Versuch war, Himmel und Erde zusammenzubringen. Es konnte jedoch nicht in dieser dichten Erden-Energie verbleiben und war schließlich gezwungen, aufzusteigen.

Am nächsten Tag lehrte ich einen Kurs in Brisbane für die Absolventen des vorjährigen Angel-Intuitive-Kurses. Ich beschloss, die Klasse durch die atlantische Kristallbett-Heilmeditation zu führen. Im Laufe dieser Meditation sah ich die sieben Hohepriesterinnen, die alle die Aufgabe hatten, durch die Kristallspitzen, die sie über die Chakras der Klienten hielten, farbiges Licht in deren Körper zu leiten. Dann sah ich vor meinem inneren Auge einen männlichen Hohepriester, wie er den Tempel betrat. Zunächst hatte ich Angst, dass er die meditierenden Teilnehmer meines Kurses stören könnte, da meine früheren Erfahrungen mit den Priestern von Atlantis nicht unbedingt positiv gewesen waren. Doch als ich mir den Hohepriester genauer ansah, blieb mir fast die Luft weg. Es war ohne Zweifel Merlin! Ich hatte seit vielen Jahren mit ihm zusammengearbeitet und kannte ihn gut. Er hatte das Aussehen eines »Zauberers«, und in dieser Vision – die ich meinen Schülern beschrieb, während sie stattfand – breitete Merlin seine Hände über die Person aus, die in dem kristallenen Heilbett lag, und heilte den Patienten von alten seelischen Wunden und dann verwandelte er sich vor meinen Augen in Hermes! Wieder schnappte ich nach Luft, als ich den Meditierenden beschrieb, was ich sah. *Merlin und Hermes waren ein und derselbe!*

Sobald ich am Abend die Tür meines Hotelzimmers hinter mir geschlossen hatte, nahm ich sofort eine Channeling-Session vor und bat Merlin/Hermes um eine Erklärung.

»Wie ist die Beziehung zwischen Hermes und Merlin?«, wollte ich wissen.

»Du hast uns erwischt, als du heute Morgen nach Atlantis zurückgekehrt bist! Mein Schapeshifting war nicht schnell genug, um dich an der Nase herumzuführen ...! Nur ein Scherz, meine Liebe. In Wahrheit handelte es sich um eine Enthüllung mit dem Zweck, deinen Zuhörern eine Freude zu machen. Erinnerst du dich, dass wir dir gesagt haben, Avalon und Atlantis existierten

simultan? Nun, ich habe beide Traditionen überwacht, sozusagen beide Seiten des Durchgangs.

Auch der ägyptische Pharao Ramses rief mich an, und ich habe ihn in seiner Traumzeit besucht. Er rief mich bei dem Namen an, unter dem er mich kannte: Thoth oder Radah, und ich wurde zu einer legendären Figur, da ich ihm nicht in der physischen Gestalt, sondern in Gestalt der mystischen Traumzeit erschien. Viele der ›Götter‹ und ›Göttinnen‹ waren geistige Erscheinungen, da es sich bei ihnen um hoch entwickelte lebende Personen handelte, die den Mystikern in Träumen und Meditationen erschienen.«

»Was hat es mit dem goldenen Licht auf sich, das ich in der Pyramide des Heilungstempels in Atlantis gesehen habe?«, fragte ich.

»Nun, es ist die ewige Flamme der Wahrheit Gottes, die ich herbeigerufen und heruntergeholt und mit der ich das innere Zentrum der Erde und ihre Oberfläche durchdrungen habe, um ihren Weiterbestand für ungezählte zukünftige Äonen sicherzustellen. Die Flamme wurde zu den verschiedenen Zentren der Verehrung und des Gebetes gesandt – Zentren, die du heute als Orte der Kraft kennst –, und dies ist der Grund, warum ihre Spur – das, was ihr ley lines (Energielinien) nennt – zu diesen Orten führt. Sie ist einfach eine Möglichkeit für uns alle, uns kollektiv und im Geiste vereint an den Händen zu halten. Die Flamme kann von jedem und jederzeit angerufen werden, und ich freue mich über dein Interesse daran, die Flammen zu entfachen mit der Intention, das goldene Licht, das in uns allen lebt, in die innere Atmosphäre der Erde hinunterzusenden.

Und bitte vergiss nicht, dass das Loch im Dach des Tempels das goldene Sonnenlicht hinunter in die Kristallpyramide leitete. Wie oben, so unten! Das heilende goldene Licht der Sonne ist ein Spiegel der Liebe Gottes, die du suchst. Bade darin, wärme dich und erlange Heilung in ihr, und lehre andere, die Sonne nicht zu scheuen und auch nicht die Liebe, die sie suchen.«

»War Atlantis dort, wo heute Santorini ist?«, fragte ich weiter.

»Atlantis war sehr ausgedehnt und existierte an verschiedenen Orten überall auf der Erde. Es ist dem mystischen Ort näher, den ihr heute Shambala nennt, vor der Küste Indonesiens und bis ins Zentrum von Bali hinein. Es gab auch eine Verbindung zu

Australien. Die Halbinsel, von der du spürst, dass sie Griechenland mit Ägypten verbunden hat, existierte wirklich, und sie war jahrtausendelang der Vorgänger und auch der Nachfolger von Atlantis. Es handelte sich dabei um eine Zwischenperiode menschlicher Funktion, und die Griechen waren Idealisten, die die Menschheit in vieler Hinsicht vorantrieben.

Pythagoras war einer meiner Schüler, sowohl ätherisch als auch physisch. Du hast ihn im alten Ägypten gut gekannt, wo du einst mit ihm studiert hast. Du warst in vielen Lebenszeiten und in vielen Gegenden eine Schülerin von ihm. Pythagoras war ein guter Zuhörer, und er fürchtete sich nicht, sein Wissen in die Tat umzusetzen.

Ich lebte in Ägypten lange nachdem Atlantis untergegangen war. Zu der Zeit war es mir möglich, dort meine physische Rolle als Thoth zu übernehmen, die viele Menschen in Erstaunen versetzte, die mich vorher nur in der Traumzeit gekannt hatten. Ich brachte das gesamte Heilwissen und die intellektuelle Weisheit nach Ägypten mit, die wir in Atlantis angesammelt hatten.«

Der Engel und die Schlange

Unser Hotel in Brisbane befand sich in der Nähe eines botanischen Gartens, in dem es einen Ententeich, alte Feigenbäume und jede Menge Vögel und Opossums gab. Jeden Tag joggten Steven und ich durch den Park, den Sonnenschein und die frische Luft genießend.

Seit Hermes, die Engel von Atlantis und die Steine von Stonehenge mich über die Wichtigkeit des Lichtes von Sonne, Mond und Sternen aufgeklärt hatten, ging ich wesentlich öfter ins Freie. Sowohl Steven als auch ich achteten darauf, dass wir jeden Tag mindestens eine Stunde ohne Sonnenbrillen draußen verbrachten. Wenn wir ins im Zimmer aufhielten, öffneten wir die Fenster und Balkontüren, um frische Luft und ungefiltertes Sonnen- und Mondlicht hereinzulassen. Wir hatten begonnen, nur in Hotels zu übernachten, wo wir die Fenster öffnen konnten, vorzugsweise mit Balkonen, wo wir die Tür aufmachen und uns wirklich im Freien aufhalten konnten.

Ich hatte schon lange festgestellt, dass die verstärkte Sauerstoffzufuhr beim Joggen zu eine intensiveren Verbindung zwischen mir und dem Bereich der Engel führte. Die Engel hatten mir gesagt, dass auf der Ebene der Erde ihre Botschaften auf den Molekülen von Sauerstoff transportiert wurden. Je mehr Luft wir atmeten, desto stärker war die Verbindung. Daher war ich nicht überrascht, als ich eines Tages beim Joggen durch den Park in Brisbane begann, eine große Anzahl von Engel-Botschaften zu empfangen.

»Der menschliche Körper besteht sowohl aus der Schlange als auch aus dem Engel«, sagten sie mir. Hierbei handelte es sich um eine Botschaft, die ich seit beinahe einem Jahr immer wieder erhielt. *»Der Kopf der Schlange ist eure Medulla oblangata, bekannt als euer ›Reptilien-Gehirn‹. Der Körper der Schlange ist eure Wirbelsäule und die Ausrichtung eures Chakra-Systems. Die Schlange ist eure instinktive Natur, die euch gut berät und auf die Intention des Überlebens ausgerichtet ist. Die Schlange braucht Sonnenschein und Wärme, um zu überleben, daher sorgt gut für sie. Sie repräsentiert euren Lichtkörper. Sie besteht aus reinem Licht.*

Die engelhafte Seite der Menschheit ist der Teil eines jeden, der reine Liebe ist. Unabhängig davon, wie ein Mensch handelt oder sich verhält – vergiss nie, dass er einen Engel in seinem Inneren beherbergt. Dieser Teil des menschlichen Wesens ist die Seele und der Geist. Er gedeiht durch Liebe, indem er sie gibt und annimmt. Perfekte Gesundheit wird erreicht, wenn du sowohl der Schlange als auch dem Engel in deinem Inneren Aufmerksamkeit schenkst. Ignoriere weder die eine noch die andere Seite, sondern nähre beide mit einer Fülle von Licht und Liebe.

Den Alten von Atlantis war dieses Wissen über die Paarung der Schlange mit dem Engel wohl bekannt, und sie symbolisierten diese Weisheit in ihrem Heilungssymbolemedaillon, ›Caduceus‹ genannt – dem Stab des Äskulap, der ein Verschmelzen des Engels mit der Schlange darstellt.«

Ich konnte mich nicht genau erinnern, wie ein Caduceus aussah, außer dass ich wusste, dass es sich um eine Schlange handelte, die sich um einen Stab wand. Ich konnte es kaum erwarten, wieder in mein Hotel zu kommen und mir im Internet das

Symbol anzuschauen. Noch in Schweiß gebadet ging ich zum Computer, klickte die »Images«-Seite bei Google.com an und tippte das Wort *caduceus*.

Während hunderte von Bildern auf dem Bildschirm erschienen, blieb mir fast die Luft weg: Der Caduceus, den Sie unten sehen können, hatte an der Spitze eines Stabes, um den sich zwei Schlangen wanden, Engelsflügel! Genau wie die Engel es mir während des Joggens gesagt hatten, war es das perfekte Symbol für die Verschmelzung der Schlange mit dem Engel!

Und wie perfekt, dass die medizinische Gemeinschaft dieses Symbol als ein Zeichen für Gesundheit übernommen hatte. Es zeigte die alte Weisheit, die die Notwendigkeit betont, sowohl für das höhere als auch das niedere Selbst zu sorgen, für das himmlische und das irdische Selbst, und wie wichtig es ist, die physischen und spirituellen Bedürfnisse ins Gleichgewicht zu bringen. Außerdem war der Caduceus ein Sinnbild für das Annehmen des menschlichen Schattens. Anstatt zu versuchen, unsere Schattenseite zu verneinen oder uns ihrer zu schämen, bedeutete wahre Gesundheit, die dunkle Seite unserer Psyche zu akzeptieren. Schließlich waren diese Schatten ein Ausdruck unserer instinktiven Natur.

Außerdem repräsentieren die beiden Schlangen die Doppelhelix unserer DNA. Ich dachte an das Buch meines Freundes Gregg Braden, *The God Code* (Hay House, 2004), in dem er den DNA-Code mit dem alten Hebräisch in Verbindung brachte. Gregg entdeckte, dass – obwohl die DNA eines jeden Menschen einzigartig und individuell ist – jedes Paar die numerische Codierung der

Laute aufweist, die für das hebräische Wort für *Gott* stehen. Mit anderen Worten: Gott ist in die Gene eines jeden Menschen einkodiert.

Dann schaute ich mir die Geschichte des Caduceus näher an und entdeckte, dass es sich dabei tatsächlich um den Heilungsstab handelte, den Hermes in Atlantis und im alten Ägypten bei sich getragen hatte! Der Kreis hatte sich geschlossen. Die uralten Geheimnisse der Heilungstempel von Atlantis waren wieder aufgetaucht, und sie waren in den einfachen, allgemein verständlichen Worten komprimiert, die Dr. Chronis mir auf der Insel Santorini gesagt hatte:

Licht plus Liebe ist gleich Heilung.

Zweiter Teil

Entwicklung der Engel-Medizin und Heilungs-Geschichten

10

Einführung in die Grundlagen der Engel-Medizin

In diesem Teil des Buches spreche ich über die praktische Anwendung von »Licht plus Liebe gleich Heilung«. Engel-Medizin bedeutet, dass wir sowohl unseren eigenen physischen (Licht) und spirituellen/emotionalen (Liebe) Aspekten Achtung zollen als auch denen der Personen, die wir heilen wollen. Beide Komponenten sind sehr real, und beide sind gleich wichtig, um einem Menschen auf physischer, emotionaler, intellektueller und spiritueller Ebene Gleichgewicht, Harmonie und Gesundheit zu bringen. Außerdem sind diese Methoden hervorragend dazu geeignet, die materiellen Aspekte des eigenen Lebens zu heilen, einschließlich der Finanzen und sogar sogenannter unbelebter Objekte, wie Sie auf den folgenden Seiten lesen werden.

Es gibt viele Möglichkeiten, mit dem Licht und der Liebe zu arbeiten, und es liegt an Ihnen, für welche der aufgeführten Heilmodalitäten Sie sich entscheiden. In vielen der Geschichten über Heilungen in diesem zweiten Teil des Buches werden Sie feststellen, dass die dramatischsten und schnellsten Heilungen in der Regel dann eintraten, wenn mehrere lichtbezogene Komponenten mit diversen Aspekten gemischt wurden, die mit Liebe zu tun haben. Einfacher ausgedrückt; Je mehr Sie diese Komponenten benutzen, umso besser ist es.

Komponenten der Heilung durch Licht

Licht ist der Teil von uns, der in Beziehung mit dem irdischen Leben steht. Licht umfasst unsere Instinkte, unsere Körperlichkeit, Gesundheit und unser Chakrasystem. Licht besteht aus Schwingungen, daher gehören bestimmte Formen der Energieheilung dazu, wie beispielsweise Reiki oder Therapeutic Touch *(thera-*

peutische Berührung – Anmerk. d. Übers.) Außerdem besteht Licht aus Farben, und aus diesem Grund gehören das Visualisieren und Bestimmen von Farben zum Zwecke des Schutzes und der Heilung auch in diese Kategorie. Licht bezieht sich auf unseren physischen Energiekörper.

Nachstehend finden Sie einige Möglichkeiten, wie Sie mehr Licht in eine Situation bringen können, wenn Sie für sich oder andere eine Heilung vornehmen möchten:

- Halten Sie kristallklare Intentionen bezüglich des gewünschten Resultates aufrecht.
- Arbeiten Sie mit Kristallen.
- Absorbieren Sie ungefiltertes Tageslicht; oder Licht, das von Sonnenaufgängen, Sonnenuntergängen und den Sternen erzeugt wird; und Mondlicht.
- Senden Sie heilende Energie, wie beispielsweise Reiki, Prana, Qigong, Therapeutic Touch etc.
- Praktizieren Sie Chakraclearing einschließlich des Durchtrennens ätherischer Schnüre, Spirit-Releasements und Spirit-Vacuuming. (*Loslassen der Seele eines Verstorbenen und Aufsaugen negativer Einflüsse aus der Seele eines Menschen.)*
- Visualisieren Sie, wie Sie sich selbst oder eine andere Person mit Licht und Farben umgeben.

Komponenten der Heilung durch Liebe

Liebe umfasst sowohl unsere Seele und unseren Geist als auch unseren emotionalen Körper (der die Brücke ist zwischen unserem physischen und spirituellen Selbst). Zu den Beispielen der Heilungsarbeit mit Licht gehören unter anderem:

- Glauben und Vertrauen;
- Loslassen von Ängsten;
- Mitgefühl empfinden;
- Dankbarkeit empfinden;
- Gebet und Meditation;
- Liebevolles Verhalten sich selbst und anderen gegenüber.

Engel: Sowohl Liebe als auch Licht

Vielleicht ist ein Grund, warum das Anrufen der Engel ein so überaus effektives Instrument bei Heilungen ist, der, dass Engel jeder Situation oder Person sowohl Licht als auch Liebe bringen. Wenn Sie Engel bitten, sich an die Seite eines Menschen zu begeben, der in Not ist (Sie selbst oder jemand anderes), eilen sie mit dem warmen Glühen eines hellen inneren Lichtes herbei, gepaart mit bedingungsloser Liebe und einer ruhigen, von Vertrauen erfüllten Natur.

Wenn tragische Umstände uns in einen Alarmzustand versetzen, ist oft Glaube und Vertrauen das Erste, was uns abhanden kommt. Wir können uns an die Engel anlehnen, um unser Vertrauen und unseren Mut zu stärken und uns von ihnen die beruhigende Gewissheit geben lassen, dass alles gut werden wird. Wir können ihren Glauben an die göttliche Ordnung anzapfen. Die Engel können uns helfen, unsere Ängste loszulassen, auf dass unsere Seele wieder mit Vertrauen erfüllt wird. Und wie der Meisterheiler und Lehrer Jesus im Laufe seines Lebens immer wieder gelehrt hat: »So, wie ihr glaubt, so wird es sein.«

In den nächsten Kapiteln werden Sie erfahren, wie Sie zum Zwecke der Heilung mit Licht und Liebe arbeiten können. Außerdem werden Sie wahre Geschichten von Menschen hören, deren Gesundheit und Leben durch das Anrufen von Licht und Liebe geheilt wurden.

11

Das Licht sehen – kristallklare Entscheidungen

Bei jeder Manifestation ist es entscheidend, dass Sie sich im Klaren darüber sind, was Sie erreichen wollen. Engelmedizin kann eine sofortige Wirkung haben, und Sie können von einem Moment auf den anderen geheilt sein. Entscheidend ist hier, dass Sie eine sofortige Heilung benötigen. Sie müssen jegliche Zweifel oder Ängste, ob das möglich ist, loslassen. Einige befürchten vielleicht, dass es einer Blasphemie gleichkommt, den himmlischen Kräften Befehle zu erteilen, und diese Befürchtung kann eine sofortige Heilung unterbinden. Es ist die Klarheit bezüglich Ihrer Wünsche, die zu dem entsprechenden Resultat führt.

Unser inneres Licht basiert auf dem Teil von uns, der instinktiver Natur ist. Tiere und Vögel benutzen Instinkt zum Überleben. Wenn eine Schlange sich auf ihre Beute fokussiert, hat sie die kristallklare Intention, essen zu wollen. Sie zögert nicht und denkt nicht, *Was ist, wenn ich es nicht verdient habe, zu essen?* oder *Was ist, wenn dies nicht Gottes Wille für mich ist?* Ohne klare Intentionen würde die Schlange verhungern und sterben. Wenn wir uns auch nicht an lebendige Beute heranschleichen müssen, um überleben zu können, so brauchen wir dennoch dieselben klaren Intentionen, um unsere irdischen Bedürfnisse zu erfüllen. Wir haben noch immer Instinkte in uns, die anerkannt und gewürdigt werden müssen.

Das hat nichts damit zu tun, sich zu überanstrengen oder ein Resultat zu erzwingen. Jedes Mal, wenn wir *versuchen,* etwas zu erzwingen, blockieren wir uns in Bezug auf das Erreichen unserer angestrebten Ziele selbst. Das liegt daran, dass die mit Willenskraft und Anstrengung assoziierte Negativität genau das anzieht, was wir fürchten. Zu diesen Ängsten kann die Sorge gehören, vielleicht nicht in der Lage zu sein, ein Resultat zu erzielen; oder es nicht »verdient« zu haben; oder nicht fähig zu sein, das erwünschte Resultat in Zukunft aufrechterhalten zu können; und die Sorge darüber, was andere Menschen über unseren Erfolg denken mögen.

Kristallklare Intentionen zu wahren bedeutet, eine entspannte, vertrauensvolle Einstellung zu haben. Unter Umständen kann Ihnen der Gedanke helfen, dass Sie besser in der Lage sein werden, Ihren Liebsten und der Gesellschaft beizustehen, wenn Sie selbst geheilt sind. Als starker, geheilter, sicherer Mensch stehen Ihnen mehr Ressourcen zur Verfügung, die es Ihnen erlauben, großzügiger und freier zu geben – voller Leidenschaft und Freude.

Das Überwinden der Angst vor Heilung

Wenn ein Teil von Ihnen gesund sein möchte, ein anderer Teil von Ihnen jedoch Angst davor hat, wird dies Ihre Manifestation behindern. Um geheilt zu werden, brauchen Sie eine kristallklare Intention zur Heilung. Mit klaren Intentionen sind Wunder wie sofortige Heilungen möglich.

A Course in Miracles sagt, dass sofortige Heilungen normal sind; jedoch empfinden viele Menschen den Gedanken einfach als zu befremdlich, von einem Moment auf den anderen von einer Krankheit geheilt zu werden. Das liegt daran, dass die westliche Medizin glaubt, dass Heilung nur nach einer bestimmten Zeit eintritt … langsam … nach regelmäßigen Besuchen beim Arzt und wochen- und monatelangem Pillenschlucken. Sosehr wir uns auch nach einer sofortigen Heilung sehnen, so würde sie uns doch so sehr erschrecken wie der Anblick eines Gespenstes. Daher haben wir einen Fuß auf dem Gaspedal und einen auf der Bremse, während wir um Heilung beten – und gleichzeitig (unbewusst) darum beten, dass sie nicht eintreten möge, da uns dies einen zu großen Schrecken einjagen würde.

Ich habe im Laufe der Jahre immer wieder Klienten gehabt, die tief sitzende Ängste darüber ausdrückten, dass sie eine sofortige Heilung nicht *verdienten,* was bedeutete, dass sie die Heilung nicht akzeptierten, wenn sie eintrat. Ich erinnere mich an eine Frau, die mich bat, ein Geschwür an ihrem Ohr zu heilen. Ich legte meine Hände auf ihre Ohrläppchen und schickte Energie in das Ohr, während ich gleichzeitig affirmierte, dass sie geheilt war. Das Geschwür platzte sofort auf, Eiter floss heraus, und es wurde immer kleiner. Die Frau hielt ihr Ohr fest und erklärte immer wieder, dass sie es nicht glauben könnte, dass die Heilung so schnell eingetreten war! Ich erinnerte sie an eine berühmte Geschichte von Louise Hay, die ähnlich abgelaufen war:

Louise erzählt, dass sie einmal einer Klientin half, von einem Augenblick zum anderen von der Notwendigkeit zu genesen, eine Brille tragen zu müssen – was bedeutet, dass die Frau ab sofort einwandfrei sehen konnte. Natürlich war sie erfreut über diese Entwicklung; jedoch war sie so erstaunt über die Unmittelbarkeit ihrer Heilung, dass sie immer wieder ausrief: »Oh je oh je! Ich kann es nicht glauben, dass ich keine Brille mehr brauche! Ich kann es einfach nicht glauben!« Die Frau affirmierte so oft, nicht glauben zu können, dass ihr Augenlicht wieder vollkommen hergestellt war, dass sie schon bald wieder eine Brille brauchte.

Warum sollte irgendjemand Angst davor haben, gesund zu sein? In meiner Arbeit als Heilerin habe ich dafür die folgenden Gründe gesehen:

- **Angst vor dem »Willen Gottes«**. Einige Menschen fürchten, dass Gott will, dass sie krank sind, und sie haben Angst, gegen einen höheren Willen als ihren eigenen zu verstoßen.

Doch wenn wir wirklich glauben, dass Gott voller Liebe ist, und wenn wir darauf vertrauen, dass Gott gut ist, warum würde dann der Schöpfer irgendetwas anderes als Liebe und Güte für uns wollen? Jemand, der all-liebend ist, würde uns nie »testen« oder Schmerz als eine Möglichkeit benutzen, damit wir wachsen. Wären wir nicht viel nützlicher für Gottes Plan, wenn unsere Energie und Gesundheit dynamisch und strahlend wäre?

Wenn Sie um Gesundheit beten, sollten Sie sich ganz im Klaren darüber sein, dass dies *tatsächlich* Gottes Wille für Sie ist. Sie sind einer der dringend benötigten Erdenengel auf diesem Planeten. Alle Hände werden für die glatte Durchführung von Gottes Friedensplan gebraucht. Wenn sich ein Lichtarbeiter von seiner ihm zugewiesenen Aufgabe abwendet, muss ein anderer Lichtarbeiter für zwei arbeiten.

• **Ambivalenz gegenüber Leiden.** Manche Menschen glauben, dass Leben gleichbedeutend mit Leiden und daher unvermeidlich ist. Freiheit von Leid kann ihrer Meinung nach nicht erreicht werden, warum sollte man sich also darum bemühen, sie zu erlangen?

Viele Menschen haben mir im Brustton der Überzeugung gesagt, dass Leiden und Schmerz der einzige Weg zu persönlichem und spirituellem Wachstum ist. Ihre Seelen werden sozusagen »übers Ohr gehauen«, wenn sie versuchen, die wichtigen Lebenslektionen, die im Leiden enthalten sind, zu umgehen. Die Engel haben mich wissen lassen, dass wir zwar durch Leiden und Schmerz stärker werden können, jedoch durch Frieden und Freude viel schneller innerlich wachsen.

Dadurch, dass wir inneren Frieden erlangen, leisten wir einen wichtigen Beitrag zum *Weltfrieden*. Außerdem inspirieren wir andere durch unser Beispiel. Krank oder verletzt zu sein inspiriert niemanden. Doch mitzuerleben, wie jemand physische Begrenzungen transzendiert oder heilt, ist eine ungeheuer positive Erfahrung.

• **Angst vor Veränderung.** Chronische Erkrankungen oder Verletzungen können zu einer Lebensweise werden – und einem Langzeitprojekt. Gesund zu sein würde ein großes Loch hinterlassen, was einige Menschen instinktiv fürchten. *A Course in Miracles: Manual for Teachers* sagt dazu, dass »alle Formen von Krankheit, bis hin zum Tod, ein physischer Ausdruck für die Angst vor dem Erwachen« sind. Mit anderen Worten: Krankheit kann unseren Geist und unsere Aktivitäten dermaßen beschäftigt halten, dass wir keine Zeit für etwas anderes haben und somit vermeiden können, unseren Blick nach innen zu wenden und unsere Lebensaufgabe zu finden.

• **Nebengewinn.** Wir wollen es zugeben: Wir werden für Krankheit und Verletzung mit viel Sympathie, Genesungswünschen und Blumensträußen »belohnt«. Außerdem werden wir vorübergehend von der Arbeit oder Schule freigestellt, und wenn wir lange krank und arbeitsunfähig sind, bekommen wir eine entsprechende finanzielle Unterstützung. Vielleicht wünschen wir uns unbewusst, dass diese Belohnungen kein Ende nehmen, mit dem

Resultat, dass wir uns dagegen wehren, unseren Körper gesund werden zu lassen.

- **Selbstachtung.** Viele der Personen, die ich in meiner Tätigkeit als Psychotherapeutin beraten habe, gaben zu, dass sie tief in ihrem Inneren nicht glauben, Glück und Gesundheit verdient zu haben. Außerdem zweifeln sie daran, dass die himmlischen Mächte ihnen Aufmerksamkeit schenken, da sie ein alles andere als perfektes Leben geführt haben.

Ich helfe diesen Menschen, zu sehen, dass wir alle Gottes Kinder sind, auch wenn keiner von uns ein perfektes Leben führt. Wir werden alle auf die gleiche Weise bedingungslos geliebt.

- **Fixe Ideen über Gesundheit.** Manche Leute glauben fest daran, dass sie eine genetische Familienkondition geerbt haben, die sich früher oder später physisch manifestieren wird; dass Kranheit unvermeidlich ist; oder dass eine bestimmte Kondition unheilbar ist. In gewisser Weise belegen Ärzte ihre Patienten mit einem Fluch, wenn sie eine »unwiderrufliche« Diagnose stellen, und wenn wir diese Diagnose annehmen, kann es durchaus sein, dass wir die damit einhergehenden Symptome manifestieren. Außerdem besteht die Möglichkeit, dass wir von Annoncen und Zeitungsberichten über Krankheit und Medikation sowie von Medienpublicity über angebliche Epidemien beeinflusst werden.

- **Klare Erwartungen, klare Resultate**

Klarheit bezüglich ihres Wunsches nach sofortiger Heilung und das *Akzeptieren* dieser Heilung sind beide gleich wichtig. Die viel beschäftigte Besitzerin eines Schönheits- und Massagesalons in San Francisco sagte mir, dass die Ärzte bei ihr Brustkrebs diagnostiziert hatten. Als sie im Rollstuhl in den Operationssaal geschoben wurde, rief sie plötzlich laut aus: »Ich habe keine Zeit für so was!« Und sie meinte es – sie arbeitete sieben Tage in der Woche in ihrem Salon und hatte weder Zeit für eine Operation noch für die Zeit der Rekonvaleszenz danach. Die Ärzte schnitten sie auf und waren verblüfft, zu sehen, dass es keine Spur von Krebs gab.

Sprechen Sie ein Machtwort gegenüber dem Universum und nennen Sie Ihre Bedingungen.

Doch was ist mit dem Willen Gottes?, werden einige fragen. Dies ist ein individuelles Thema. Ich persönlich glaube fest daran, dass jeder von uns einen »Zeitpunkt« hat, wo er heim in die himmlischen Gefilde geht. Wir haben vor unserer Inkarnation gemeinsam mit Gott und unseren Engeln diesen Zeitpunkt festgelegt.

Darüber hinaus glaube ich daran, dass Gott allgegenwärtig ist, in jedem Einzelnen von uns. Dies bedeutet, dass Gottes Wille überall ist und sich mit Ihrem eigenen Willen deckt. Und ein liebevoller Gott würde nie wollen, dass Sie leiden, genau wie Sie nie ihre eigenen Kinder wollen leiden sehen .

Um es noch einmal zu sagen: Es ist wahr, dass Sie durch Leiden wachsen können, doch es ist ebenso wahr, dass Sie durch Frieden und Freude wachsen können. Verlangen, befehlen und erwarten Sie bei allem, was Sie tun, Frieden, und Sie werden ihn finden.

Einige Menschen haben Angst vor Gesundheit, weil sie sich etwas von der Krankheit versprechen. Bei einer Klientin von mir drehte sich ihr ganzes Leben um ihre Krankheit: Es war ihr Projekt, ihre Liebe, ihr Kind. Wenn sie genesen würde, womit sollte sie dann diesen freien Raum füllen? Allein der Gedanke an einen gesunden Körper versetzte meine Klientin in Angst und Schrecken. Sie fragte besorgt: »Was werde ich mit meiner freien Zeit anfangen?« und »Welchen Sinn wird mein Leben haben?« Wenn sie plötzlich Zeit hätte, müsste sie nach einer sinnvollen Aufgabe suchen, und das könnte Versagen oder Erfolg bedeuten ... zwei ihrer größten Ängste.

Andere Klienten haben zugegeben, dass sie Gesundheit und Frieden mit einem Leben voller Langeweile gleichsetzen. Probleme sind aufregend und kreieren einen angenehmen Adrenalinstoß. Doch Frieden und Gesundheit rufen Gelegenheiten hervor, um andere Arten von Aufregung zu erleben – zum Beispiel könnten Sie sich Ihrer Lieblingsbeschäftigung widmen, reisen oder Ihre Familie unterstützen.

Eine Frau namens V. J. Williams sprach dem Universum gegenüber ein Machtwort und wurde umgehend geheilt. Das Fohlen ihres Nachbarn war über seinen Zaun gesprungen und zu einer nahen, viel befahrenen Straße gelaufen. V. J. half, das Pferd einzufangen und zurück auf seine Weide zu bringen.

Dies jagte dem Tier einen Schrecken ein, und es trat mit beiden Hinterbeinen aus. V. J. erinnert sich: »Eines seiner Hufe traf meinen Brustkorb und ich ging, nach Atem ringend, in die Knie.« Das Röntgenbild in der Notaufnahme des Krankenhauses zeigte eine gebrochene Rippe.

Die Ärzte verbanden ihren Brustkorb und schickten V. J. nach Hause mit der Auflage, ein paar Tage im Bett zu bleiben und sich auszuruhen. Sie hatte Schmerzen und versuchte, sich nicht zu bewegen. Am dritten Tag ging V. J. zurück zu ihrem Job, den sie erst kürzlich begonnen hatte. Sie hatte zwar noch immer Schmerzen, war aber in der Lage, ihre Arbeit zu tun – jedoch dauerte es nicht lange, bis Symptome auftraten, die darauf hinwiesen, dass ihre Verletzung schlimmer war als ursprünglich angenommen.

»Ich merkte, dass ich jedes Mal, wenn ich mich an meinem Schreibtisch vornüberbeugte, um irgendwelche Unterlagen aus der Schublade zu holen, und mich wieder gerade hinsetzte, eine Art Gurgeln spürte, das in Höhe meiner Lunge meinen Rücken hinauf- und hinunterlief. Wenn ich mich vornüberbeugte, lief das Gurgeln meinen Rücken hinunter und wieder hinauf, wenn ich mich aufrichtete. Zwei Tage lang ging das so, und dann wusste ich, ohne dass es mir jemand gesagt hatte, dass eine meiner Lungen perforiert war. Dies bedeutete einen weiteren Besuch in der Notaufnahme und große finanzielle Ausgaben, da ich bei meinem neuen Job noch nicht krankenversichert war.«

Da ihr erster Krankenhausbesuch bereits 2500 Dollar gekostet hatte und V. J. sich fragte, wie sie *diese* Rechnung bezahlen sollte, verspürte sie nicht die geringste Lust, sich noch weiter in medizinische Unkosten zu stürzen.

Dennoch packte sie an diesem Abend ihre Tasche, um ins Krankenhaus zu gehen. Sie begann zu weinen und betete um Hilfe. Sie brauchte eine Wunderheilung, und sie brauchte sie sofort! Ihre Klarheit während des Betens sorgte dafür, dass ihr Wunsch erfüllt wurde.

V. J. beschreibt, was als Nächstes passierte: »Ich lehnte mich nach vorne, und das gurgelnde Geräusch war nicht mehr da! Ich lehnte mich noch ein paar weitere Male vornüber, und es gurgelte noch immer nicht! Das Geräusch hatte komplett aufgehört und ist nie wiedergekommen. Jetzt weinte ich noch mehr als vorher, doch es waren Tränen der Dankbarkeit, dass meine Engel und Gott mich geheilt hatten. Was für ein wirklich segensreiches Wunder!«

Sie hatte nie mehr irgendwelche Probleme mit ihren Lungen, und ihre Rippen heilten schnell und ohne Nachwehen. V. J. sagt: »An jenem Tag habe ich eine wertvolle Lektion gelernt: Wir sind *nie allein* in unseren schwierigen Zeiten. Alles, was wir tun müssen, ist um Hilfe bitten – oder sie verlangen!«

Erwarten Sie ein Wunder

Die Engel *möchten* uns helfen, doch sie können erst dann intervenieren, wenn wir sie *ausdrücklich* um Hilfe bei allem *bitten,* bei dem wir Hilfe brauchen. Sagen Sie ihnen nicht, *wie* sie helfen sollen; bitten Sie sie einfach nur um das, was Sie möchten. Seien Sie sehr klar und deutlich in Bezug auf Ihren Wunsch. Vergessen Sie nicht: Kristallklare Intentionen kreieren Licht, das die von Ihnen gewünschte Manifestation illuminiert.

Wenn Sie zum Beispiel aus einer Wunde bluten, rufen Sie Erzengel Raphael an und sagen Sie ihm: »Raphael, sorge dafür, dass dieses Bluten sofort aufhört!« Machen Sie sich keine Sorgen, vielleicht herrisch, penetrant oder respektlos zu erscheinen. Die Engel reagieren positiv auf eine klare Forderung. Ich habe festgestellt, dass das Bluten schnell aufhört, wenn ich Raphael auf diese eindeutige Weise um Hilfe bitte und gleichzeitig mit dem Finger auf die blutende Stelle drücke. Waschen Sie einfach das Blut und eventuelle Schmutzpartikelchen an der Wunde ab und vergessen Sie nicht, sich bei Raphael zu bedanken.

Der sechzehnjährige Alex Woburn litt oft unter Nasenbluten. Eines Tages rief er seinen Schutzengel an, das Bluten zu stoppen. Alex berichtet: »Meine Engel stillten das Bluten, sobald ich sie darum gebeten hatte.«

Die Engel werden Ihnen auch helfen, körperliche Schmerzen zu verringern oder ganz zum Verschwinden zu bringen. Übergeben Sie die Situation rückhaltlos an Gott und die Engel und sagen Sie: »Ich gebe euch diese Situation und alles, was damit zusammenhängt. Nehmt den Schmerz. Ich kann ihn nicht länger ertragen.« Dies führt oft zu schnellen Resultaten.

Noch einmal berichtet Alex Woburn, wie seine Engel Schmerzen wegnahmen, als er sie darum bat:

»Eines Tages in der Schule fiel ein riesiges Trampolin auf meinen Fuß! Meine Zehen färbten sich blauschwarz, der Nagel an meinem großen Zeh drohte abzureißen, und an einigen Stellen hing die Haut in Fetzen von meinem Fuß. Ich musste zwei Tage zu Hause bleiben und konnte kaum einen Schritt gehen. Schließlich bat ich meine Engel, zu intervenieren und meine Zehen und meinen Fuß zu heilen.

Innerhalb von zehn Minuten, nachdem ich sie um Hilfe gebeten hatte, waren meine Zehen nicht mehr verfärbt, der Zehennagel wurde sauberer und tat nicht mehr so weh. Ich konnte wieder richtig gehen, ohne zu hinken. Dies war kein Zufall – irgendjemand hatte definitiv schwer dafür gesorgt, dass mein großer Zeh wieder geheilt wurde.

Doch der Zehennagel war noch immer teilweise gelöst und musste professionell entfernt werden. Die Ärztin sagte mir, dass die Entfernung des Zehennagels wehtun würde, also betete ich zu den Engeln, eventuelle Schmerzen zu lindern. Bevor ich wusste, was geschah, war der Nagel entfernt, ohne dass ich den geringsten Schmerz gespürt hatte! Der Ärztin stand die Überraschung im Gesicht geschrieben, da ich nicht einmal gezuckt hatte, und sie wollte wissen, ob ich vielleicht gut Schmerzen ertragen könnte. Doch ich wusste, dass meine Schutzengel an meine Seite geeilt waren und mir geholfen hatten, und ich dankte ihnen von Herzen.«

Sprechen Sie ein Machtwort

Kristallklare Intentionen bedeuten, dass Sie nichts anderes als das von Ihnen gewünschte Resultat akzeptieren werden. Wie ich bereits gesagt habe, ist es wichtig, den himmlischen Kräften nicht zu sagen, *wie* Sie das gewünschte Resultat herbeiführen sollen … doch müssen Sie sich total im Klaren darüber sein, was Sie akzeptieren werden und was nicht.

Wenn nötig, stellen Sie sich vor, dass Sie einen Ihnen lieben Menschen beschützen. Manchmal neigen wir eher dazu, die beschützende Bärenmutter zu sein, die sich für ihr Junges einsetzt, als dass wir um Hilfe für uns selbst bitten. Wenn Sie Schwierigkeiten haben, darum zu bitten, selbst geheilt zu werden, dann sollten Sie sich in Erinnerung rufen, wie vielen Menschen Sie helfen können, wenn Sie gesund und stark sind.

Wichtig ist, dass Sie sich sehr klar sind hinsichtlich Ihrer Wünsche und ein diesbezügliches Machtwort sprechen, so wie Wendy Eidman es getan hat.

Wendy backte eines Morgens gerade Waffeln, als sie versehentlich ihren Finger direkt auf das heiße Waffeleisen legte. Der Schmerz war schlimm, und schnell bildete sich eine große Blase an ihrem Finger. Während sie kaltes Wasser über ihre Hand laufen ließ, betete Wendy darum, dass Erzengel Michael ihre Verbrennung heilen möge. Der Schmerz hörte vorübergehend auf, kam aber bald wieder. Also betete sie noch einmal, mit dem gleichen Ergebnis.

Ungefähr eine Stunde nach diesem Pingpong zwischen Schmerz und Nicht-Schmerz setzte Wendy sich schließlich hin und *forderte,* dass der Schmerz weggenommen und dass ihm nicht gestattet würde, zurückzukommen, egal, was passiert!

Wendy fuhr fort: »Und was soll ich sagen, es funktionierte! Ich war auf der Stelle geheilt, und die Blase wurde zusehends kleiner. Ich konnte das Geschirr abwaschen und meine Kinder baden, und Sie wissen, wie schmerzhaft die Berührung mit heißem Wasser ist, wenn man sich verbrannt hat – einfach unerträglich. Ich habe nicht das Geringste gespürt! Ich war total und vollständig geheilt – und zutiefst davon überzeugt, dass es Michaels Heilkraft war, die mich geheilt hatte.«

Kristallklare Intentionen zu bewahren bedeutet, dass Ihr ganzes System sich auf die Manifestation Ihres Wunsches ausrichtet. Ihre gesamte Energie wird in diese Richtung geleitet, und positive Resultate sind unvermeidlich.

Wenn Sie sich über Ihre Wünsche nicht im Klaren sind

Was ist, wenn Sie nicht wissen, was Sie wollen, oder wenn Sie Angst haben, um etwas »Falsches« zu bitten? Wenn dies der Fall ist, denken Sie an das bestmögliche Szenario, das Sie sich vorstellen können. Falls Sie sich nicht vorstellen können, so viel Wunderbares manifestieren zu können, stellen Sie sich einen Ihnen lieben Menschen vor, der es manifestiert. Dann bringen Sie sich selbst in diese Szene hinein.

Wenn Sie fürchten, eine »falsche Wahl« zu treffen, rufen Sie sich in Erinnerung, dass Sie *niemals keine* Entscheidung treffen können. Mit andern Worten, wenn Sie sich nicht entscheiden ... dann ist das eine Entscheidung, die Dinge so zu belassen, wie sie gegenwärtig sind. Die beste Möglichkeit, mit dieser Angst umzugehen, besteht darin, sich das bestmögliche Szenario vorzustellen und dann zu sagen: »Dies, oder etwas Besseres.«

Auf diese Weise lassen Sie Raum für Verbesserung, falls Sie eine Entscheidung getroffen haben, die weniger als ideal ist. Außerdem haben Sie den Engeln die Tür geöffnet, um Ihnen zu helfen, die besten Möglichkeiten zu wählen. Und Sie werden in der Lage sein, alle Ängste bezüglich einer unüberlegten Entscheidung loszulassen, und Ihre Furchtlosigkeit wird Ihnen helfen, schneller und effektiver das gewünschte Resultat zu manifestieren.

Sobald Sie einmal die klare Entscheidung getroffen haben, auf allen Ebenen Ihres Lebens geheilt zu werden – physisch, emotional, spirituell, intellektuell, romantisch, finanziell etc. –, sind alle Methoden, mit denen Sie Licht und Liebe in Ihr Leben bringen können, begrüßenswert – je mehr, desto besser! Im nächsten Kapitel werden wir uns die Benutzung von Kristallen anschauen, mit der die Heilkraft des Lichtes verstärkt werden kann.

12

Heilung mit Kristallen

Seit der Zeit von Atlantis, und vielleicht sogar schon vorher, sind Kristalle benutzt worden, um Heilungen herbeizuführen. Kristalle verstärken die natürliche Energie in einem Prozess, der »Piezoelektrizität«. Heute benutzen Krankenhäuser bei der Diagnose und Heilung von Krankheiten Quarzkristalle und piezoelektrische Kristallsensoren. Kristalle werden schon seit langem bei Radios, Uhren und anderen elektronischen Instrumenten benutzt.

Ich lege große, klare Quarzkristalle neben mein Telefon, um meine Verbindung zu verstärken, wenn ich Readings übers Telefon gebe. Mit anderen Worten, es gibt keinen Zweifel über die Fähigkeit der Kristalle, Energie zu verstärken.

Zum Beispiel habe ich einmal bei einer Expo, kurz bevor ich meinen Vortrag beginnen sollte, einen Anhänger aus Sugilith erstanden. Ich legte mir die Kette mit dem Sugilith um, während ich in den Saal ging, und begann auf der Stelle, zum ersten Mal öffentlich, Erzengel Michael zu channeln. Seit damals trage ich stets einen Sugilith bei mir, wenn ich gebeten werde, vor einem Publikum Michael zu channeln, da ich festgestellt habe, dass der Stein mit seiner Energie übereinstimmt.

Außerdem habe ich festgestellt, dass es mir leichter fällt, lange Vorträge zu halten (wie zum Beispiel während meiner drei- oder sechstägigen Kurse, wo ich täglich viele Stunden unterrichte), wenn ich nah an meinem Hals einen großen Amethysten oder Aqua-Aura-Stein trage. Die großen Kristalle in der Nähe des Kehlchakras verstärken dessen Energie und helfen mir, Heiserkeit zu vermeiden. Wann immer ich während eines Vortrages *kleine* Kristalle trage, merke ich, dass meine Energie nachlässt.

Kristalle können das Licht und die Energie sowohl unseres Chakrasystems als auch unseres Energiekörpers verstärken, und sie sind außerdem in der Lage, Störungen des Energiegleichgewichtes aufzuheben.

Eine australische Krankenschwester namens Elisabeth Jensen erfuhr mit Hilfe eines Kristalles und der Engel eine tiefgreifende Heilung. Vor elf Jahren hatte sie eine schwere Depression und litt unter einem Tumor der Hirnanhangdrüse, der zwar gutartig war, sich jedoch auf ihr gesamtes Hormonsystem auswirkte; außerdem litt sie unter chronischen Rückenschmerzen. Als wäre dies alles nicht genug, so hatte sie auch noch einen Liebhaber, der ihr gegenüber oft gewalttätig war und sie misshandelte und der seinerseits unter einer chronisch offenen und eiternden Wunde litt, die bisher auf keine Behandlung reagiert hatte.

Elisabeth besaß hellsichtige Fähigkeiten und war in der Lage, Energien und Auren zu sehen, und so kaufte sie sich eines Tages einen klaren Quarzkristall. Als sie ihrem Partner den Kristall zeigte, geschah etwas Magisches: Der Kristall schien einen Strom von weißem Licht hervorzurufen, das aus Elisabeths Kronenchakra austrat und ihre Arme hinunter und zu ihrem Freund hinüberlief.

Elisabeth sagt: »Ich empfand eine große Ruhe und Freude und legte ihm meine Hände auf, wie es mir von einer engelsgleichen Stimme in meinem Inneren aufgetragen wurde. Nach ungefähr einer halben Stunde verschwand die Energie, und wir fühlten uns beide wunderbar und voller Frieden. Von diesem Tag an waren wir beide für immer verändert. Innerhalb von Stunden war seine Wunde vollständig verheilt, nur eine winzige Narbe erinnert noch daran, und seither behandelt mein Freund mich mit Liebe und Respekt.«

Auch Elisabeths Tumor der Hirnanhangdrüse verschwand als Resultat dieser einen Session mit dem weißen Licht, das der Kristall ausgesendet hatte – zusammen mit ihrer Depression und den Rückenschmerzen, und sie wurde sich verstärkt der Gegenwart von Engeln bewusst. Heute gibt sie Seminare und Workshops zu diesem Thema.

Kristallkinder

Die neueste Generation von Kindern, Kristallkinder genannt, ist auf natürliche Weise an Kristallheilung interessiert und hat die Gabe, solche Heilungen vorzunehmen. Das ist einer der Gründe, warum man ihnen diesen Namen gegeben hat. Diese jungen Menschen besitzen eine innere Weisheit über die Nutzung der Kristalle zu Heilzwecken, und sie wissen auch, auf welche Weise sie dieses Wissen in die Tat umsetzen können.

Stephen und Karen Williams merkten, dass ihre fünfjährige Tochter Sabrina ein starkes Interesse an Kristallen zeigte. Sie lernte schnell die Namen verschiedener Kristalle und wählte oft die Steine aus, die sie für ihre Familie kaufen wollte.

Eines Abends sagte Sabrina ihren Eltern, dass sie eine Kristallheilung benötigte. Nachdem sie ein paar Kristalle ausgewählt hatte, begann Karen ihrer Tochter zu zeigen, wie man diese Edelsteine auf die Hauptchakras platziert. Sabrina unterbrach ihre Mutter und sagte: »Mama, ich weiß, wohin sie gehören; ich hab das alles schon mal gemacht«, und legte dann die Kristalle auf ihre Chakras, um sich selbst zu heilen.

Karen sagt: »Ihre Verbindung mit den Kristallen ist so natürlich und unbeschwert, dass ich davon überzeugt bin, dass ihr Wissen um diese Dinge in eine frühere Inkarnation zurückreicht.«

Haben Kinder wie Sabrina zur Zeit von Atlantis gelebt, wo sie lernten, wie man Kristalle benutzen kann, um die Energie der Chakras entlang der Wirbelsäule zu stärken? So viele der heutigen Generation von Kleinkindern legen ein unheimliches Wissen über Kristallheilung an den Tag, dass man beginnt, sich zu wundern …

Carri Lineberry berichtet, dass ihre dreijährige Tochter Maia einen Amethysten unter ihr Bett gelegt hat. »Ich habe ihn eines Tages dort gefunden und weggenommen«, sagt Carri. Maia stellte schnell fest, dass der Amethyst nicht mehr an seinem Platz lag, holte ihn sich zurück und informierte mich, dass er dort bitte zu bleiben hatte.«

Die außerordentliche Sensitivität der neuen Generation von Kindern hat zur Folge, dass sie sich bewusst ist, wie therapeutisch wirksam es ist, Kristalle um sich zu haben. Im zarten Alter von drei Jahren zeigte Maia ein Wissen über die Arbeit mit Kristallen, das normalerweise erst erfahrenen Veteranen der Heilkunst zur Verfügung steht.

Auch Maias fünfjährige Schwester Shailyn besitzt ein offenbar angeborenes Wissen über die Heilung mit Kristallen. Eines Morgens fand Shailyn den neu erstandenen Rosenquarzkristall ihrer Mutter. Ohne darauf hingewiesen worden zu sein und ohne dass man es ihr gezeigt hatte, nahm sie den Stein in die Hand und legte ihn ihrer Mutter auf die Stirn. Dann sagte Shailyn: »Mama, ich kann Menschen damit gesund machen. Weißt du, man kann damit sogar operieren.«

Auf welche Weise haben Kinder wie Maia und Shailyn dieses Heilwissen errungen, das sie mit völligem Selbstvertrauen zur Schau stellen? Entweder haben sie es in einem früheren Leben gelernt oder die Information in einem Traum oder als gechannelte Botschaft erhalten. Vielleicht ist das Heilen mit Kristallen ein inneres Wissen, über das alle Seelen intuitiv verfügen, das wir aber machmal vergessen. Wie auch immer, die Informationen über Kristallheilung »aus dem Mund von Kleinkindern« sind es wert, dass man ihnen Aufmerksamkeit schenkt.

Uraltes Wissen wiedererlangen

Kristallheilung ist eine uralte Praktik, die erst vor kurzem wieder aufgetaucht ist, und viele Heiler beginnen, immer öfter die Anwendung von Kristallen in ihre Heilungspraktiken zu integrieren. Erinnerungen an atlantische Heilweisheit inspiriert mehr und mehr Therapeuten, Kristalle unter ihre Patienten zu geben, wenn sie auf dem Massagetisch liegen; Feng-Shui-Experten empfehlen, bestimmte Kristalle an bestimmten Stellen im Haus zu platzieren, um positive Veränderungen herbeizuführen; und spirituelle Heiler benutzen spezifische Kristalle, die sie auf den Körper ihrer

Klienten legen, um sie ins Gleichgewicht zu bringen, zu klären und Disharmonie und Krankheit zu heilen.

K. G. aus New Brunswick, Kanada, ging zu einem Kristallheiler, weil sie Schmerzen in ihrem Nacken hatte. Der Heiler, der mit Therapeutic Touch und Reiki sowie Kristallen arbeitete, identifizierte die Ursache für die Nackenschmerzen der Patientin und stellte fest, dass sie auf eine blockierte Energie in diesem Bereich zurückzuführen waren.

Während ihrer ersten Session platzierte der Therapeut einen Rauchquarzkristall unter den Nacken seiner Patientin und erklärte, dass dies helfen würde, das Problem zu grundieren (loszulassen und ins Gleichgewicht zu bringen). Zuerst verschwanden die Schmerzen tatsächlich, doch innerhalb von wenigen Minuten kamen sie wieder. Der Heiler sagte: »Der Kristall ist voll.« Wie ein Staubsaugerbeutel, der zu viel Staub und Schmutz aufgesogen hat, musste der Rauchquarz gereinigt werden, was der Heiler tat, woraufhin er noch einmal begann, die Schmerzenergie aus dem Nacken seiner Patientin zu entfernen.

Neben dem Quarzkristall gab der Heiler K. G. einen Calcit-Stein in eine Hand und einen Amethysten in die andere. Er erklärte, dass diese Kristalle helfen, die Energie in Bewegung zu halten, damit sie nach unten fließen und den Körper verlassen kann.

K. G. sagt dazu: »Sobald ich anfing, meine Heilkräfte mehr zu nutzen, verbesserten sich die Dinge. Hin und wieder habe ich noch Nackenschmerzen, dann nehme ich meine Kristalle, zu denen mittlerweile auch ein Hämatit, ein klarer Quarz und ein Rauchquarz gehören, um die Schmerzen zu vertreiben.« K. G. sagt, dass sie sich, wenn die Schmerzen anfangen, daran erinnert, dass sie ihre Heilkräfte nicht genug zum Wohle der Welt benutzt. Der Schmerz motiviert sie zum Handeln, was wiederum – gemeinsam mit den Heilungseigenschaften der Kristalle – hilft, ihren Nacken schmerzfrei zu machen.

So wie K. G. habe auch ich festgestellt, dass Rauchquarz sich ausgezeichnet dazu eignet, toxische Stoffe, psychischen Unrat, unliebsame Wesenheiten und ungeheilte Situationen aus der Vergangenheit zu entfernen. Indem ich einfach einen mit einer Spitze versehenen Rauchquarz neben mein Bett lege, wobei die Spitze von mir weg zeigt, sind mir einige der wunderbarsten und therapeutisch wirksamsten Träume meines Lebens zuteil geworden. Die Fähigkeit dieses Kristalls, Dunkelheit aus dem Körper zu ziehen, ist einmalig.

Die sechzehnjährige Fiona aus Schottland benutzte Kristalle, um eine Migräne zu heilen. Sie lag auf ihrem Bett und hielt einen grünen Achat in ihrer linken und einen Heliotrop (auch Blutjaspis genannt) in ihrer rechten Hand. Außerdem legte sie einen herzförmigen klaren Quarzkristall auf ihre Stirn, der sich wunderbar zur Klärung des Dritten-Auge-Chakras eignet.

Fiona visualisierte einen sie umgebenden Kreis und bat diesen Kreis, ihr perfekten Schutz gegen jegliche Form von niederer Energie zu geben. Nur positive, hohe Energien wurden in den Kreis hineingelassen. Dann visualisierte Fiona ihren grünen Achat, wie er heilende Lichtenergie in ihren Körper sandte und alles entfernte, was ihre Migräne verursacht hatte. Fiona bat darum, dass sämtliche Schmerzen und negativen Energien in den Heliotrop in ihrer rechten Hand geschickt werden. Sie atmete tief und ruhig, und bald darauf war ihre Migräne verschwunden.

Als Fiona aufstand, stellte sie fest, dass der Blutjaspis schwarz geworden war! All die negative Energie und Schmerzen waren in den Stein geleitet worden, genau so, wie sie es gefordert hatte.

Grüne Steine, wie zum Beispiel der grüne Achat, den Fiona benutzt hatte, oder Malachit sind wundervolle Verstärker des heilenden grünen Lichtes, das sowohl aus dem Herzchakra strömt als auch vom Erzengel Raphael gesandt wird.

Die fünfzehn Erzengel und die ihnen zugeordneten Kristalle

Erzengel sind die Überwacher oder Manager der Schutzengel. Sie sind extrem groß, mächtig und liebevoll. Obwohl Erzengel geschlechtslos sind, verleihen ihnen ihre jeweiligen Spezialitäten und Aufgaben entweder eine männliche oder eine weibliche Energie.

Wie alle Engel, so sind auch Erzengel konfessionslos und helfen jedem, der sie darum bittet. Da Erzengel weder zeitlichen noch räumlichen Beschränkungen unterliegen, kann jeder von ihnen gleichzeitig bei vielen Menschen sein. Jeder, der einen Erzengel anruft, erhält eine Antwort, ohne Ausnahme.

Jeder Erzengel strahlt eine bestimmte Aurafarbe aus, die mit der spezifischen Aufgabe des Engels zu tun hat. Sie können bestimmte Kristalle benutzen und so eine innigere Beziehung mit jedem Erzengel entwickeln. Die Kristalle können getragen, gehalten oder irgendwo in die Nähe gelegt werden, um diesen Effekt hervorzurufen.

Nachfolgend sind die fünfzehn Erzengel aufgeführt, ihre spezifische Heilungsaufgabe, ihre jeweiligen aurischen Farben sowie die mit ihnen assoziierten Kristalle. Darüber hinaus gibt Ihnen die Tabelle im dritten Teil dieses Buches genauere Informationen darüber, welche Kristalle sich für die Heilung verschiedener Krankheiten, Gesundheitsstörungen und diverser Arten von emotionalem Stress am besten eignen. (Außerdem wird beschrieben, wie Sie Ihre Kristalle behandeln und säubern können.)

Jeder Mensch besitzt die Qualifikation und ist in der Lage, Erzengel anzurufen, einfach indem er diese Intention in seinem Inneren formuliert. Sie können keinen Fehler beim Anrufen der Engel machen. Sie können Erzengel auf viele Arten anrufen, zum Beispiel indem Sie visualisieren, dass ein Erzengel zu Ihnen oder zu einem Ihnen nahe stehenden Menschen kommt; oder indem Sie leise oder laut den Namen des Erzengels sagen; oder ein Gebet zitieren, das den Erzengel betrifft; oder Gott bitten, den Erzengel zu Ihnen oder zu einer anderen Person zu schicken; oder darum beten, dass der Erzengel Ihnen zu Hilfe eilt; oder einen Brief an den Erzengel schreiben; oder ein Bild bzw. eine Figur des Erzengels anschauen; oder indem Sie dem Erzengel ein Lied singen. Wichtig ist nicht, *wie* Sie um seine Hilfe bitten, sondern *dass Sie es irgendwie tun*. Um es noch einmal zu sagen: Die Erzengel kennen weder zeitliche noch räumliche Begrenzungen und können daher gleichzeitig bei Ihnen und jedem anderen sein, der sie im selben Moment anruft. Diese Engel haben unbegrenzte Zeit und Energie, machen Sie sich daher keine Sorgen, dass Sie die Engel mit Ihrer Bitte belästigen.

Die Heilaufgaben der Erzengel, ihre Aurafarben und die mit ihnen assoziierten Kristalle

Erzengel	Bedeutung des Namens	Spezialität	Aurafarbe	Assoziierter Kristall
Ariel	Löwin Gottes	Heilt und hilft wilden Tieren und der Umwelt	Blassrosa	Rosenquarz
Azrael	Dem Gott hilft	Heilt Trauer	gebrochenes Weiß	zartgelber Calcit
Chamuel	Er, der Gott sieht	Heilt Angst und bringt Frieden	Blassgrün	Grüner Fluorit
Gabriel	Bote Gottes	Heilt Probleme bei Schwangerschaft und Geburt; heilt Angst bei kreativen Projekten	Kupferfarben	Citrin
Haniel	Ruhm Gottes	Heilt den Zyklus der Frau	Bläulichweiß	Mondstein
Jeremiel	Gnade Gottes	Heilt Emotionen	Lila/Violett	Amethyst
Jophiel	Schönheit Gottes	Heilt Negativität und Chaos	Dunkles Rosa	Rosa Rubelit, rosa Turmalin
Metatron	Prophet Enoch	Heilt Lern- und Kindheitsprobleme	Grün mit rosa Streifen	Wassermelonen-Turmalin

Erzengel	Bedeutung des Namens	Spezialität	Aurafarbe	Assoziierter Kristall
Michael	Er, der wie Gott ist	Heilt Angst und Nervosität und klärt Energie	Königliches Purpur	Sugalit
Raguel	Freund Gottes	Heilt persönliche und berufliche Beziehungen	Blassblau	Aquamarin
Raphael	Er, der heilt	Heilt physische Krankheiten und leitet Heiler an	Smaragd-grün	Malachit
Raziel	Geheimnisse Gottes	Heilt spirituelle und psychische Blockaden	Regen-bogen-streifen	Klarer Quarz
Sandal-phon	Prophet Elias	Heilt aggressive Tendenzen	Türkis	Türkis
Uriel	Gott ist Licht	Heilt Bitterkeit und Vergebungs-unfähigkeit	Blassgelb	Bernstein
Zadkiel	Rechtschaf-fenheit Gottes	Heilt Erinnerung und geistige Funktionen	Dunkelblau	Lapislazuli

Eine zusätzliche Möglichkeit, Erzengel anzurufen, besteht darin, ihre Aurafarbe zu visualisieren, wie sie eine der Heilung bedürftige Situation oder Person umgibt. Zum Beispiel könnten Sie bei einer Frau mit Menstruationsproblemen bläulichweißes Licht visualisieren, das entweder ihren ganzen Körper oder nur den Bereich ihrer Eierstöcke umgibt. Damit würden Sie die Heilkräfte des Erzengels Haniel anrufen, der vor allem auf Gesundheitsprobleme von Frauen spezialisiert ist.

Im nächsten Kapitel werden wir die Heilfarben der Aura der einzelnen Engel näher untersuchen.

13

Heilung mit Licht und Farben

Unser Körper besteht aus ständig in Bewegung befindlichen Elektronenpartikeln und elektrischen Vibrationen, die mittels CAT- oder PET-Scans und anderer diagnostischer Instrumente gemessen werden können. Diese Geräte zeigen die unterschiedlichen elektrischen Ströme in unserem Gehirn und Körper als verschiedene Farben, daher ist es nicht überraschend, dass wir auch die Erinnerung an die Heileigenschaften der Farben wiederentdecken. In Krankenhäusern werden heute mehr und mehr farbige Lichter zur Heilung eingesetzt. Zum Beispiel werden in der Regel Babys mit blauem, fluoreszierendem Licht bestrahlt, um ihre Heilung von der Säuglingsgelbsucht zu beschleunigen. Und in einer neueren Studie in Italien wurde festgestellt, dass türkisfarbene, fluoreszierende Lampen sogar eine noch bessere Wirkung als das einfache blaue Licht haben, wenn es um die Erleichterung der Symptome bei Gelbsucht geht.

Darüber hinaus kann auch das Visualisieren oder die Intention (denken oder fühlen anstatt sehen) bestimmter Farben, die eine physische Erkrankung umgeben, den Heilungsprozess erheblich beschleunigen.

Regenbogenlicht

Wie im vorhergehenden Kapitel beschrieben, hat jeder Erzengel eine andere Farbe, die mit seiner Aura assoziiert wird, daher können diese Farben den jeweiligen Erzengel, der mit ihr assoziiert ist, herbeirufen.

Beispielsweise hilft das Visualisieren von regenbogenfarbigem Licht, das Ihren Körper oder den eines anderen umgibt, sowohl Blockaden aus vergangenen Leben zu heilen als auch karmische

Unausgewogenheiten, die negative Muster verursachen. Indem Sie alle Farben des Regenbogens herbeirufen, tritt auf vielen Ebenen gleichzeitig Heilung ein.

Regenbogenfarben werden mit Erzengel Raziel assoziiert, der als der »Zauberer-Erzengel« bekannt ist. Raziel ist sehr weise und magisch – so ähnlich wie Gandalf aus *Herr der Ringe,* mit riesigen Engelsflügeln versehen. Er hilft Personen mit wichtigen spirituellen Aufgaben (wie zum Beispiel spirituellen Lehrern und Heilern), ihre Ängste bezüglich ihrer Fähigkeiten zu verlieren – vor allem gilt seine Hilfe jenen, die in diesem oder einem vergangenen Leben für ihre spirituellen Gaben und Heilfähigkeiten verfolgt und bestraft worden sind.

Die Australierin Meredith glaubte nie wirklich an Engel, bis ihr eine Hellseherin sagte, dass sie zwei Schutzengel um sich hatte. Die Hellseherin gab Meredith eine detaillierte Beschreibung sowohl des männlichen als auch des weiblichen Engels. Doch Meredith glaubte noch immer nicht daran, bis zwei Tage später ein Freund ihr berichtete, dass er während der Meditation einen männlichen und einen weiblichen Engel neben ihr gesehen hatte. Seine Beschreibung der Engel passte genau auf das, was die Hellseherin über ihre Schutzengel gesagt hatte. Da Meredith ihrem Freund nichts von der Session mit der Hellseherin erzählt hatte, war sie höchst erstaunt und dachte: *Vielleicht ist ja was dran an diesen Engelgeschichten!*

Kurz danach kaufte Meredith mein Orakelkartendeck und begann, es zu benutzen. Je vertrauter sie mit dem Umgang der Karten wurde, desto mehr entwickelte sie die Fähigkeit, Engel um andere Personen herum zu fühlen und sogar zu sehen.

Merediths Tochter litt unter Epilepsie und Lernstörungen. Bald sollte die Fünfjährige mit der Schule beginnen, und Meredith machte sich Sorgen, ob ihre Tochter der Schule und ihren Anforderungen gewachsen war. Sie erinnert sich an den Morgen des ersten Schultages ihrer Tochter: »Sie saß auf meinem Schoß, und ich sagte ihr, dass ihre Engel sich um sie kümmern würden. Plötzlich spürte ich eine Energie neben uns. Als ich mich darauf einstimmte, sah ich den herrlichsten Engel und fühlte seine beruhigende Energie. Es war ein weiblicher Engel. Sie sagte mir, ihr

Name sei Mary und dass sie sich um das Wohl meiner Tochter kümmern würde. Es war sehr beruhigend für mich, meine Kleine in dem Wissen zur Schule gehen zu lassen, dass sie von einem Engel beschützt wurde. Bis auf den heutigen Tag, fast drei Jahre später, hat meine Tochter in der Schule nie einen Anfall gehabt!«

Doch hatte Merediths Tochter zu Hause weiterhin drei bis vier Anfälle im Monat. Natürlich war Meredith äußerst besorgt, daher begab sie sich eines Abends, als ihre Tochter schlief, in einen Zustand tiefer Meditation. Sie rief ihre eigenen Engel an, die Engel ihrer Tochter und alle anderen, die verfügbar waren. Meredith visualisierte ihre Tochter, wie sie auf einem Tisch lag, umgeben von Engeln, die ihr alle heilende Energie sandten.

Dann erhielt Meredith eine andere intuitive Botschaft von den Engeln. Sie erinnert sich: »Ich machte mir solche Sorgen um meine Tochter und fühlte mich völlig hilflos. Doch die Engel sagten mir, dass meine Tochter diese Inkarnation gewählt hatte, um gewisse Dinge zum Abschluss zu bringen, die mit ihrer geistigen Entwicklung zu tun haben. Sie meinten, dass ich nichts weiter tun müsste, als meine Tochter einfach nur zu lieben. Sie betonten, dass ihre Gesundheit etwas war, mit dem *sie* fertig werden musste. Dies zu hören war für eine liebende Mutter nicht leicht, doch halfen die Worte der Engel ihr, die Situation voll Gott zu übergeben.

Am nächsten Morgen berichtete Meredith ihrer Tochter von den Engeln und wie sie einen heilenden Kreis um sie gebildet hatten. Dann fragte sie ihre Tochter: »Was glaubst du, welche Heilungsfarbe wir dir gesandt haben?« Meredith erwartete, dass ihre Tochter sagen würde »Rosa«, ihre Lieblingsfarbe. Stattdessen sagte das kleine Mädchen: »Regenbogen!«

Meredith fährt fort: »Mein Herz machte einen Freudensprung! Mir wurde klar, dass meine Tochter auf einer bestimmten Ebene ihres Wesens genau wusste, was vor sich ging.«

Nach der Heilungssession mit der Regenbogen-Energie befolgte Meredith den Rat der Engel, sich keine Sorgen zu machen und ihre Tochter einfach nur zu lieben, und die Kleine hat seit mehr als einem Jahr keinen Anfall mehr gehabt.

Regenbogenlicht wird außerdem mit der heilenden Reiki-Energie assoziiert, einer speziellen Vibration, die Heiler auszustrahlen beginnen, nachdem sie sich darauf einstimmen. Diese besondere Einstimmung tritt ein, wenn ein(e) bereits eingestimmte(r) Reikilehrer(in) einem Schüler(in) verschlüsselte Symbole zeigt. Der Lehrer »zeichnet« diese Symbole mit dem Finger auf den Kopf des Schülers sowie auf andere Chakras. Dann lernt der Schüler bestimmte Handpositionen, damit er die Reiki-Energie zu sich selbst oder zu Klienten senden kann, die er mit der Energie behandeln möchte. Reiki wird in vier Stufen gelehrt, wobei für jede Stufe neue Symbole gegeben werden. Die höchste Stufe ist die des »Reikimeisters«.

Reiki-Energie fühlt sich weich und samtig an, wie eine Dusche weichen Wassers. Wenn ich eine(n) Reikimeister(in) treffe, sehe ich in seiner (ihrer) Aura stets Regenbogenfarben. Ich habe außerdem einmal neben einem Reikimeister eine Gruppe von Engeln gesehen, die vollständig mit leuchtenden Regenbogenfarben bedeckt waren. Ich nenne sie die »Reiki-Engel«.

Im 14. Kapitel spreche ich ausführlicher über Reiki, Qigong, Therapeutic Touch und andere Arten der Energieheilung. Sie werden unter anderem von wissenschaftlichen Studien über die Wirkung von Energieheilung bei der Behandlung von Krankheiten und Verletzungen erfahren.

Smaragdgrünes Licht

Dieses Licht wird mit Erzengel Raphael in Verbindung gebracht, dem Chefheiler unter den Erzengeln. Wenn Sie Raphael anrufen, hüllt er die betreffende Person in sein smaragdgrünes Licht. Das grüne Licht wird wie ein heilender Balsam oder eine schnell wirkende Medizin absorbiert. Umgekehrt können Sie smaragdgrünes Licht um sich selbst oder einen anderen Menschen visualisieren, mit dem gleichen heilenden Effekt. Licht anzurufen ist dasselbe wie einen Erzengel anzurufen, da Licht die wahre Essenz aller Engel ist.

Unmittelbar vor ihrem Termin mit einer Energieheilerin bat Shannon Erzengel Raphael, bei ihrer Session anwesend zu sein und die Heilerin anzuleiten sowie die einzelnen Schritte zu beaufsichtigen, damit sie emotional, physisch und geistig geheilt werden konnte.

Im Laufe der zweistündigen Session sah Shannon ständig vor ihrem inneren Auge die Farbe Smaragdgrün. Ohne dass Shannon die Farbe erwähnte, sagte die Heilerin: »Ich sehe die ganze Zeit Smaragdgrün um dich herum.«

Raphaels Anwesenheit während der Heilungssession war für Shannon eine tiefgreifende Erfahrung, und sie sagt: »Es war eine der tiefgreifendsten und schönsten Heilungen, die ich je hatte.«

Wenn Raphael in der Nähe ist, kann es sein, dass Sie vor Ihrem inneren Auge smaragdgrünes Licht sehen oder vor Ihren physischen Augen Funken von grünem Licht. Das smaragdgrüne Licht bedeckt den kranken oder verletzten Körperteil, bis er geheilt ist. Ich habe dies viele Male während meiner hellsichtigen Readings gemerkt, wie zum Beispiel bei einer Klientin, deren Knie mit grünem Licht bedeckt war. Als ich sie darüber befragte, sagte sie mir, dass sie sich am Knie verletzt und um Hilfe gebetet hatte. Das grüne Licht auf oder neben einem bestimmten Teil des Körpers zeigt an, dass die Gebete der betreffenden Person um Gesundheit erhört worden sind.

Einer Verletzung oder Erkrankung farbiges Licht zu senden ist eine hochwirksame Methode. Sie funktioniert besonders gut bei der Heilung von Kindern und Tieren, da deren uneingeschränktes Vertrauen den Heilungsprozess beschleunigt. Die beiden folgenden Beispiele können uns allen zeigen, wie gut es uns täte, könnten wir mehr wie die Kinder und wie Tiere werden, deren Vertrauen und Glauben unbegrenzt ist.

Louise Ring O'Hanleys elf Moante alte Tochter Caitlin hatte eine besorgniserregende Wucherung in ihrem Mundbereich, die immer größer wurde. Vier verschiedene Ärzte waren nicht in der Lage, die Wucherung zu identifizieren, daher verwiesen sie Louise und ihre Tochter an einen Kieferchirurgen, der einen Operationstermin (mit Vollnarkose) für die darauf folgende Woche anberaumte.

Louise hatte große Angst davor, ihr kleines Mädchen dieser Prozedur auszusetzen. Glücklicherweise hatte sie gerade am Tag vorher ein Buch über Engel gelesen, daher verbrachte sie das ganze Wochenende vor dem geplanten Eingriff mit Beten. Louise bat Raphael, sein smaragdgrünes Licht in Caitlins Mund zu senden und sie vollständig zu heilen.

Am Montagmorgen war die Wucherung komplett verschwunden (und ist nie zurückgekommen), und der Operationstermin wurde abgesagt. Heute sagt Louise: »Ich glaube an die Macht des Gebetes!«

Caitlin war, wie die meisten Kinder, offen und empfänglich für das liebevolle Licht, das ihr von Raphael und ihrer Mutter geschickt wurde. Wenn Sie eine Heilung *für sich selbst* wünschen, bitten Sie die Engel, Ihnen zu helfen, offen und empfänglich zu sein. Vergessen Sie nicht: Die Engel können Ihnen bei allem helfen, auch wenn es darum geht, mehr Vertrauen und größere Empfangsbereitschaft zu entwickeln, um Heilung annehmen zu können.

* * *

Donna Mead aus Neuseeland war dabei, ihrer besten Freundin, die gerade nach England gezogen war, zu helfen, indem sie ihren Foxterrier Daisy versorgte. Daisy war Teil eines neuen Programms, das Haustieren erlaubte, in einem Privathaus unter Quarantäne gestellt zu werden, bevor sie nach England geflogen wurde, und so sorgte also Donna während des sechsmonatigen Quarantäneprogramms bei sich zu Hause für den Terrier.

Daisy hatte einige gesundheitliche Problem in Folge eines kürzlich erlittenen Schlaganfalls, der den hinteren Teil ihres Körpers in Mitleidenschaft gezogen und zu Hautproblemen und Blutgerinnseln geführt hatte. Donna tat alles in ihren Kräften Stehende für Daisy, indem sie sie nur mit besonderen Shampoos wusch, sie regelmäßig zur Untersuchung zum Tierarzt brachte und täglich mit ihr spazieren ging. Die ersten drei Monate ging es Daisy recht gut, doch dann wurde sie immer lethargischer. Donna konnte sie nicht einmal mit ihrem Lieblingsbiskuit aus dem Bett locken.

Donna brachte Daisy zum Tierarzt, damit er den Hund untersuchen und feststellen konnte, warum er seine ganze Energie und Vitalität verloren hatte. Die Untersuchungsergebnisse waren besorgniserregend: Daisy hatte Blutkrebs, und der Tierarzt meinte, dass er Daisy wahrscheinlich einschläfern müsste, wenn sich der Zustand verschlechtern sollte. Donna war jedoch nicht bereit aufzugeben, daher nahm sie Daisy an diesem Nachmittag wieder mit nach Hause.

Sie beschloss, mit den Engeln zu arbeiten. Sie berichtet: »Ich bat Erzengel Raphael, Daisy mit seinem grünen und weißen Licht zu heilen und mich als den ›Blitzableiter‹ zu benutzen. Was ich dann vor meinen inneren Augen sah, war absolut verblüffend: Dieses illuminierende grüne und weiße Licht schien in kreisrunden Bewegungen duch Daisys Körper zu fließen. Zuerst waren es große Kreise, die den ganzen Körper einhüllten. Dann löste sich das Licht in kleinere Kreise auf. Ich wusste intuitiv, dass die Kreise kleiner wurden, je mehr das Licht die Krankheit entfernte, bis ich keine Farbe mehr sehen konnte. Ich öffnete meine Augen und sah Daisy an, deren Blick voll auf mir ruhte. Ich dankte Erzengel Raphael und wandte mich dann wieder meinen abendlichen Verrichtungen zu.«

Am nächsten Morgen brachte Donna den Terrier zu einer weiteren Untersuchung zum Tierarzt. Als sie ein paar Stunden später wiederkam, um den Hund abzuholen, wurde sie von einer fröhlichen, schwanzwedelnden Daisy empfangen, die erfreut an ihr hochsprang und sie abschleckte. Der Tierarzt sagte, er könne es zwar weder verstehen noch erklären, doch hätten alle Untersuchungen eindeutig gezeigt, dass Daisys Blut völlig in Ordnung war.

Doch Donna verstand, was vorgegangen war, und sie dankte mit lauter Stimme den Engeln vor den Augen und Ohren des erstaunten Tierarztes! Völlig wiederhergestellt und gesund, war Daisy in der Lage, nach England zu fliegen und mit ihrer Herrin vereint zu werden, die Donna mittlerweile berichtet hat, dass Daisy so voller Energie und fröhlich ist wie ein Welpe. Als Daisys neuer Tierarzt in England sich ihre Krankheitsgeschichte anschaute, meinte er, die Heilung könnte man nur als ein Wunder bezeichnen.

Donna rief sowohl das smaragdgrüne als auch das weiße Licht

von Raphael an, um eine problemlose, effektive Heilung des Hundes zu ermöglichen. Smaragdgrünes Licht ist eine physische Heilungsfarbe, die für jede körperliche Erkrankung gut ist. Weißes Licht ist eine beschützende Farbe und kann in allen Situationen helfen, bei denen es den Anschein hat, dass sich harsche Energien negativ auf die betreffende Person auswirken. In Daisys Fall hat das weiße Licht sie unter Umständen vor dem unbedachten »Fluch« der Diagnose des Tierarztes beschützt, der eine tödliche Krankheit festgestellt hatte – das heißt, die Denkweise des Arztes, der Daisy als unbehandelbar gesehen hatte, wurde von dem weißen Licht blockiert.

Weißes Licht

Wenn Sie weißes Licht visualisieren oder anrufen, rufen Sie damit ein intelligentes, lebendes Wesen herbei. Weißes Licht ist die Farbe der Schutzengel, während farbiges Licht mit den Erzengeln und einigen aufgestiegenen Meistern assoziiert wird (wie beispielsweise Quan Yin, die östliche Göttin des Mitgefühls, deren Farbe Kirschrot ist). Weißes Licht ist der Heiligenschein der Engel.

Alles, was Sie mit weißem Licht umgeben, ist hundertprozentig geschützt, da weißes Licht unbesiegbar ist. Außerdem ist weißes Licht wunderbar geeignet, tief sitzende Ängste und Krankheiten zu kurieren, vergleichbar einer Dampfreinigung mittels eines mächtigen, fokussierten Wasserstrahles.

Wie Sie im Folgenden lesen werden, wurde Kaiisha geheilt, als sie weißes Licht visualisierte, das ihre Chakras reinigte.

Vor fünf Jahren war Kaiisha Taylor aus Australien ernsthaft erkrankt. Abgemagert und kraftlos, unterzog Kaiisha sich ausgedehnten medizinischen Tests und Untersuchungen, um genau festzustellen, was ihr fehlte, damit sie behandelt werden konnte.

Ihre Untersuchungsergebnisse sollten bei ihrem nächsten Arzttermin am Montag bereit sein. Während sie auf das Urteil wartete, bekam Kaiisha plötzlich große Angst, als sie an die Möglichkeit eines frühen Todes dachte. Schließlich war sie erst dreiundzwanzig und hatte noch eine Menge Dinge im Leben zu tun.

Anstatt sich der Angst und dem Pessimismus zu ergeben, entschied sich Kaiisha jedoch, aktiv zu werden. Sie begann, zweimal am Tag jeweils eine Stunde lang zu meditieren. Während der Meditation visualisierte Kaiisha, wie sie ihre Chakras mit weißem Licht erfüllte. Sie stellte sich vor, wie Liebesenergie so intensiv von ihrem Körper ausstrahlte, dass sie den ganzen Raum erfüllte. Kaiisha sorgte dafür, dass ihr Meditationsraum ein geheiligter und friedlicher Ort war; und sie hatte immer frische Blumen, Kerzen und Kristalle in ihrer Nähe, wenn sie meditierte.

Am Samstagmorgen vor ihrem Arzttermin, bei dem ihr die Untersuchungsergebnisse mitgeteilt werden sollten, betete Kaiisha von ganzem Herzen darum, dass alles okay sein würde. Sie erinnerte sich: »Während ich betete, wurde ich mir eines strahlend hellen Lichtes bewusst und hatte das Gefühl, dass die Temperatur im Raum anstieg. Ich konnte wunderschöne, sanfte Musik hören und sah in der Gestalt eines Engels ein allumfassendes goldweißes Licht vor mir, das reine Liebe war!

Der Engel kam zu mir herüber und umarmte mich zärtlich mit seinen großen Flügeln. Ich spürte telepathisch die Botschaft, dass alles okay sein würde. Ich konnte zwei weitere Engel hinter mir sehen, und die Liebe, die ich empfand, war so erstaunlich und gewaltig, dass mir die Tränen übers Gesicht liefen. Nachdem die Engel gegangen waren, hatte ich nicht den geringsten Zweifel daran, dass alles gut sein würde. Ich war so glücklich, keinen Krebs zu haben, etwas, wovor ich mich die ganze Zeit gefürchtet hatte.«

Kaiisha rief sofort ihre Mutter an, um ihr zu berichten, dass mit ihrer Gesundheit alles zum Besten stand. Ihre Mutter weinte vor Erleichterung, da auch sie sich große Sorgen gemacht hatte. Als Kaiisha am Montagmorgen in die Praxis ihres Arztes ging, war sie davon überzeugt, dass die Untersuchungsergebnisse ihre perfekte Gesundheit widerspiegeln würden. Als der Arzt ihr dann tatsächlich sagte, dass sie keinen Krebs hatte, antwortete Kaiisha: »Ich weiß.«

Achten Sie darauf, wie Kaiisha bei ihrer Heilung sowohl mit der Energie des weißen Lichtes als auch mit der Energie der Liebe gearbeitet hat. Außerdem hatte sie kristallklare Intentionen, die sich darin manifestierten, dass sie von ganzem Herzen um Gesundheit betete, verbunden mit ihrem Vertrauen in die morgendlichen und abendlichen Meditationen. Wenn Liebe angerufen wird, zusammen mit Licht und kristallklaren Intentionen, verstärken sich die Kraft des Lichtes und der Liebe gegenseitig. Liebe plus Licht ist die wirksamste Medizin, die es gibt.

Indem Sie regelmäßig mit weißem Licht arbeiten, werden Sie Vertrauen in seine nie nachlassende Kraft entwickeln, zu heilen und zu beschützen.

Lhasa Compton benutzt oft weißes Licht und hat viele Erlebnisse gehabt, die ihr Vertrauen in seine Kraft unterstützen. Eines Tages zum Beispiel stellte Lhasa bei sich die Symptome einer Halsentzündung fest, also legte sie ihre Hände um ihren Hals und stellte sich einen Ball weißgoldenen Lichtes in diesem Bereich vor. Innerhalb einer Minute war das Unbehagen verschwunden und kehrte nicht zurück.

Die dramatischsten Heilungen treten ein, wenn unsere Intentionen bezüglich der Heilung einer Erkrankung kristallklar sind. Dies ist oft dann der Fall, wenn jemand, der uns besonders am Herzen liegt, krank ist. Zuweilen kommt es jedoch vor, dass die Personen, denen wir bei ihrer Heilung helfen wollen, sich unseren diesbezüglichen Bemühungen aufgrund ihrer eigenen Ängste oder aus sonstigen Gründen widersetzen. Wie bereits erwähnt, widersetzen sich Tiere und Kinder der Heilungsarbeit nicht – sie begrüßen unsere Bemühungen und erfahren auf diese Weise wundersame Heilungen.

Brenda King ertastete eine Geschwulst am Hals ihres neu erworbenen Hundes Minnie. Die Tierärztin meinte, dass Untersuchungen durchgeführt werden müssten, gefolgt von einer Operation, und dass alles zusammen mehr als 400 US$ kosten würde. Um Minnie das Trauma und sich selbst die Unkosten zu ersparen, beschloss Brenda, es zuerst mit einer spirituellen Behandlung zu versuchen.

Indem sie sich auf Minnies Energie einstimmte, erkannte Brenda, dass der Hund einen extremen Hunger nach Liebe hatte. Also hüllte Brenda Minnie in weißes Licht und Reiki-Energie ein und sandte dem Hund jede Menge Liebe. Brendas Mutter und ihr Freund unterstützten sie dabei und schickten ihrerseits Minnie Licht und Liebe. Zwei Stunden nachdem sie Minnie mit dieser Energie eingehüllt hatten, war die Geschwulst auffallend kleiner geworden. Am nächsten Morgen war sie um ein Drittel geschrumpft. Von Donnerstag bis Sonntag empfing Minnie von Brenda, ihrer Mutter und ihrem Freund jeden Tag intensive Behandlungen mit weißem Licht; und am Sonntag war die Geschwulst fast ganz verschwunden. In der darauf folgenden Woche verschwand sie schließlich ganz, und Brenda fiel auf, dass Minnie einen sehr unbeschwerten und glücklichen Eindruck machte.

Brenda sagt dazu: »Ich habe seit einiger Zeit weißes Licht für Heilzwecke benutzt; jedoch war diese Erfahrung ein wunderbares Zeugnis dafür, was mit Offenheit und der Bereitschaft, zu geben und zu empfangen, manifestiert werden kann. Außerdem war Minnie sehr empfänglich für das Licht und die Liebe. Es war offensichtlich, dass sie loslassen wollte, und wir waren einfach nur da, um sie bei ihrer eigenen Heilung zu unterstützen. Dieses Erlebnis hat mich im besten Sinne einfach total umgehauen.«

Hier ist eine andere süße Geschichte über die Heilung eines Tieres mit Hilfe von weißem Licht. Wenn Sie eine Ratte vielleicht auch nicht als ein süßes, knuddeliges Haustier bezeichnen mögen, glaube ich dennoch, dass Sie die Liebe in dieser Geschichte über eine Mutter fühlen können, der die Gefühle ihrer Tochter sehr am Herzen lagen – ebenso wie das Wohlergehen ihres Lieblingstieres.

Aspen, die Tochter von Elizabeth Seers, hat zwei Ratten namens Zelda und Prinzessin Gimpers. Eines Morgens war Aspen völlig verzweifelt, weil Prinzessin Gimpers krank war. Elizabeth sah, dass die Ratte mit ihrem schnellen, flachen Atem, halbgeschlossenen Augen und lethargischem Verhalten bald sterben würde. Außerdem fühlte sie sich kalt an und weigerte sich, zu essen oder zu trinken.

Um Prinzessin Gimpers weitere Leiden und ihrer Tochter die Trauer um den Verlust ihres Haustieres zu ersparen, machte sich Elizabeth ans Werk. Sie trug Prinzessin Gimpers in ihren Meditationsraum und hielt sie in der Hand. Elizabeth sagt: »Ich betete, dass sie, falls sie am Leben bleiben sollte, schnell geheilt werden möge. Ich betete, dass das warme, heilende weiße Licht der Engel sie einhüllt und ihr durch ihr offensichtliches Trauma hindurchhilft.«

Prinzessin Gimpers reagierte beinahe unverzüglich auf die Gebete und die Behandlung mit dem weißen Licht. Sie erholte sich völlig und begann, wieder normal zu essen, so als sei sie nie krank oder dem Tode nahe gewesen. Elizabeth sagt: »Ich weiß, dass die Engel an jenem Tag zu uns kamen. Das liebevolle, allumfassende Licht der Engel half Prinzessin Gimpers, gesund zu werden, und ersparte meiner Tochter die Qual des Verlustes ihres geliebten Tieres.«

Weißes Licht hat zwei Aufgaben: zu reinigen, um eine Heilung herbeizuführen, und zu beschützen. Die Intention, die Sie bei der Anrufung des Lichtes halten, bestimmt, welcher Zweck manifestiert wird. Die zwei nächsten Beispiele zeigen die beschützende Kraft des weißen Lichtes, wenn ein Objekt oder eine Person darin eingehüllt wird.

Kate erwartete zwei Freunde zum Abendessen in ihrem Haus in Saskatchewan, Kanada. Einer von ihnen erschien zum vereinbarten Zeitpunkt, doch wo war der andere? Kate und ihr Besucher machten sich Sorgen, dass ihr verspäteter Gefährte Schwierigkeiten hatte, auf der vereisten, glatten Straße vorwärts zu kommen, also visualisierten sie beide weißes Licht um ihren Freund und sein Auto herum.

Als er schließlich ankam, erklärte der Freund, dass er in einer gefährlichen Kurve die Kontrolle über seinen Wagen verloren hatte und haltlos auf einen tiefen Graben am Straßenrand zugerutscht war. Dann fing der Wagen sich plötzlich wieder und fuhr weiter, als wäre er nie ins Schleudern geraten. Kate und ihr Bekannter schauten sich an, während beide ausrechneten, dass der Zeitpunkt, wo ihr gemeinsamer Freund um jene Kurve gefahren und die Kontrolle über seinen Wagen verloren hatte, genau der Moment gewesen war, wo sie ihn mit weißem Licht umgeben hatten. Kate sagt: »Auf der physischen Ebene war dies eine schnelle, aber machtvolle Bestätigung, dass weißes Licht einen greifbaren Effekt auf das Leben hat, so, wie wir es kennen.«

* * *

Shelley Bassett, eine »*Engel-Therapeutin*« in Kanada, stellte fest, dass sie eines Abends vergessen hatte, ihr Auto abzusperren. Es war schon spät und sie war müde; anstatt also hinauszugehen und den Wagen abzuschließen, bat sie Erzengel Michael, über ihr Auto und ihre Geldbörse, die sie auf dem Sitz hatte liegenlassen, zu wachen. Außerdem umhüllte Shelly das Auto und ihre Geldbörse mit weißem Licht. Sie stellte sich ihr Auto und die Geldbörse in einer wunderschönen weißen Blase vor und schickte dieses Licht über ihre ganze Nachbarschaft bis zu ihrem Auto. Dann ging sie zu Bett in dem vertrauensvollen Wissen, dass ihr wertvoller Besitz in Sicherheit war.

Am nächsten Morgen klingelte es an Shelleys Tür. Es war ihr Nachbar, und in der Hand hielt er Shelleys Geldbörse. Er erklärte, dass er sie auf dem Dach seines Hauses gefunden hatte. Shelley stellte erstaunt fest, dass zwar die Zwanzigdollarnote aus der Geldbörse verschwunden war, ihre Kreditkarten, Führerschein und ein paar Geschenkgutscheine jedoch noch drin waren.

Ihr Nachbar erklärte, dass es in der vorangegangenen Nacht mehrere Einbrüche in der Gegend gegeben hatte. Obwohl noch weitere Autos in dieser Nacht aufgebrochen und diverse Gegenstände gestohlen worden waren, kehrten sie allesamt ein paar Tage später auf mysteriöse Weise und unversehrt zu ihren Eigentümern zurück.

Da Shelley für die Sicherheit der gesamten Nachbarschaft gebetet und diese mit weißem Licht umgeben hatte, erkannte sie, dass weißes Licht ein Energiefeld ist, das man lieben und ehren und dem man vertrauen kann. Außerdem merkte sie, dass sie genau das bekommen hatte, worum sie gebeten hatte: die Sicherheit ihrer Geldbörse. Shelley sagt, sie hätte vergessen zu erwähnen, dass auch das Geld in ihrer Geldbörse beschützt werden sollte. Heute hüllt Shelley ihre Nachbarschaft jeden Abend zum Schutz in weißes Licht, da sie den Beweis erhalten hat, dass es tatsächlich funktioniert.

Weißes Licht kann außerdem in Zeiten drohender Gefahr herbeigerufen werden, um sofortigen Schutz zu gewährleisten.

Am Morgen des 22. Juli 2003 wurde die Stadt Memphis in Tennessee von verheerenden, orkanartigen Stürmen heimgesucht. Der Lärm des Sturms weckte Laura Montanaro am frühen Morgen auf, und als sie aus dem Fenster schaute, sah sie, wie alle möglichen Dinge in ihrem Garten durch die Luft flogen. Laura bat sofort die Engel, sie und ihre Familie zu beschützen, und sie umgab das Haus mit strahlend weißem Licht. Der Anblick riesiger alter Eichenbäume, die ihr Haus überragten und gefährlich im Wind schwankten, war ziemlich bedrohlich! Doch Laura fühlte sich aufgrund des weißen Lichtes so beschützt, dass sie sich wieder ins Bett legte und einfach dem Sturm zuhörte, wie er über die Häuser brauste. Zwar fiel bald der Strom aus, so wie in tausenden anderer Haushalte in Memphis auch, doch sie war nicht weiter beunruhigt.

Nachdem der Sturm sich gelegt hatte, fuhr Laura durch die Stadt und sah überall unglaubliche Zerstörung. Riesige Bäume lagen wie geknickte Streichhölzer in den Straßen oder waren auf die elektrischen Leitungen gestürzt und hatten viele Häuser völlig zerdrückt, und sogar einige Menschen waren dabei zu Tode gekommen. Doch Lauras Haus war verschont geblieben.

Laura sagt: »Ich fühlte mich so gesegnet und beschützt. Wir hatten sogar bereits achtzehn Stunden später unseren Strom wieder, während viele andere in der glühenden Hitze eines Memphis-Sommers fast zwei Wochen ohne Elektrizität auskommen mussten! Ich habe nicht den geringsten Zweifel daran, dass man beschützt ist, wenn man seine Engel anruft und sich selbst mit weißem Licht umgibt. Ich bete jede Nacht und hülle unseren Planeten in weißes Licht, und ich ermutige andere Leute, das Gleiche zu tun.«

Weißes Licht ist eine alte, bewährte Methode, die uns allen hilft, uns selbst, unsere Lieben und unseren Besitz zu heilen und zu schützen. Kürzlich erhielt ich eine Botschaft von den Engeln, in der sie uns allen nahe legten, am Abend vor dem Schlafengehen den Planeten zu visualisieren, wie er vollständig von weißem

Licht umgeben ist. Unter Berücksichtigung der verschiedenen Zeitzonen wäre die Erde auf diese Weise kontinuierlich beschützt. Da weißes Licht (und alle anderen farbigen Lichter) graduierlich verblasst, sorgt dieses nächtliche Ritual dafür, dass die Erde immer mit Licht bedeckt und versiegelt ist.

Goldenes Licht

Goldenes Licht ist die Energiefarbe des Christus' – nicht unbedingt des Mannes oder der Religion, sondern des Geistes der Vergebung und machtvoller, bedingungsloser Liebe. Es ist das Zeichen, dass alles gut werden wird. Es bedeutet: »Glaube und vertraue, denn alles ist gut.« Menschen, die berichten, »Jesus gesehen zu haben«, erzählen von einem sanften, goldenen Leuchten, das ihn umgibt. Ich sehe in der Regel goldenes Licht um jene Menschen, die entweder eng mit Jesus zusammenarbeiten oder nach den Prinzipien leben, die er gelehrt hat.

Viele Menschen sehen goldenes Licht unmittelbar vor einem Autounfall. Sie berichten, dass das Leuchten aus dem Nichts zu kommen scheint und dass es ihnen unmittelbar vor dem Zusammenstoß ein Gefühl der Beruhigung und des Trostes verleiht.

Donna Flavell und ihre Freundin Ann fuhren einmal im Monat zu einem Trainingskurs, vier Stunden Fahrzeit entfernt von ihrem Wohnort Auckland, New Zealand. Normalerweise umhüllten sie ihr Auto mit weißem Licht, um während der Fahrt beschützt zu sein. Doch einmal vergaßen sie es – und ignorierten außerdem die vorsichtige Warnung eines Freundes bezüglich der Fahrt. An diesem Tag raste ein Wagen über den Mittelstreifen und kam direkt auf Donna und Anns Auto zu. Beide Frauen sahen ein strahlendes Leuchten goldenen Lichtes zwischen den beiden Autos, obwohl die Sonnenstrahlen von der schweren, dichten Wolkendecke abgehalten wurden.

Nach dem Frontalzusammenstoß erwachte Donna und hörte, wie Ann ihren Namen rief. Ann war sicher, dass Donna tot war, und betete, dass sie ins Leben zurückkommen würde. Beide Frauen wurden wenig später per Hubschrauber in ein Krankenhaus geflogen. CAT-Scans und Untersuchungen ergaben, dass Donna Verletzungen an der Wirbelsäule und einen Riss in der Milz davongetragen hatte.

In den folgenden Stunden betete Donna unablässig. Außerdem visualisierte sie ihre Zellen, Nerven, Venen und ihren gesamten Körper, wie er sich selbst reparierte und wieder in Ordnung brachte. Als Donna im Rollstuhl für einen CAT-Scan geholt wurde, waren die Spezialisten von den Scanresultaten derart überrascht, dass sie die Untersuchung wiederholten. Ihre Milz war vollkommen geheilt!

Donna blieb über Nacht zur Überwachung im Krankenhaus. Während dieser Zeit betete sie immer weiter und stellte sich vor, vollkommen gesund zu sein. Sie hätte gerne ihre homöopathische Medizin bei sich gehabt, bis sie eine außersinnliche Botschaft empfing, die ihr sagte, dass sie sich die Medizin selbst telepathisch verabreichen konnte, was sie sofort tat.

Am nächsten Tag sagten Donnas Ärzte, dass sie noch einen weiteren Tag im Krankenhaus bleiben müsste. Donna betete um Hilfe, um aus dem Krankenhaus entlassen zu werden und hinaus in die Natur gehen zu können. Zehn Minuten später wurde sie tatsächlich entlassen und konnte nach Hause gehen – genau wie sie es sich gewünscht hatte.

Später sagte ein Osteopath Donna, dass der Unfall um Haaresbreite – weniger als zwei Millimeter – ihre Wirbelsäule durchtrennt hätte. Und der Fahrer des Abschleppwagens, der ihr Auto von der Unfallstelle entfernt hatte, sagte, er konnte kaum glauben, dass jemand einen solchen Unfall überlebt hatte. Donna ist davon überzeugt, dass sie ihre Gesundheit und ihr Leben dem Eingreifen der Engel verdankt.

Vertrauen ist ein Aspekt der Liebe, da es die Abwesenheit von Zweifeln und Angst bedeutet. Jene Leser, die mit den Evangelien vertraut sind, werden sich erinnern, dass Jesus immer wieder gesagt hat, dass all seine Heilungen nur aufgrund des Vertrauens und Glaubens der Betreffenden möglich waren. In der Neuzeit sind seine Worte durch zahlreiche Studien immer wieder bestätigt worden, in denen bewiesen wird, dass das Vertrauen eines Patienten in die Kompetenz seiner Ärzte eine wichtige Voraussetzung dafür war, ob der Patient geheilt wurde oder nicht.

Sie können also goldenes Licht anrufen, damit es Ihnen oder jedem, den sie heilen möchten, hilft, größeres Vertrauen und Glauben zu haben. Goldenes Licht kann auch zusammen mit anderen Farben angerufen werden. Bitten Sie goldenes und weißes Licht herbei, wenn Sie sich fürchten und Schutz brauchen. Das goldene Licht wird Ihren Glauben stärken, und das weiße Licht wird für Ihre Sicherheit sorgen.

Lhasa Compton (die Sie schon kennengelernt haben) war trotz Warnungen vor flutartigen Überschwemmungen in Arizona mit dem Auto unterwegs. Da sich der Himmel mit dichten Wolken verdunkelte, die nahe Regengüsse ankündigten, bat Lhasa, dass ein Engel vor ihr herfliegen und weiß-goldenes Licht verbreiten und dafür sorgen möge, dass ihr Weg frei bliebe. Als der Regen niederzuprasseln begann und die Straße in einen reißenden Strom verwandelte, manövrierte Lhasa ihr Auto problemlos durch das Wasser. Nachdem sie heil zu Hause angekommen war, hörte Lhasa in den Nachrichten, dass die Straßen unpassierbar waren und mehrere Autofahrer in den überfluteten Straßen festsaßen. Sie dankte dem Licht dafür, dass es ihr eine sichere Heimfahrt ermöglicht hatte.

Wenn Sie Farben herbeirufen, können Sie unmöglich einen Fehler machen und die falsche wählen. Vielleicht fragen Sie sich, *Warum rufe ich nicht alle Farben herbei, einfach, um sicherzugehen?* Kein Problem, auch diese Methode wird wunderbar funktionieren. Am besten ist es jedoch, um Anleitung zu bitten hinsichtlich der Farbe, die Sie anrufen sollten und/oder den Anweisungen Ihrer Intuition bezüglich der Farbwahl zu folgen. Noch einmal: Sie können keinen Fehler machen. In Wahrheit ist Ihre kristallklare Intention des Heilens, während Sie farbiges Licht senden – zusammen mit Liebe –, die Kraft, die heilt.

Engellichter

Eine Möglichkeit, zu wissen, ob Ihre Gebete um Heilung erhört werden, ist die Gegenwart von »Engellichtern«. Dabei handelt es sich um funkelnde Lichter (ähnlich den Funken bei einem Feuerwerk) oder Lichtblitze (wie beim Blitzlicht einer Kamera). Weiße Lichter sind die Funken in der Aura von Schutzengeln, und sie entstehen durch eine Art Reibung, während die Engel sich durch Zeit und Raum bewegen. Farbige Lichter sind die Auras von Erzengeln und aufgestiegenen Meistern. Diejenigen, die noch nie von Engellichtern gehört haben, befürchten vielleicht, dass irgendwas mit ihren Augen nicht stimmt, wenn sie so wie Melanie funkelnde Lichter sehen.

Als Melanie mit ihrem ersten Kind schwanger war, begann sie, im Laufe des Tages immer wieder weiße und rote Lichter zu sehen. Sie hatte noch nie von Engellichtern gehört, daher ging sie zu zwei verschiedenen Augenärzten und ließ sich ihre Augen untersuchen. Beide Ärzte sagten, dass Melanies Augen hundertprozentig in Ordnung waren und dass es sich bei den Lichtern um eine Komplikation in ihrer Schwangerschaft handeln müsse. Doch auch nach der Geburt ihrer Tochter sah Melanie weiterhin die funkelnden Lichter.

Eines Abends, als sie auf der Veranda ihres Hauses saß und zu den in der Nähe stehenden Bäumen schaute, sah sie riesige blaue und rote Lichter, die um sie herumflogen. Die Lichter leuchteten heller als alles, was sie je gesehen hatte, und sie wusste nicht, was sie davon halten sollte. Heute weiß sie, dass sie damals Erzengel gesehen hat und dass die blauen Lichter zu Erzengel Michael gehörten.

Melanie glaubt, dass ihre Tochter mehr Engel in ihr Haus und in ihr Leben gebracht hat. Sie ist davon überzeugt, dass die Entwicklung ihrer eigenen spirituellen Gaben ein Geschenk ihrer Tochter ist.

Die weißen Lichtfunken, die Melanie gesehen hat, waren die zusätzlichen Engel, die bei der Geburt ihrer Tochter anwesend waren. Die roten Lichter gehörten höchstwahrscheinlich zu Quan

Yin, der chinesischen Göttin des Mitgefühls (auch als Kuan Yin bekannt). Quan Yin ist eine buddhistische Gottheit, deren Name so viel bedeutet wie »Sie, die alle Gebete erhört«. Sie steht besonders Müttern und Kindern bei, was ihre Präsenz in Melanies Leben erklärt.

Weiße Lichter erscheinen auch immer dann, wenn Engel sich zusammentun, um uns vor Schaden und Verletzungen zu schützen, wie Nicole Herrera herausfand.

Als Nicole am Strand von San Diego mit ihrem Boogieboard im Wasser spielte, wurde sie von einer riesigen Welle erfasst und mit dem Gesicht nach unten unter Wasser gedrückt. Nicole kämpfte verzweifelt, um an die Oberfläche zu kommen, wusste aber nicht, wo oben und wo unten war.

Plötzlich war sie mit dem Kopf über dem Wasser, und sie sah um sich herum überall funkelnde weiße Lichter. Eine Woche später las sie, dass diese Art von Lichtern mit Engeln assoziiert werden.

Engellichter erscheinen auch dann, wenn wir Trost und die Zusicherung brauchen, dass alles gut wird.

Annie aus Queensland, Australien, erinnert sich, dass sie als Kind oft Angst vor dem Schlafengehen hatte, weil ihr die in der Dunkelheit lauernden Gefahren unheimlich waren. Sie sagt: »Dann kamen diese Lichter in mein Zimmer, farbige und weiße, und schwebten um mein Bett. Es waren nur kleine Lichter, so wie Funken und nicht so groß, dass sie den ganzen Raum erfüllten. Zusammen mit diesen Lichtern hörte ich jedes Mal einen Ton in meinem Ohr.« Das Licht und der summende Ton beruhigten Annie, und sie schlief friedlich ein.

Annie erzählte ihrer Mutter von den Engellichtern, doch ihre Mutter verstand nicht, was sie meinte, daher achtet Annie sehr darauf, ihren eigenen kleinen Sohn zu unterstützen, wenn er sagt, dass er selbst auch die Lichter sieht.

Wie Annies Geschichte zeigt, fällt es vor allem Kindern leicht, Engellichter zu sehen. Die Engel möchten, dass wir in Frieden leben, und sie eilen jedes Mal zu uns, wenn wir aufgebracht sind oder

Angst haben. Sie zeigen uns, dass das Licht der Engel immer in der Nähe ist, auch wenn die Dunkelheit uns furchteinflößend erscheint. In der nächsten Geschichte werden die Gebete einer Mutter für ihre Tochter durch die Gegenwart von Engellichtern erhört.

Tina Markarians fünfjährige Tochter Lindsey bekam plötzlich hohes Fieber, daher holte sie die Kleine zu sich ins Bett, um die Temperatur überwachen zu können. Weder Mutter noch Tochter konnten einschlafen, da Lindsey sich im Bett herumwälzte und die ganze Nacht stöhnte.

Tina lag voller Sorgen neben ihrer Tochter und sandte ein stilles Gebet zum Himmel mit der Bitte, Gott möge ein paar Engel schicken, um ihrem kleinen Mädchen zu helfen. Sie erwähnte Lindsey gegenüber nichts von diesem Gebet, da sie ihrer Tochter nicht den Gedanken eingeben wollte, sie sei kränker, als sie war. Ihr Vater war kurz vorher an einem Herzinfarkt gestorben, und Lindsey hatte Angst, selbst plötzlich zu sterben.

Kurz nachdem Tina um die Engel gebeten hatte, begann Lindsey zu weinen. Sie sagte: »Mommy, ich habe solche Angst.« Tina fragte, wovor Lindsey sich fürchtete, und ging davon aus, dass es ihre übliche Angst vor dem Sterben war.

Das kleine Mädchen erwiderte: »Ich habe Angst, weil ich all diese Lichter sehe, die um meinen Kopf herumschweben. Sie sehen wie Sterne oder Feen aus.«

Tina weinte Freudentränen und erklärte ihrer Tochter, dass die Lichter Engel waren, die ihr halfen, gesund zu werden. Tina sagt: »Ich wusste, dass meine Gebete erhört worden waren, und so erzählte ich Lindsay davon. Meine kleine Tochter sagte, sie wüsste bereits darüber Bescheid.«

Dann schliefen Mutter und Tochter friedlich ein. Am nächsten Tag fühlte sich Lindsay schon viel besser, und sie hatte nie mehr Angst davor, so wie ihr Vater zu sterben.

Wenn Tina die Engellichter auch nicht selbst gesehen hat, so war für sie die unschuldige Aussage ihrer Tochter, dass die Engel da waren, eine ausreichende Bestätigung für die Tatsache, dass sie Lindsey geheilt hatten. Die Engel heilen uns, indem sie uns die

Angst nehmen und heilendes Licht in unseren Körper senden, um Negativität wegzuwaschen und Harmonie wiederherzustellen.

Belinda Warren aus Kanada erhielt diese Art der Heilung von den Erzengeln, die ihre charakteristischen farbigen Engellichter zeigten. In Belindas Fall erschien Raphael, der Erzengel der Heilung, als ein grünes Licht. Und Erzengel Uriel, der »weise Onkel«, der uns hilft, kreative Lösungen zu finden, arbeitete im Team mit Raphael, um eine tiefgehende Heilung zu ermöglichen.

1999 war ein schwieriges Jahr für Belinda. Sie war erschöpft von den Anstrengungen, die das Aufziehen zweier kleiner Kinder mit sich brachte; außerdem befand sie sich in einem finanziellen Engpass und schien von den Menschen in ihrer Umgebung nicht die geringste emotionale Unterstützung zu erhalten. Es kam ihr so vor, als seien alle ihre Beziehungen, einschließlich ihrer Ehe, emotional unbefriedigend und einengend. Als sie gerade dabei war, alle Hoffnung auf eine Besserung ihrer Situation aufzugeben, begann Belinda Beweise dafür zu sehen, dass sie von Engeln umgeben war.

Zuerst sah sie sie als schimmernde weiße Lichter ohne Form. Sie kamen in Belindas Schlafzimmer und breiteten ihre Liebe im ganzen Raum aus, als handele es sich dabei um weiche, kuschelige Decken. Belinda sagt: »Ich fühlte mich in ihrer Gegenwart immer vollkommen sicher und fing an, mich auf ihre Besuche zu freuen, die immer zur gleichen Nachtzeit stattfanden.«

Die Engel strahlten meistens ein grünes Licht aus, doch manchmal sah Belinda auch gelblich schimmernde Lichter. Einmal wurde sie von den grünen Lichtern geweckt und empfing intuitiv eine Botschaft, die besagte, sie solle sich bezüglich Kinder und Geld keine Sorgen machen und dass alles gut werden würde. Weiter hieß es, dass die Engel sie von ihrem Schmerz heilen würden, den sie in diesem und in vergangenen Leben erlitten hatte.

Belinda sah, wie ein Lichtwesen ihren Körper entlangschwebte, beginnend an ihren Füßen, so als reinigte es ihre Chakra-Energiezentren. In der Nähe ihres Solarplexus-Chakras verlangsamte der Engel seine Bewegung, und es fühlte sich an, als würde ein Knoten in ihrem Herzen wegschmelzen. Das Licht bewegte sich weiter nach oben durch ihre Brust, ihren Hals und ihr Gesicht. Nach dieser Heilungssession fiel sie in einen tiefen, erholsamen Schlaf.

Nach diesem nächtlichen Erlebnis empfand Belinda ein Gefühl größerer persönlicher Kraft und Selbstachtung. Sie begann, sich in ihren Beziehungen zu behaupten und hatte keine Angst mehr, in Gegenwart anderer sie selbst zu sein. Belinda sagt: »Nach und nach fing ich an, mich regelmäßig zu meiner Meinung zu bekennen. Am Anfang machte mir das zwar noch Angst, doch ich ließ mich nicht beirren. Heute habe ich ausschließlich positive und liebevolle Beziehungen, und für diese wunderbare Entwicklung in meinem Leben sind allein die Engel verantwortlich.«

Kerzen-Heilung

Sie können mit Hilfe von Kerzen zusätzliches Licht herbeirufen. Unbeirrt in eine weiße Kerzenflamme zu schauen ist eine wunderbar effektive Methode, den Geist auf Ihre Wünsche zu fokussieren und ihn von angstvollen Gedanken fernzuhalten. Schauen Sie in die Flamme, führen Sie sich Ihre größten Herzenswünsche vor Augen und sagen Sie dann: »Dieses oder etwas Besseres, Gott.« Rufen Sie zusätzliche Engel herbei, damit sie Ihnen Schutz und Anleitung für Ihre Heilung geben und Sie bei der Manifestation Ihrer Wünsche unterstützen.

Die Australierin Jackie Stevens saß in der Kirche und betete um Heilung. Sie war krank, ihr ganzer Körper tat ihr weh, und still betete sie: »Gott und ihr Engel, wie kann ich meine Energie zurückbekommen, auf meinem Weg weitergehen und mich stark und gesund fühlen?« Innerhalb weniger Minuten hörte sie ein deutliches Flüstern in ihrem Ohr: »Schau in das Kerzenlicht, sende Liebe und Licht, dann segne es und lass los.«

Jackie folgte dieser Aufforderung und fokussierte sich auf das Kerzenlicht. Sie sagt: »Es fühlte sich an, als würde das Licht in meinem Inneren wachsen. Während ich der Kerze Liebe sandte, spürte ich, wie die Liebe in mir stärker wurde. Als ich meine Situation segnete und losließ, spürte ich, wie die Schmerzen aus meinem Körper verschwanden, zusammen mit der Anspannung, die ich so lange in meinen Schultern mit mir herumgetragen hatte.«

Engel-Orbits

Engellichter zeigen sich auch immer häufiger auf Fotografien. Viele meiner Seminarteilnehmer zeigen mir regelmäßig Fotos mit weißen Kreisen und zarten Formen, die deutlich den Umriss von Engeln und Feen imitieren. Die Gründe für die gesteigerte Frequenz dieses Phänomens sind wahrscheinlich in verbesserten Kameras und der Entwicklung der Digitalfotografie zu suchen. Außerdem glaube ich, dass das Phänomen dem »Durchsichtigerwerden des Schleiers« zu verdanken ist. Was bedeutet, dass wir dadurch, dass wir als Menschen kollektiv aufsteigen und ein größeres spirituelles Bewusstsein erlangen, die Präsenz der geistigen Welt um uns herum leichter wahrnehmen.

Der zehnjährige Ryan Reynolds aus Cincinnati, Ohio, sprach oft davon, dass er Engel sah. Ryan, bei dem ein inoperabler Gehirntumor diagnostiziert worden war, sagte seiner Familie, dass er während einer Karussellfahrt Engel gesehen hatte. Drei verschiedene Personen fotografierten Ryan auf dem Karussell, mit drei verschiedenen Kameras. Einer der Fotografen war eine Reporterin der Lokalzeitung *Community Press,* die eine professionelle Kamera für eine Nachrichtenstory benutzte, über die sie für das Blatt berichtete.

Als die Filme der drei Kameras entwickelt wurden, zeigten die Fotos von Ryan jeweils Lichtkreise, die den kleinen Jungen umgaben. Jede Kamera hatte eine andere Art von Film benutzt. Ryans Familie wusste nicht, was sie von den weißen Flecken auf den Fotos halten sollte. Ein Foto zeigte kleine weiße Punkte um Ryan, ein anderes Foto zeigte ihn mit einem fischförmigen weißen Image, und in dem dritten Bild konnte man nebem dem Jungen einen großen weißen Kreis sehen.

Doch Ryan erkannte sofort die Engel in den Fotos. Seine Mutter erinnerte sich, dass er auf den großen weißen Kreis auf dem dritten Foto gedeutet und gesagt hatte: »Mom, das ist der Grund, warum ich mich auf dem Karussell so wohl gefühlt habe. Denn genau hier ist mein Schutzengel – und ich wusste, dass er bei mir sein würde. Das ist mein Engel, Mommy. Er spricht die ganze Zeit zu mir.«

Zwei Monate nach der Fahrt auf dem Karussell starb Ryan friedlich in dem Wissen, dass er von seinen Schutzengeln umgeben war. Mit all diesen Engeln in seiner Nähe wundern Sie sich vielleicht, warum Ryan nicht gesund wurde. Nun, ich glaube, dass seine Lebensaufgabe darin bestand, durch seinen anrührenden Tod auf die Gegenwart von Engeln aufmerksam zu machen. Seine Geschichte sorgte für internationale Headlines, und Ryans Leben brachte beachtliche Aufregung in viele Nachrichtenredaktionen, die normalerweise nichts über Begebenheiten berichten, die mit Engeln zu tun haben. Wäre er von seiner Krankheit genesen, hätten die Nachrichtenredaktionen seine Geschichte wahrscheinlich gar nicht zu Gehör bekommen, da sie dazu tendieren, sich nur auf dramatische Begebenheiten zu konzentrieren. Die tapfere Seele des zehnjährigen Ryan Reynolds stieg zum Himmel auf, damit Erwachsene auf der ganzen Welt sich über die Realität von Schutzengeln Gedanken machen können.

Engel erscheinen auf Fotos, weil Kameras in der Lage sind, mit verbesserter Genauigkeit und Empfindsamkeit Licht und Energie einzufangen. Im nächsten Kapitel werden wir über Energie und ihre Beziehung zu physischer und emotionaler Gesundheit und Heilung sprechen.

14

Energieheilung

Da unser Körper elektrisch ist, leuchtet es ein, dass wir diese natürliche Energie herbeirufen und anderen senden können. Heilung tritt ein, wenn wir die Aktion des Energiesendens mit Liebe und kristallklarer Intention verbinden. Energieheilung ist eine Form des Lichtes.

Heute bieten Krankenhäuser und Arztpraxen weltweit Behandlungen mit »ergänzenden« und »zusätzlichen Therapien« an, die Energieheilung einschließen, oder überweisen ihre Patienten an entsprechende Einrichtungen, wo diese Therapien vorgenommen werden können. Wie die nachfolgenden Studien zeigen, ist ihr Vertrauen in diese Arbeit gut begründet.

Wissenschaftliche Untersuchungen über Qigong

Die alte chinesische Energieheilungsform Qigong (*Kiegong* ausgesprochen) hat in den letzten Jahren große Aufmerksamkeit im Bereich der medizinischen Wissenschaft erlangt. Die Praxis des Qigong basiert auf physischen Bewegungen, die das Qi (oder Chi, die Energie der Lebenskraft des Universums) durch den Körper pumpen und dabei Energieblockaden beseitigen, die Krankheit verursachen können. Untersuchungen, die vor allem in chinesischen Universitätskrankenhäusern durchgeführt wurden, zeigen bemerkenswerte Resultate, wenn Qigong bei der Behandlung von Krankheiten, akuten sowie chronischen Schmerzen und Suchtverhalten eingesetzt wird.

Zum Beispiel haben Forscher an der Tongji Medical University in China herausgefunden, dass Qigong-Behandlungen bei Ratten deutlich das Wachstum von Tumoren einschränkten und immunologische Funktionen stimulierten, die dem Tumor entgegenwirkten. Dieser Effekt wurde noch verstärkt, wenn Qigong in Verbindung mit Chemotherapie angewandt wurde.

Darüber hinaus zeigte Qigong im Rahmen einer Untersuchung über männliche Heroinsüchtige an der Guangzhou University in China erstaunliche Heilresultate. Sechsundachtzig Männer dieser Gruppe wurden in drei Untergruppen aufgeteilt. Die Testpersonen der ersten Gruppe lernten, Qigong zu praktizieren (die Bewegungen sind ähnlich wie beim Tai Chi oder Yoga) und erhielten außerdem von einem erfahrenen Experten Qigong-Energiebehandlungen. Die zweite Gruppe der Abhängigen erhielt Medikamente zur Entgiftung, und die dritte Gruppe erhielt überhaupt keine Behandlung. Die Resultate waren verblüffend und statistisch bedeutungsvoll: Die Qigong-Gruppe überstand den Entzug wesentlich schneller und leichter, mit deutlich weniger Angstzuständen. Am eindrucksvollsten war die Tatsache, dass bei der Qigong-Gruppe bereits fünf Tage nach Beginn der Behandlungen keine Spuren von Heroin mehr im Urin nachgewiesen werden konnten, wohingegen die Gruppe mit der Entgiftungsmedikation neun Tage brauchte, um heroinfrei zu werden, und die Patienten, die keinerlei Behandlung erfahren hatten, elf Tage, also mehr als doppelt so lange wie die Qigong-Gruppe.

Ebenso eindrucksvoll waren Resultate einer Forschungsstudie, die an der New Jersey Medical School durchgeführt wurde. Die Studie verglich zwei Gruppen von Testpersonen, die unter chronischen Schmerzen litten: Eine Gruppe erhielt von einem Qigong-Meister entsprechende Instruktionen und Behandlungen, während die andere Gruppe von einem unqualifizierten Therapeuten instruiert und behandelt wurde. Nach drei Wochen berichteten stolze 91 Prozent der Personen, denen Qigong von einem erfahrenen Meister beigebracht worden war, über weniger Schmerzen, verglichen mit nur 36 Prozent der Testpersonen in der »vorgetäuschten« Qigong-Gruppe.

»Qigong-Gehen« ist eine Form von Meditation in Bewegung. Im Rahmen einer interessanten Studie in Kyoto, Japan, wurden Diabetes-Patienten willkürlich entweder einer Gruppe zugeordnet, die regelmäßiges Qigong-Gehen übte, oder einer, die konventionelle Spaziergänge machte. Nachdem beide Gruppen nach dem Mittagessen dreißig Minuten lang gegangen waren, konnte bei den Testpersonen in der Qigong-Gruppe ein auffällig stärkerer Rückgang ihrer Plasmaglukose nachgewiesen werden.

Andere wissenschaftliche Untersuchungen bezüglich Qigong haben zu folgenden Ergebnissen geführt:

- In einer Studie der Marietta Live University in Georgia, USA, wurde nach 20 Minuten Qigong-Atemübungen an zehn aufeinander folgenden Tagen eine zwanzigprozentige Verbesserung der Sauerstoffzufuhr und Kohlendioxyd-Produktion gemessen.
- Eine deutliche Reduzierung des schädlichen Cholesterins im Blut von Bluthochdruck-Patienten, begleitet von einem verstärkten HDK-C-Serum-Level (»gutes« Cholesterin) bei Personen, die ein Jahr lang Qigong praktizierten. Eine ähnliche Studie in Shanghai kam zu dem Ergebnis, dass Qigong eine regulierende Wirkung auf hämodynamische Veränderungen ausübte sowie eine Verbesserung der linken Herzkammerfunktion bei Bluthochdruck-Patienten zur Folge hatte.

Untersuchungen über Reiki, Therapeutic Touch und andere Energiebehandlungen

Wie bereits erwähnt, sind Reiki und Therapeutic Touch dem Qigong ähnliche Formen der Energieheilung, nur dass hier die heilende Energie anstatt mit Atem und Bewegung ausschließlich durch die Hände weitergeleitet wird. Beide Heilungsformen sind sowohl von Krankenhäusern als auch Ausbildungsstätten für Pflegepersonal mit Interesse beobachtet worden. Wenn die Resultate bei Reiki und Therapeutic Touch auch nicht ganz so eindrucksvoll sind wie bei Qigong, sind sie dennoch beachtenswert.

Zwanzig Personen, die unter chronischen Schmerzen litten, wurden in einer Studie des Cross Cancer Institute in Edmonton, Kanada, mit Reiki behandelt. Die Studie stellte eine bedeutende Schmerzminderung bei den Testpersonen fest, die Reikibehandlungen bekommen hatten.

In einem Krebszentrum in Quebec, Kanada, erhielten zwanzig mit unheilbarem Krebs diagnostizierte Patienten jeweils drei Behandlungen mit Therapeutic Touch. Diejenigen, die auf diese

Weise behandelt worden waren, berichteten über eine Verringerung ihrer Schmerzen, Übelkeit, Depression, Angst, Kurzatmigkeit; und gleichzeitig über verstärkte Aktivität, Appetit, Entspannung und inneren Frieden.

Könnten die Vorteile der Behandlungen mit Reiki und Therapeutic Touch von einem Plazebo-Effekt herrühren – oder daher, dass die Patienten eine extra Dosis Aufmerksamkeit von liebevollen Energieheilern bekamen? Eine andere Studie der University of Southern Maine bestätigt die Wirksamkeit von Energieheilungsarbeit durch eine klinische Testreihe. In dieser Studie wurden Personen, die unter chronischen Schmerzen litten, einer kognitiven Verhaltenstherapie unterzogen, damit sie lernen, wie sie mit ihren Schmerzen umgehen können; darüber hinaus erhielt die Hälfte der Gruppe Behandlungen mit Therapeutic Touch. Anschließend berichteten die Betreffenden von einem stärkeren Vertrauen in ihre Selbstheilungsfähigkeit, was bedeutet, dass sie optimistischer bezüglich ihrer Möglichkeit waren, Schmerzen zu überwinden. Außerdem neigte diese Gruppe eher dazu, mit ihrem Therapieprogramm des kognitiven Verhaltens weiterzumachen – auch dies wahrscheinlich aufgrund der verstärkten Hoffnung, des größeren Vertrauens und Optimismus, den Therapeutic Touch ihnen vermittelt hatte.

Natürlich könnte man dagegenhalten, dass diese drei Studien auf subjektiven Berichten der Patienten basierten. Mit anderen Worten, die Personen, die Energiebehandlungen erhalten hatten, berichteten den Forschern, dass sie sich besser fühlten. Doch ist es möglich, dass sie die Vorteile der Therapie übertrieben? Forscher am University of Texas Health Science Center in Houston beschlossen, Tests mit Personen durchzuführen, die Reikibehandlungen erhielten. Sie entdeckten, dass bei Personen, die eine dreißigminütige Reikibehandlung erhalten hatten, der systolische Blutdruck bedeutend gesunken und die Hautoberflächentemperatur gestiegen war und dass die elektromyographische Aktivität (eine Messeinheit für muskuläre Spannung) während ihrer Sessions abgenommen hatten. Darüber hinaus erwähnten die Testpersonen eine beachtliche Verminderung ihrer Angstgefühle.

Vielleicht reicht menschliche Berührung aus, um diese Heileffekte auszulösen. Um diese Theorie zu prüfen, unterteilten Forscher im Birmingham Burn Center an der University of Alabama eine Gruppe von 99 Patienten mit Brandverletzungen in zwei Gruppen: Eine Gruppe erhielt fünf Tage lang täglich eine Therapeutic-Touch-Behandlung. Die andere Gruppe erhielt eine ähnliche Behandlung in der gleichen Zeit, allerdings von untrainierten Personen, die sich als Therapeutic-Touch-Therapeuten ausgaben.

Statistisch bedeutungsvolle Resultate wurden bei denjenigen festgestellt, die die Therapeutic-Touch-Behandlungen von ausgebildeten Therapeuten bekommen hatten: Die Patienten berichteten von einer größeren Schmerz- und Angstminderung, verglichen mit der Gruppe, die von Laien behandelt worden war. Darüber hinaus zeigte die erste Gruppe eine beachtliche Senkung der Lymphozyten im Blut, was als Beweis für den physiologischen Segen der Energiebehandlung galt.

Ein erstaunliches und viel begrüßtes Nebenergebnis in den meisten der Studien über Qigong, Reiki und Therapeutic Touch ist die Tatsache, dass sie alle deutlich Angstgefühle reduzieren. Da Angst sowohl eine Ursache als auch eine Folge mentaler und physischer Erkrankung ist, ist die heilende Wirkung von Energiebehandlungen aufgrund ihrer Fähigkeit, Angstgefühle zu reduzieren, für die Betroffenen überaus wertvoll.

Ich selbst habe Reiki studiert (und bin auf der Meisterstufe eingestimmt) sowie Polarity Therapy, basierend auf der Arbeit mit den positiven und negativen Polen des Körpers (ähnlich dem Kurzschließen einer Autobatterie); und Prana-Heilung, zu der die tiefe Reinigung der Chakras gehört. Zahllose andere neue Formen des Reiki, der heilenden Berührung und Energieheilungsarbeit sind in den letzten Jahren entwickelt worden. Diese Energieheilungssysteme geben Naturheilern zusätzliches Vertrauen in die ihnen innewohnenden spirituellen Fähigkeiten. Zudem bieten diese Systeme eine organisierte Struktur für die Durchführung von Energieheilungsarbeit.

Natürlich geben einige Energieheiler – wie in jedem anderen Berufszweig – aufgrund ihres Mangels an Integrität der Praxis einen schlechten Ruf. Ihre beste Möglichkeit, wenn es darum geht, einen guten Energieheiler oder Lehrer zu finden, besteht darin, Empfehlungen von Personen zu bekommen, denen Sie vertrauen, und nicht zuletzt Ihrer eigenen Intuition zu folgen, wenn Sie den

Betreffenden kennen lernen und mit ihm oder ihr arbeiten. Falls Sie in der Gegenwart des Energieheilers physisches oder emotionales Unbehagen spüren, wenn Sie fühlen, dass sein Fokus in erster Linie auf Geld ausgerichtet ist, oder wenn er Sie unter Druck setzt, um Sessions oder Kurse bei ihm zu belegen, die sich für Sie nicht richtig anfühlen, sollten Sie sich nach einem anderen Heiler umschauen.

Die Spiritualität der Heilungsarbeit mit Energie

Viele Menschen begeben sich auf den spirituellen Weg, wenn sie unter irgendeiner Art von Stress stehen. Sie beschließen, sich nach innen zu wenden, um Erleichterung und Antworten zu finden. Jennifer Hull ist ein Beispiel für jemanden, der Spiritualität als ein Resultat der von einer Krankheit herrührenden Schmerzen gefunden hat.

Die 63-jährige Jennifer, die in Hawaii lebt, hatte viele Jahre unter Fibromyalgia *(ständiger Müdigkeit, Schwäche und unerklärlichen Schmerzen – Anmerk. d. Übers.)* gelitten und diverse Behandlungsformen ausprobiert, jedoch ohne nennenswerten Erfolg. Eines Tages hatte sie einen Termin mit einem neuen Arzt, der Jennifer vorschlug, sie solle versuchen, jemanden zu finden, der Healing-Touch-Therapy – eine Form von Energieheilung – vornimmt. Jennifer und ihr Mann hatten noch nie etwas davon gehört.

Am Tag der Heilung wurden Jennifer und ihr Mann in einen kleinen Raum geführt, wo sie sofort ein tiefes Gefühl der Entspannung empfanden. Die beiden Healing-Touch-Therapeuten waren ein Ehepaar, die zusammen arbeiteten, und Jennifer fielen sofort ihre beruhigenden, sanften Stimmen und ihr liebevoller Gesichtsausdruck auf. Während ihr Mann in einer Ecke des Raumes saß, legte Jennifer sich auf einen mit bequemen Polstern, Decken und einem weichen Kopfkissen versehenen Massagetisch.

Die Therapeuten erklärten, dass sie ein kurzes Gebet sprechen und dann ihre Hände über Jennifers Körper gleiten lassen würden, ohne sie jedoch tatsächlich zu berühren. Nach dieser Warm-up-Periode würden sie mit dem direkten Händeauflegen beginnen. Jennifer spürte sanfte elektrische Wellen, als die beiden ihr Energie sandten.

Als sie schließlich ihre Hände auf ihrenKörper legten, hatte Jennifer sofort intensive Visionen. Sie sah sich selbst in einer nächtlichen Szene in Maui, umgeben von Palmen. Hinter einem Baum stand eine Frau, und als Jennifer ihr in die Augen sah, verwandelte sich die Szenerie im Hintergrund in einen klaren, blauen Himmel. Dann verschwand die Frau.

Jennifer wartete geduldig, was wohl als Nächstes geschehen würde. Innerhalb weniger Minuten erschien ein anderes Gesicht. Jennifer sagte: »Es war ein junges Mädchen, ungefähr zwölf oder dreizehn Jahre alt, sehr hübsch, mit kurzem dunklem Haar, einem herzförmigen Gesicht und feinen Gesichtszügen. Es fühlte sich an, als strömte ein heilendes Licht aus ihren Augen, die genauso blau waren wie der blaue Hintergrund. Sie lächelte mir zu und blickte mich mit einer solchen Liebe an, dass ich von einem wunderbaren Gefühl des Glücks erfüllt wurde. Die Euphorie, die ich empfand, hüllte mich gänzlich ein und gab mir das überwältigende Gefühl, dass sie meinen Schmerz erkannte und verstand – und die ganze geistige und physische Verzweiflung, unter der ich während der vorausgegangenen Jahre gelitten hatte.

Dann verschwand mein süßer kleiner Engel, doch nicht, ohne mir etwas zum Nachdenken zu hinterlassen. In der Ferne konnte ich ein kleines Objekt erkennen, das Form annahm und auf mich zukam, als sei es ein animiertes Computerobjekt. Ich wartete, um zu sehen, was es war, und als es mich erreichte, wurde mir eine weitere unglaubliche Überraschung zuteil: Es war ein Porträt von Jesus.

Die Engel waren beide in sehr lebensechten Farben erschienen, doch Jesus sah eher wie ein Fotonegativ aus oder wie eine Radierung in verschiedenen Schattierungen von Schwarz, Weiß und Grau. Die Vision von Jesus verschwand auf die gleiche Weise, wie sie erschienen war, indem sie langsam in die Ferne rollte. Als sie aus meinem Gesichtskreis entschwunden war, bat mich der männliche Therapeut, mich auf den Bauch zu drehen, und ich sprach nicht mehr, bis die Session zu Ende war.«

Nach der Behandlung fand Jennifer ihren Mann in Tränen aufgelöst vor. Als sie den Raum verließen, nahm er Jennifer in die

Arme und sagte ihr, wie sehr er sie liebte, und entschuldigte sich dafür, in letzter Zeit so schwierig gewesen zu sein. Jennifer sagt, dass die Session ihr Leben verändert hat.

Heute spricht Jennifer regelmäßig mit ihren Engeln, sowohl mit Hilfe der Karten als auch durch Beten und Meditation, und sie ist sich ständig ihrer Gegenwart bewusst. Heute empfindet sie inneren Frieden, da die Engel ihr versicherten, dass das Leben mehr ist als diese zeitlich begrenzte irdische Erfahrung. Sie hatte ein Zeichen erhalten, auf das sie stes gehofft hatte, und heute fühlt sie sich nicht länger allein.

Energieheilung bei Haustieren

Tiere sind sehr sensitiv für die Energien in ihrer Umgebung, und sie werden oft krank, wenn es in ihrem Haushalt Stress gibt. Wenn ein Familienmitglied wütend oder aufgebracht ist, kann es sein, dass das Haustier die Energie absorbiert und krank wird.

Andererseits reagieren Tiere sehr schnell auf heilende Energie, die ihnen geschickt wird. Sie heilen rapide als Reaktion auf jeden, der die kristallklare Intention hat, ein Channel für heilende Energie zu sein. Diese Energie wird durch die Hände geschickt und von tiefer Liebe begleitet.

Rachel Ann Pernak-Brennon aus England brach schier das Herz, als bei ihrem geliebten Collie Ben Krebs diagnostiziert wurde. Zutiefst traurig setzte sich Rachel hin und begann, ihre Gefühle zu verbalisieren. Sie betete oder sprach nicht mit irgendjemand Bestimmtem; sie machte einfach ihren Emotionen Luft.

Innerhalb weniger Minuten spürte Rachel die Gegenwart eines wohlwollenden geistigen Wesens neben ihr, daher fragte Rachel den Engel: »Wenn es irgendetwas gibt, das ich tun kann, damit mein Hund wieder gesund wird, lass es mich bitte wissen, und ich werde es tun.«

Rachel erinnert sich, was als Nächstes passierte: »Meine Hände begannen zu kribbeln und zu pulsieren, als würden sie sozusagen aus der Haut fahren wollen. Mir wurde glühend heiß, und ich spürte, dass noch jemand anwesend war, also öffnete ich meine Augen. Ich konnte es kaum glauben, aber ich sah jede Menge funkelnder, glitzernder kleiner Lichter.

Meine Hände kribbelten immer noch, und mittlerweile war Ben ins Zimmer gekommen und hatte sich neben mich gesetzt. Ich hielt meine Hände über seinen Körper. Zuerst schien er ein wenig unsicher zu sein, doch dann machte er es sich bequem und schlief ein.«

Obwohl Rachel keine Erfahrung mit Heilung durch Handauflegen hatte, vertraute sie ihrer inneren Führung. Rachel hielt ihre Hände zehn Minuten lang über Bens Körper, bis das kribbelnde Gefühl aus ihren Händen verschwand. Später an diesem Abend fand sie eine weiße Feder und wusste, dass es ein Zeichen für die himmlische Intervention war. In den darauf folgenden Tagen fand sie zwei weitere weiße Federn.

Dieses Erlebnis motivierte Rachel, von nun an öfter mit ihren Engeln zu sprechen. Sie fühlte sich angeleitet, Ben weiterhin heilende Energie zu schicken. Kurz danach zeigte eine neuerliche Untersuchung beim Tierarzt, dass der Krebs vollkommen verschwunden war.

Mittlerweile hat Rachel sich zur holistischen Therapeutin ausbilden lassen, damit sie Engelheilungen sowohl für Tiere als auch für Menschen vornehmen kann.

Die folgende Geschichte zeigt, wie gut Tiere auf Energieheilung in Verbindung mit kristallklarer Intention reagieren, die in Form von positiven Affirmationen formuliert wird.

Jerry Hirshfield, ein kalifornischer Psychotherapeut, bemerkte eine große Warze am Hals seiner Katze Joy. Als er am Nachmittag des gleichen Tages mit der Katze zum Tierarzt ging, rasierte der Arzt die Wucherung weg. Er sagte Jerry, dass die Warze wahrscheinlich zurückkommen würde, was sie auch ein paar Monate später tat. Auch dieses Mal rasierte der Arzt die Warze weg.

Als sie sich einige Wochen später zum dritten Mal gebildet hatte, beschloss Jerry, liebevolle Energie mit seiner Hand an die Stelle zu schicken. Jerry streichelte den Hals der Katze, während er gleichzeitig Wellen der Liebe fühlte, die in die Warze strömten und sie in Nichts auflösten. Innerlich wiederholte er mehrmals:

»Gottes Liebe ist allmächtig und heilt jetzt diese Wucherung. Dein Hals ist ganz, perfekt und vollkommen. Er ist durch die unendliche Macht der Liebe geheilt, die alles heilt und in der alles perfekt ist. Diese Warze, die nur eine Fata Morgana ist, verschwindet jetzt in das Nichts, das sie in Wahrheit ist.«

Jerry wiederholte diese Behandlung zweimal täglich, und innerhalb von drei Tagen war die Warze geschrumpft. Er hatte kurz zuvor ein Buch über Engelsheilungen gelesen, daher fügte er seinen Gebeten nun Folgendes hinzu: »Liebe Engel, bitte helft mir, meine Katze mit Gottes Liebe zu heilen.« Dieses Mal verschwand die Warze schneller als vorher und ist bis heute nicht wiedergekommen.

Seither hat Jerry mit Hilfe seiner Engel die gleichen Behandlungen bei seinen eigenen Wehwehchen, Schmerzen und Leiden angewandt. Auf diese Weise verschwand zum Beispiel innerhalb von drei Tagen eine Grippeattacke, während bei anderen Leuten die gleichen Symptome ein bis zwei Wochen anhielten. Beinahe jeder Schmerz, den er auf diese Weise behandelt, verschwindet entweder ganz oder wird wesentlich geringer.

Jerry sagt: »Ich weiß jetzt, dass Gottes Energie uns immer zur Verfügung steht und umgehend heilt, wenn wir uns bewusst in den Fluss des Energiefeldes begeben. Es hilft uns, wenn wir die Engel herbeirufen, da sie sich bereits von jeher in diesem Energiefeld befinden.«

Jerry hat auch anderen Personen diese Behandlung zukommen lassen und festgestellt, dass Heilung proportional zu dem Glauben und Vertrauen des Betreffenden eintritt. »Denjenigen, die offen für die Möglichkeit sind, dass ihnen auf diese Weise geholfen werden kann, wird tatsächlich am meisten und schnellsten geholfen«, sagt Jerry.

Energieheilung und so genannte »Leblose Objekte«

Energieheilung beschränkt sich nicht auf die Heilung der physischen Körper von Menschen und Tieren, sie kann auch scheinbar leblosen Objekten zugute kommen. Da alles aus lebendigen Atomen und Energie besteht, kann auch alles durch Energieheilung beeinflusst werden.

Kristen, eine australische intuitive Engel- und Reikiheilerin, entdeckte, dass ein Virus ihren Computer infiziert hatte. Sie versuchte, mit Hilfe eines Virus-Scans die infizierten Dateien zu löschen, doch der Schaden war bereits eingetreten. Nachdem sie diverse andere Methoden ausprobiert hatte, um das Problem zu lösen, ging Kristen am Abend ärgerlich und enttäuscht zu Bett.

Am nächsten Morgen beschloss sie, ihren Computer noch einmal auf Viren zu überprüfen, indem sie dem Computer Reiki-Energie schickte. Außerdem bat sie die Erzengel Michael und Uriel um ihre Hilfe bei der Entfernung jeglicher Viren aus ihrem Computer. Sie erklärte den Erzengeln, dass ein infizierter Computer ihre spirituelle Arbeit beeinträchtigen würde.

Inzwischen hatte Tim, Kristens Ehemann, vorgeschlagen, sie solle einen Computerexperten zu Hilfe holen, doch Kristen erklärte mit Überzeugung, dass das nicht erforderlich sei, da die Engel die Situation unter Kontrolle hatten. Innerhalb von Minuten nach dem Virus-Scan erschien auf dem Bildschirm die Mitteilung »Keine infizierten Dateien«. Voller Freude bedankten Kristen und Tim sich bei den Engeln. Als Kristen im Laufe des Tages eine Engel-Orakelkarte zog, war sie nicht überrascht, dass es sich dabei um die Erzengel-Michael-Karte handelte.

Der Grund für die Effektivität von Energieheilung ist darauf zurückzuführen, dass alles im Universum aus Energie besteht. Indem wir heilende Energie senden, bringen wir Energiesysteme in ihren natürlichen Zustand von Gesundheit und Ordnung zurück.

Ein wichtiger Aspekt der Energieheilung besteht darin, die Chakras – die inneren Energiezentren des Körpers – zu reinigen und ins Gleichgewicht zu bringen. Chakra-Arbeit kann uns helfen, physisch und emotional zu gesunden, wie ich im nächsten Kapitel beschreiben werde. Diejenigen unter meinen Lesern, die bereits mit Chakra-Heilungsarbeit vertraut sind, wollen vielleicht die Paragraphen besonders aufmerksam lesen, bei denen es um neue Formen der Arbeit mit den Chakras geht, unter anderem bei Suchtverhalten, Aufarbeitung von Themen aus vergangenen Inkarnationen und dem Beseitigen außersinnlicher Attacken.

15

Pflege des Energiekörpers und der Chakras

In der heutigen Zeit ist vielen Menschen der Begriff Chakras (Chakra bedeutet so viel wie »Rad« in Sanskrit) bekannt. Wie bereits erwähnt, sind Chakras Energieräder im Körper, die Lebenskraft-Energie durch den Körper stoßen, vergleichbar mit den Pedalen, die beim Flippern den Ball durch das Spiel jagen.

Bei den meisten Systemen geht es um sieben Hauptchakras, deren bildliche Darstellung Sie auf der nächsten Seite finden. Zu ihnen gehören das Wurzelchakra an der Basis der Wirbelsäule; das Sakralchakra zwischen dem Nabel und der Wirbelsäulenbasis; der Solarplexus hinter dem Nabel; das Herzchakra in der Brust; das Kehlenchakra im Bereich des Adamsapfels; das dritte Auge, das sich zwischen den beiden physischen Augen befindet, und das Kronenchakra auf der Spitze des Kopfes. Außerdem schließe ich die über den beiden Augenbrauen liegenden »Ohr-Chakras« mit ein.

* * *

Jedes Chakra hat eine andere Farbvibration, je nachdem, ob sich das Chakra langsam oder schnell dreht. Die kühleren Farben (wie Violett, Blau und Grün) gehören zu schnell-beweglichen Lichtvibrationen und Chakras. Die wärmeren Farben (Gelb, Orange und Rot) werden mit Lichtvibrationen und Chakras assoziiert, die sich langsamer bewegen.

Jedes Chakra reguliert spezielle Vorgänge im Körper und in der Seele des Menschen. Viele Chakras befinden sich in der Nähe von Hormondrüsen und sind an der Regulierung und Harmonisierung der Drüsen beteiligt. Vier der Chakras haben mit den außersinnlichen Fähigkeiten zu tun, die man »Klarwissen« nennt (Fakten kennen, ohne zu wissen, wie man die Information erhalten hat); »Klarhören« (die Stimme des Göttlichen hören); »Hellsehen« (außersinnliche Visionen haben); und »Klarfühlen« (intuitive Gefühle).

Reinigen der Chakras

Chakras sind sehr empfindsam und können schnell negative Energie absorbieren, was dazu führt, dass sie dunkel oder trüb werden und ihre Form aus dem Gleichgewicht gerät. In einem gesunden Menschen sind die Chakras alle gleich groß (ausgeglichen) und frei von dunkler Energie (klar). Dunkle Energie entsteht, wenn man mit negativen Personen oder Situationen zu tun hat oder negative Gedanken bezüglich der eigenen Person hegt.

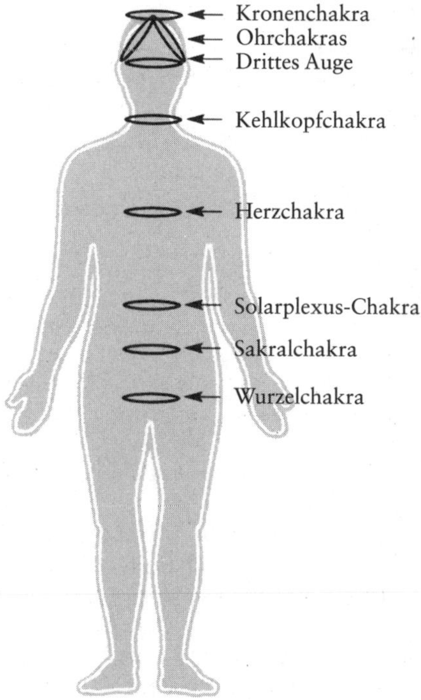

Die Chakras

Chakra-name	Lage im Körper	Assoziierte Farbe	Spezialität
Krone	Kopfspitze	Purpur	Klarwissen
Ohr	Über den Augenbrauen	Lila	Klarhören
Drittes Auge	Zwischen den physischen Augen	Indigoblau	Hellsehen
Kehlkopf	Adamsapfel	Hellblau	Sich selbst und anderen gegenüber die Wahrheit sagen; Kreative Projekte
Herz	Brust	Grün	Klarfühlen; Beziehungen; Geistige Liebe
Solarplexus	Nabel	Gelb	Macht und Kontrolle
Sakral (Kreuzbein)	Zwischen Solarplexus und Wirbelsäulenbasis	Orange	Körperliche Gesundheit und Bedürfnisse
Wurzel	Wirbelsäulenbasis	Rot	Karriere; Finanzen; Heim und Familie; materielle Sicherheit

Geschrumpfte Chakras sind auf Ängste im Zusammenhang mit dem Thema zurückzuführen, das mit dem Chakra assoziiert wird, während Obsessionen bezüglich des Themas eines Chakras dazu führen, dass dieses Chakra im Vergleich zu den anderen Chakras unverhältnismäßig stark anschwillt.

Unsere Chakras klar und im Gleichgewicht zu halten stellt eine der einfachsten Möglichkeiten dar, unsere außersinnlichen Fähigkeiten zu entwickeln. Yoga und Meditation sind zwei machtvolle Methoden, um die Chakras zu klären und zu harmonisieren. Es gibt eine Audiokassette (und eine CD) von mir mit dem Titel *Chakra Clearing,* die beide sehr effektiv sind, falls Sie eine geführte Meditation bevorzugen. Und im dritten Teil dieses Buches werden Sie mehrere Methoden finden, die Ihnen helfen, die Chakras zu klären und ins Gleichgewicht zu bringen.

Ätherische Schnüre

Wann immer wir Beziehungen eingehen, die mit irgendeiner Art von Angst zu tun haben, kreieren wir eine ungesunde Bindung an einen anderen Menschen. Diese Bindung ist einer Leine vergleichbar, die sagt: »Verändere dich nicht!«, »Verlass mich nicht!« oder »Tu mir nicht weh!«

Diese negativen Ver-Bindungen sind sowohl spürbar als auch sichtbar, wenn Sie sich Ihrer Existenz bewusst sind. Ich nenne sie »ätherische Schnüre«, weil sie wie chirurgische Schläuche aussehen, die zwei Personen miteinander verbinden. (Die Schnüre können auch von einer Person zu einem materiellen Objekt gehen, das sie zu verlieren fürchtet.) Ätherische Schnüre sind verhärtete Formen von Funktionsstörungen, die Sie mit Ihren außersinnlichen Fähigkeiten wahrnehmen können.

Ätherische Schnüre bilden eine Art Leitung für Energie, die zwischen zwei Menschen hin- und herfließt. Die Person am anderen Ende der ätherischen Schnur kann Ihnen Energie entziehen, ohne dass es Ihnen bewusst wird. Oder der/die Betreffende kann Ihnen negative Energie durch die Schnur schicken, was zu physischem Schmerz führt, für den es keine plausible medizinische Erklärung gibt.

Hilfreiche Personen sind oft durch viele Schnüre mit Menschen verbunden, denen sie geholfen haben. Es spielt keine Rolle, ob sie dafür bezahlt werden, anderen zu helfen; die Schnüre bilden sich, wenn der, dem geholfen wurde, sich von dem Helfer und dessen Unterstützung abhängig macht. Wenn Sie also eine beste Freundin haben, die Sie ständig um Rat fragt, sind Sie wahrscheinlich durch eine ätherische Schnur mit diesem Menschen verbunden.

Viele Leute mit chronischen Schulter-, Nacken- und Rückenschmerzen weisen besonders dicke Schnüre in diesen Bereichen auf, die die wahren Übeltäter sind. Je länger eine schwierige Beziehung währt, desto dicker ist die Schnur. Daher schicken die dickeren Schnüre die meiste Energie hin und her. Das ist der Grund, warum ich oft sehe, dass Menschen mit chronischen Schmerzen regelrechte Schläuche aufweisen, die sie mit ihren nächsten Familienmitgliedern verbinden.

Eine Frau namens Samantha, die an meinem Angel Intuitive Course in Melbourne teilnahm, kam auf die Bühne und erlaubte mir, dicke ätherische Schnüre zu durchtrennen, die ich aus ihrem Rücken herausragen sah. Als ich Samantha fragte, ob sie unter Rückenschmerzen leide, sagte sie, dass ihre Schmerzen chronisch seien und oft zur Folge hatten, dass sie nachts nicht schlafen konnte. Ich hatte das intuitive Gefühl, dass die Schnüre zu ihrem geschiedenen Mann führten, mit dem sie eine zerstrittene Beziehung hatte, bei der es um das gemeinsame Sorgerecht für ihre Kinder ging. Samantha bestätigte ohne Zögern, dass ihr Ex-Ehemann »eine schmerzhafte Zumutung« gewesen war.

Ich rief Erzengel Michael herbei, damit er Samanthas Schnüre durchtrennt, stellte jedoch fest, dass sie nicht durchtrennt werden wollten. Dies weist immer darauf hin, dass eine Person an der Wut, der Unfähigkeit zu vergeben oder einem Wunsch nach Rache festhält. Also bat ich Samantha, einen tiefen Atemzug zu nehmen. Dann sagte ich: »Würdest du gerne endlich den Schmerz los sein, der mit deinem geschiedenen Mann und deinem Rücken assoziiert ist? Bist du bereit, Schmerz gegen Frieden einzutauschen?«

Als sie ausatmete und »Ja« sagte, waren Michael und ich problemlos in der Lage, die Schnüre durchzuschneiden. Am nächsten Tag teilte Samantha mir und den anderen Kursteilnehmern mit, dass sie noch nie so gut geschlafen hatte wie in der vergangenen Nacht, ohne die geringsten Schmerzen. Und zum ersten Mal seit ihrer Scheidung war sie in der Lage, ohne Zorn an ihren Mann zu denken.

Ätherische Schnüre verursachen nicht nur physische Schmerzen, sondern sie sind auch die Ursache für das Chronic Fatigue Syndrome und das Erschöpfungssyndrom bei Heilern. In diesen Fällen hat der/die Betreffende zu viele ätherische Schnüre, die ihn mit bedürftigen Individuen verbinden, die ihm alle Energie rauben. Wenn Sie sich in dieser Lage befinden, glauben Sie vielleicht, dass diese bedürftigen Individuen total auf Sie angewiesen sind. Falls ihre Bedürftigkeit Sie jedoch kraftlos macht, dann haben diese Personen Sie auf ihre Ebene heruntergezogen, haben Ihnen Ihre Kraft abgesaugt, und das tut niemandem gut.

Um diese Situation zu heilen, sollten Sie diesen Personen gegenüber Folgendes affirmieren: »Alle deine Bedürfnisse werden von Gott erfüllt, genauso, wie er meine erfüllt. Du bist stark, voller Lebenskraft und geheilt – genau wie ich es bin.« Dann bitten Sie die Engel, Ihnen die Kraft zu geben, »Nein« zu sagen – und die Selbstachtung, sich Pausen zu gönnen, wenn Sie es brauchen. Halten Sie Ihr Kehlenchakra rein, damit Sie den Mut haben, mit diesen kraftsaugenden Individuen ehrlich zu sein.

(Im dritten Teil werden Sie Näheres über die spezifischen Methoden erfahren, wie Sie Ihre ätherischen Schnüre durchtrennen und Ihre Chakras von psychischem und außersinnlichem Müll befreien können.)

Jeannine Proulx befand sich in einer schwierigen Phase und wandte in ihrer Verzweiflung die Methode des Durchtrennens ätherischer Schnüre an. Ihr Verlobter war nach einem Entzug wieder süchtig geworden und in ein geschlossenes Therapiezentrum eingeliefert worden. Das führte zu einem finanziellen Engpass, daher musste Jeannine in das Haus der Eltern ihres Verlobten ziehen.

Als ihr Verlobter wieder nach Hause zurückkam, konfrontierte seine Mutter Jeannine und machte ihr den Vorwurf, an der Sucht ihres Sohnes und seinem Rückfall schuld zu sein. Der Zorn der Mutter war so intensiv, dass Jeannine das Haus verließ und für einige Tage zu ihrem Bruder zog.

Jeannine las zu der Zeit mein Buch *Dein Leben im Licht*. Auf der Fahrt zur Wohnung ihres Bruders dachte sie an die Technik des Zerschneidens ätherischer Schnüre, die in dem Buch beschrieben wird. Jeannine war neugierig zu erfahren, wie die Verbindung zur ihrer Schwiegermutter aussah. Sie hatte umgehend die Vision einer riesigen, glitschigen Schnur, die aus ihrem Bauch herausragte und sich nach außen zum Himmel und zu ihrer Schwiegermutter erstreckte. Die Vision war so lebhaft, dass Jeannine, die sich normalerweise nicht als hellsichtig betrachtet, erschrak.

Sie visualisierte sich, wie sie die Schnüre durchschnitt, und sah, dass die glitschigen Schichten problemlos mit einer ätherischen Handsäge beseitigt werden könnten. Im Inneren der äußeren Schichten jedoch befanden sich Reihen von Stahlkabeln, also visualisierte Jeannine, dass sie eine Kettensäge benutzte, um durch den Stahl zu schneiden. Die Kabel brachen in der gleichen Weise weg wie Stahl – mit einem lauten metallenen Geräusch! Jeannine empfand den Vorgang als unheimlich, aber befreiend. Sie machte weiter, bis auch das letzte Kabel – das den größten Widerstand geboten hatte – unter der Kraft ihrer Kettensäge zerbrach. Dann zog Jeannine den Rest der Schnur aus ihrem Bauch, wobei sie ein schmerzliches Ziehen fühlte, das ein Loch in ihr hinterließ. Sie füllte dieses Loch mit dem weißem Licht und Liebe, was den Schmerz beseitigte.

Jeannine sagt dazu: »Die Freiheit, die ich an diesem Tag erlangte, als ich die Schnüre durchtrennte, die mich mit der Mutter meines Verlobten und ihren Ängsten verbanden, hat mir mehr Kraft bezüglich meiner Fähigkeit gegeben, mich selbst zu heilen, als ich es je für möglich gehalten hätte. Sie hat mir erlaubt, die Ängste anderer Leute loszulassen und zu meiner eigenen Kraft zu stehen.«

Jeannine und ihre Schwiegermutter haben heute eine von gegenseitigem Respekt getragene Beziehung, ohne irgendwelche Stahlketten.

Das Durchschneiden ätherischer Schnüre und Absaugen negativer Energien aus den Chakras kann einen zutiefst heilsamen Effekt haben, der manchmal bis in vergangene Lebenszeiten zurückreicht. Wenn Reinkarnation auch nach wie vor ein kontroverses Thema ist, sind die vielen Heilungen, die auf Regressionstherapie zurückzuführen sind, alles andere als kontrovers. Phobien, Angstzustände und Suchtverhalten heilen besonders schnell, wenn der Betreffende die Basis für sein Problem in einem vergangenen Leben entdeckt. Ob Sie nun glauben, dass dieser Mensch tatsächlich das vergangene Leben geführt hat, oder es als eine Metapher für eine gegenwärtige Lebenssituation verstehen, oder selbst wenn Sie beschließen, dass die vergangene Inkarnation die eines Geistführers ist, in jedem Fall sind die Heilresultate von Past-Life-Regressionen (Rückführungen) sehr beeindruckend.

Cordelia Brabbs hatte an meinem ganztägigen Seminar »Healing with the Angels« in Edinburgh, Schottland, teilgenommen, in dessen Verlauf ich die Teilnehmer mit Hilfe der Erzengel Raphael und Michael durch eine sehr tiefe und intensive Session des Schnur-Durchtrennens und der Chakra-Absaugung führte. Cordelia sagt: »Während dieses Vorganges hatte ich das Gefühl, als ob riesige Klumpen von Schmutz aus meinen Chakras gesaugt wurden, und ich war von derart intensiven Emotionen überwältigt, dass ich nur noch schluchzen konnte.«

Fünf Tage später wurde Cordelia plötzlich von einer brutalen Krankheit heimgesucht, die sich wie eine Lebensmittelvergiftung anfühlte. Da Cordelia eine abstinente Veganerin mit perfekter Gesundheit ist, wusste sie, dass die Krankheitsursache nicht physischer Natur war. Ihr wurde klar, dass sie durch einen Energie-Entgiftungsprozess ging, das Resultat der vorausgegangenen Chakrareinigung. Schließlich verschwanden die Symptome, und Cordelia konnte schlafen gehen.

Am nächsten Morgen hatte sie das Gefühl, als wäre ein enormes Gewicht von ihren Schultern genommen worden. Sie fühlte sich leicht und voller Freude, ohne zu wissen, wie oder was tatsächlich geschehen war. Cordelia war davon so fasziniert, dass sie eine medial veranlagte Freundin bat, eine Erklärung zu channeln. Die Freundin sagte, dass Cordelia Restenergie aus einem vergangenen Leben geklärt hatte, wo sie als Junge aus einer Arbeiterfamilie 1812 in New York gelebt hatte und mit dreizehn Jahren an Cholera gestorben war.

Cordelia forschte sofort im Internet unter dem Stichwort »Cholera« nach und fand heraus, dass ihre Krankheitssymptome am Vortag tatächlich denen der Cholera entsprachen! Sie sagt dazu: »Seit diesem Erlebnis habe ich meine Kraft als Lichtarbeiter wieder an mich genommen, und ich bin gerade dabei, meine göttliche Lebensaufgabe zu manifestieren – etwas, das mir früher immer die größte Angst eingejagt hat. Ich bin fest davon überzeugt, dass ich Michael, Raphael und Doreens Reinigungsübungen mein neues, angstfreies Leben verdanke.«

Heilen von Suchtverhalten mittels ätherischer Schnüre

In Ergänzung zu Schmerzbeseitigung und Energiezufuhr berichten diejenigen, deren ätherische Schnüre durchtrennt wurden, dass sie von Suchtverhalten befreit wurden, einschließlich Alkoholismus, Nikotin- und Drogenabhängigkeit sowie zwanghafter Esssucht.

Erzengel Raphael lehrte mich im Winter 2001 die Methode zur Heilung von Suchtverhalten (im dritten Teil auf Seite 259), und ich begann umgehend, diese Methode in meinen Seminaren zu benutzen. Ich brachte den Teilnehmern diese Methoden bei, sowohl für ihre eigenen Süchte als auch für die Behandlung ihrer Klienten, die mit Suchtverhalten kämpfen. Wenn ich bisher auch nicht die Zeit hatte, wissenschaftliche Studien bezüglich ihrer Wirksamkeit durchzuführen, so sind die empirischen Fallstudien, die ich erhalten habe, äußerst beeindruckend.

Überwindung zwanghafter Esssucht

Die Sucht nach Nahrungsaufnahme kann so ernst und gefährlich sein wie jede andere Form von Sucht oder Abhängigkeit. Da Essen eine Lebensnotwendigkeit und legal sowie gesellschaftlich sanktioniert ist, kämpfen Menschen, die zu zwanghaftem Essen neigen, oft mehr mit ihrer Sucht als jemand, der zum Beispiel unter Nikotin- oder Alkoholsucht leidet. Erzengel Raphaels Methode zur Durchtrennung ätherischer Schnüre, die den Betreffenden mit der süchtigmachenden Substanz verbinden, eignet sich ebensogut für jede andere Form von Abhängigkeit.

Carolyn B. aus Los Angeles ist eine Heilerin und Therapeutin, die zu der Einsicht kam, dass ihr Zuviel an Körpergewicht ihr bei der Durchführung ihrer Lebensaufgabe Schwierigkeiten bereitete. Abgesehen von der Tatsache, dass sie sich innerlich dazu angeleitet fühlte, abzunehmen, wollte Carolyn ein gesünderes Leben führen. Sie beschloss, siebzehn Pfund abzunehmen, ohne zu wissen, warum sie sich für diese Zahl entschieden hatte.

Carolyn versuchte es mit verschiedenen Methoden zur Gewichtsabnahme, hatte aber nur minimalen Erfolg. Dann kam der Tag, wo sie an meinem Seminar in der Agape Church in Santa Monica, Kalifornien, teilnahm, bei dem ich die Anwesenden durch die Methode der Schnurdurchtrennung führte.

Carolyn hatte sich vorgenommen, die Probleme mit ihrer Esssucht, ihrer Neigung zum Aufschieben von Dingen und sonstigem Suchtverhalten loszulassen. Sie sagt: »Ich fühlte buchstäblich eine Veränderung in meinem Bewusstsein. Außerdem rief ich den ›Engel des Abnehmens‹ an (meine eigene Idee), damit er mir hilft. Ich verlor das zwanghafte Verlangen, zu viel zu essen, und fühlte mich immer stärker zu einer gesünderen Essensweise hingezogen.« Carolyn hatte kein Verlangen mehr nach Fleisch oder Alkohol, und sie begann, hauptsächlich vegetarisch zu essen.

Innerhalb kürzester Zeit verlor sie siebzehn Pfund und zwei Kleidergrößen und hält dieses Gewicht seit Monaten. Nachdem Carolyn sechs Jahre lang mit ihrem Gewicht gekämpft hatte, sagt sie heute: »Es ist ein wahres Wunder, dass ich mit Hilfe der Engel meine überflüssigen Pfunde abgenommen habe und sie auch nicht wiedergekommen sind. Zuerst konnte ich es kaum glauben, und ich stellte mich jeden Tag auf die Waage, um mein Gewicht zu prüfen und zu sehen, ob ich wirklich abgenommen hatte. Heute fühle ich mich viel gesünder und glücklicher. Die Engel sind wirklich und im wahrsten Sinne des Wortes wunderbar!«

Gewicht ist nicht das einzige Problem bei zwanghafter Esssucht. So wie bei jeder Form von Suchtverhalten ist ein Teil des damit verbundenen Leidens auf das Gefühl zurückzuführen, dass man keine andere Wahl hat, als sich diese Dinge zuzuführen. Die betroffene Person kann zwanghaftes Verlangen weder aufgeben noch kontrollieren, daher gibt die Heilung von einer Sucht dem Betreffenden die Freiheit, zu wählen, was automatisch zu größerer Selbstachtung führt.

Carol Manetta ist ein Angel Therapy Practitioner, die mit einem zwanghaften Verlangen nach ihrer täglichen Dosis Schokolade zu kämpfen hatte. Da sie nicht wollte, dass irgendeine Substanz sie kontrollierte, bat Carol die Engel, ihr zu helfen. Sofort spürte sie eine starke Minderung ihres Verlangens und hatte nicht mehr länger das Gefühl, jeden Tag Schokolade essen zu müssen.

Carol aß zuweilen immer noch gerne Schokolade, doch seit sie die Engel eingeladen hatte, ihr bei diesem Problem zu helfen, spürte sie ihre Gegenwart jedes Mal, wenn sie ihrem Verlangen nach Schokolade nachgab. Die zwanghafte Sucht danach nahm immer mehr ab, doch nach zwei Wochen Schokoladenentzug zog sie sich eines Abends eine ganze Tüte voller Schokobonbons rein. Ungefähr eine Stunde später begann Carols Herz in ihrer Brust wie ein Hammer zu schlagen. Das starke Herzklopfen ließ sie die ganze Nacht nicht schlafen. Als sie eine ähnliche Reaktion auf Bonbons ohne Schokolade hatte, beschloss Carol, in Zukunft auf jede Form von Schokolade und Zucker zu verzichten.

Carol sagt heute, dass es ein Wunder ist, dass sie kein Verlangen mehr nach Süßigkeiten verspürt. Sie berichtet: »Heute bringen Gottes Liebe und frisches Obst die Süße in mein Leben. Ich habe kein Verlangen nach Zucker mehr. Wenn ich heute in einen Lebensmittel- oder Naturkostladen gehe, üben all diese Bonbons, Schokolade und andere Süßigkeiten nicht den geringsten Reiz auf mich aus. Im Gegenteil, ich spüre jedes Mal einen starken Sog, der mich von allen zuckerhaltigen Waren in den Regalen fortzieht. Meine Gesundheit ist besser als je zuvor, und das verdanke ich ausschließlich Gott und den Engeln.«

Heilung von Drogen- und Alkoholsucht

Wenn wir an Suchtverhalten denken, fallen uns in der Regel Drogen und Alkohol ein. Genau wie bei Carolyns und Carols Heilung von Esssucht, hat das Durchschneiden ätherischer Schnüre zu bewusstseinsverändernden Substanzen tiefgreifende und oft wundersame Heilungen zur Folge.

Holly Andrews-Rising hatte große Mengen Kokain genommen, um ihren tiefen emotionalen Schmerz zu verdecken. Sie wusste, dass ihre Sucht sie umbrachte und dass sie aufhören musste, also ging sie zu einer Psychotherapeutin, die ihr empfahl, mein Buch *Die Heilkraft der Feen* zu lesen, was Holly in drei Tagen tat. Sie fühlte sich angeleitet, die Archive meines Newsletters zu durchforsten, bis sie auf die Ausgabe vom September 2002 stieß, in der die suchtheilenden Methoden von Erzengel Raphael ausführlich beschrieben wurden (wie im dritten Teil des vorliegenden Buches umrissen).

Holly sagt: »Ich wusste tief in meinem Inneren, dass ich das konstante Verlangen nach Kokain loswerden musste, falls ich jemals anderen Menschen als Lichtarbeiter helfen wollte. Also tat ich alles genau so, wie Erzengel Raphael es beschrieben hatte. Ich werde nie erklären können, was ich dabei empfunden habe!«

Acht Monate später ist sie noch immer drogenfrei. Sie hat soeben ihren Highschoolabschluss nachgeholt und plant, demnächst aufs College zu gehen. Außerdem erzählt Holly ihre Geschichte in diversen Kirchen, um andere zu inspirieren. Sie dankt Gott und ihren Engeln täglich für die Heilung, die sie ihr ermöglicht haben.

Da ich früher in geschlossenen und offenen Drogen- und Alkoholentzugszentren gearbeitet habe, kann ich bezeugen, wie wundersam Hollys Heilung ist. Kokainsucht zeichnet sich durch eine der höchsten Rückfallquoten aus, und sie ist ein absoluter Lebens-Vernichter. Die exorbitanten Kosten zwingen den Süchtigen dazu, sich in zerstörerischer Weise zu betätigen, um Geld aufzutreiben, wobei die Wirkung der Droge den Körper aushöhlt und ihn aufs höchste gefährdet.

Diese Heilmethode funktioniert auch bei Drogensucht anderer Art, wie beispielsweise Alkohol, Koffein und Zigaretten.

Auch die Norwegerin Eva befolgte Erzengel Raphaels Rezept der Suchtheilung, nachdem sie den *Angel-Therapy*-Newsletter vom September 2002 gelesen hatte. Raucherin seit dreißig Jahren, befolgte sie die einzelnen Schritte dieser Methode und hat mittlerweile seit fünfzehn Monaten weder eine Zigarette geraucht noch das Verlangen danach verspürt.

Ich habe außerdem mit Menschen gesprochen, die die Methode angewandt haben, um zwanghaftes Arbeiten, Glücksspielen, chronisch unglückliche Beziehungen, Schulden, die Neigung zum Zögern und Dinge aufzuschieben sowie jedes andere Verhalten, das Gesundheit und Glück behindert, erfolgreich zu heilen.

Aufhebung von Flüchen und Beseitigung von »Dolchen«

Wenn jemand wütend auf uns ist, kann er unbewusst oder bewusst negative Energie in unsere Richtung schicken. Ein sehr machtvoller Mensch, der sich über eine Sache ärgert, ist in der Lage, psychische Feuerbälle zu schicken. Zudem können wir uns auch selbst verfluchen, wenn wir wütend oder enttäuscht darüber sind, wie sich die Dinge in unserem Leben entwickeln.

Intensive Wut kann sich ätherisch in einer »psychischen Attacke« manifestieren. Wenn dies eintritt, können sich im Körper der attackierten Person – meistens im Rücken und in den Schultern – ätherische Dolche, Messer, Pfeile und andere scharfe Gegenstände festsetzen. Obgleich diese Waffen nicht physischer Natur sind, können sie echte physische Schmerzen hervorrufen.

Ich wurde auf dieses Phänomen aufmerksam, nachdem eine meiner früheren Schülerinnen wütend wurde, als wir sie nicht bei einem unserer Seminare voluntieren lassen wollten. Sie kam dennoch zum Seminar und saß die ganze Zeit alleine in der letzten Reihe. Nach dem Seminar bekam ich eine Heilmassage. Mitten in der Behandlung sah ich ungefähr ein Dutzend Dolche, die aus meinem Rücken gezogen wurden. Ich stimmte mich auf die Herkunft dieser Dolche ein und wusste sofort, dass die ehemalige Schülerin mich psychisch attackiert hatte. Am nächsten Tag erfuhr ich, dass meine Assistentin auf die gleiche Weise von ihr angegriffen worden war.

Ich stellte zusätzliche Nachforschungen an und führte Sessions mit den Teilnehmern meiner Seminare durch. Dabei stellte ich fest, dass die meisten Menschen diese Waffen psychischer Attakken unwissentlich in ihren ätherischen Körpern mit sich herumtrugen. Durch die Anwendung der im dritten Teil dieses Buches beschriebenen Methode waren die Betroffenen in der Lage, zu sehen und zu fühlen, wie diese Waffen aus ihren Körpern gezogen wurden. Erzengel Raphael heilte dann die psychischen Wunden, während Erzengel Michael liebevolle Energie sandte, um den Angreifer seinerseits zu heilen und weitere Attacken zu verhindern.

Während das Thema mir ein wenig zu schwer und dunkel erschien, sah ich dennoch, dass meine Seminarteilnehmer geheilt wurden, wann immer ich diese Methode anwandte. Viele Menschen berichteten mir von einer sofortigen Heilung ihrer Rücken- und Kopfschmerzen, nachdem ich ihnen geholfen hatte, die Waffen aus ihren ätherischen Körpern zu lösen.

Und eine Frau, die nicht einmal gehört hatte, wie ich über diese Methode sprach, schickte mir den folgenden Bericht:

Als Rochelle eines Tages in der Kirche war, begann sie um eine Verbesserung ihrer Lebenssituation zu beten. Als nächstes sah sie einen sehr großen Engel vor sich, dessen Flügel hinter seinem Rücken zusammengefaltet waren. Rochelle hörte eine körperlose Stimme, die dem Engel sagte, was er tun sollte. Der Engel beugte sich zu Rochelle und begann, Dolche aus ihrem Hals, ihren Ohren und ihrem Herzen zu ziehen. Als der Engel den Job erledigt hatte, den die Stimme ihm aufgetragen hatte, verschwand er so schnell, wie er gekommen war. Das Licht des Engels war so strahlend hell, dass Rochelle eine Weile ihre Augen nicht öffnen konnte.

Eines Abends, ungefähr eine Woche danach, wachte Rochelle nachts auf und entdeckte eine dunkle Präsenz in ihrem Schlafzimmer. Dann sah sie, wie ein Engel kam und die Dunkelheit verscheuchte. Rochelle schlief friedlich wieder ein, mit der Vision von Engeln, die überall auf dem Dach ihres Hauses saßen.

Rochelle hatte ihrem Ehemann nichts von diesen beiden Ereignissen erzählt, daher war sie ganz aufgeregt, als er ihr am nächsten Tag sagte, dass auch er in der vergangenen Nacht einen Engel in ihrem Schlafzimmer gesehen hatte. Er sagte, er sei sicher, dass es kein Traum gewesen war. Der Engel hatte Rochelle und ihren Mann vor weiteren psychischen Attacken beschützt.

Mehr Licht bringen

Wenn wir ätherische Schnüre durchtrennen und unsere Chakras reinigen, sorgen wir dafür, dass mehr göttliches Licht aus unserem Inneren leuchten kann. Es ist das Äquivalent des Säuberns einer verstaubten Glühbirne, damit sie wieder in vollem Glanz erstrahlen kann. Auch unser inneres Licht reagiert auf die Wärme und Helligkeit des äußeren Lichtes von Sonne, Mond und Sternen, wie ich im nächsten Kapitel beschreiben werde.

16

Engel und Sonnenschein

Da Licht plus Liebe gleich Heilung ist, macht es Sinn, in jede Situation, die der Heilung bedarf, so viel Licht und Liebe wie möglich zu bringen. Je mehr Licht von jeder der beschriebenen Methoden generiert wird (Chakraclearing *[bzw. Chakrareinigung – Anmerk. d. Übers.]* Energieheilungsarbeit, Kristalle und ähnliches), desto besser.

In den Heilungstempeln von Atlantis haben wir mit Kristallen gearbeitet, indem wir Sonnenlicht und spirituelles Licht von den die Erde umspannenden Energielinien in die Chakras der Patienten leiteten. Indem sich die Betreffenden auf ein Bett aus Kristallen legten, wurden große spitze Kristalle über jedes Chakra gehalten. Priesterinnen wechselten sich dabei ab, das Licht nacheinander durch jeden einzelnen Kristall in die diversen Chakras zu leiten. Außerdem beteten wir während dieser Heilungssessions und riefen die Engel herbei. Die Folge war, dass Menschen aus der ganzen Welt zu den Heilungstempeln pilgerten, um tiefgreifende Heilungen zu erfahren.

Mit Sonnenlicht sind schon im alten Griechenland, Rom und Ägypten sowie in anderen Ländern und Kulturen Heilbehandlungen durchgeführt worden. Zum Beispiel schickten die Ärzte in Griechenland und Rom ihre Patienten in ein »Solarium«, um sich den heilenden Sonnenstrahlen auszusetzen. Hippokrates, der griechische »Vater der Medizin«, erwähnt in seinen Büchern »Heliotherapie« *(Heilen mit Sonnenlicht – Anmerk. d. Übers.)*, die er seinen Patienten verschrieb. Und im späten achtzehnten Jahrhundert behandelten Ärzte Tuberkulose mit der Auflage, der Kranke möge sich den heilenden Strahlen der Sonne aussetzen, da man um die Fähigkeit der Sonne wusste, mit der Krankheit assoziierte Bakterien und damit zusammenhängende Infektionen abzutöten.

Viele alte Zivilisationen beteten die Sonne buchstäblich an. Die Kulturen der Azteken, Inkas, Mayas, Ägypter, Kelten, Perser, Griechen und Römer beteten zu den Sonnengöttern für Hilfe und Heilung. Sonnenzeremonien priesen die Sonne für ihre lebensspendende Kraft. Die frühen christlichen (bzw. katholischen) Kirchen bezeichneten diese heidnischen Anbetungen als Sünde und versuchten, ihre Durchführung unter Androhung von Strafe zu verhindern. Doch die Hinweise auf Sonnenanbetung sind nach wie vor nicht zu übersehen, selbst in unserer abendländischen Kultur – man denke nur an den allwöchentlichen *Sonntag*.

* * *

Der Liebesaspekt bei einer Heilung ergibt sich aus dem Gebet und dem Anrufen der himmlischen Mächte mit der Bitte um ihre Hilfe. Die Engel als reine, egolose Wesen bringen sowohl Licht als auch Liebe in jede Situation. Wenn die Anrufung der Engel und ihre Intervention mit zusätzlichen Lichtquellen kombiniert werden, öffnen sich die Tore zu tiefgreifenden Heilungen.

Jackie Stevens fühlte sich verloren, verwirrt und einsam. Sie hatte kaum Energie und konnte nachts nicht schlafen – klassische Zeichen von Depression. Eines Tages ging sie morgens einfach nicht ins Büro, sondern setzte sich unter einen Baum und ließ sich von der Sonne bescheinen. Sie betete zu Gott, den Engeln, den Erzengeln, ihrem eigenen höheren Selbst und den Feen um Hilfe. Als Jackie ihre Augen schloss und tief ein- und ausatmete, fühlte sie, wie die Sonne durch ihre Winterkleidung drang und ihren Körper wärmte. Sie blieb lange unter dem Baum sitzen und genoss die Natur um sie herum. Dann spürte Jackie, wie sich die Gefühle von Einsamkeit und Verletzbarkeit einfach auflösten. Sie merkte, wie ihre Energie zurückkehrte, was ihr ein Lächeln aufs Gesicht zauberte und ihr Herz leicht machte. Sie erkannte, dass sie in diesem Moment nicht alleine war und es auch in Zukunft nicht sein würde.

Jackie setzte ihre Behandlung mit natürlichem Licht fort, indem sie am gleichen Abend hinausging und sich dem Licht von Mond und Sternen aussetzte. Sie spürte, wie die Strahlen des Mondes und der Sterne sie im Innersten reinigten. Sie sagt dazu: »Ich hatte das Gefühl, als würden mein Geist, mein Körper und meine Seele gereinigt wie nie zuvor. Zudem fühlte ich mich zutiefst mit dem Universum verbunden. Mittlerweile habe ich es mir zur Regel gemacht, jeden Tag wenigstens einen kurzen Spaziergang in der Natur zu machen. Und jede Nacht sitze ich auf meinem Balkon und betrachte den Mond und die Sterne, vor allem, wenn ich nicht schlafen kann. Ich habe festgestellt, dass in ähnlicher Weise, wie die Sonne unsere Energie und Vitalität wiederherstellt, der Mond unser Herz, unseren Geist und unsere Seele reinigt.«

Heute hilft Jackie anderen, mit ihren Engeln in Kontakt zu kommen und mit Hilfe der Engel an Körper und Seele zu gesunden. So wie Jackie gibt auch die Frau in der nächsten Geschichte private Engelheilungen und -Readings als Resultat ihrer eigenen Heilung an, bei der Sonnenschein eine wichtige Rolle spielte.

Angie Hartfield war an einem Tiefpunkt in ihrem Leben angekommen. Sie ging durch eine schwierige Scheidung, und ihr Vater wurde krank. Als ob das nicht genug sei, litt Angie seit einiger Zeit unter epileptischen Anfällen, begleitet von schmerzhaften Schwellungen und Kurzatmigkeit.

Angies Symptome verschlechterten sich so sehr, dass sie sich schließlich in die Notaufnahme eines Krankenhauses einliefern ließ. Ihre Untersuchungsergebnisse zeigten, dass sie unter *Lupus erythematosus* litt, einer Autoimmunerkrankung. Sie bgann eine Steroid-Therapie, und man empfahl ihr, sich nur in geschlossenen Räumen mit zugezogenen Vorhängen aufzuhalten und sich von jeglichem Sonnenlichteinfluss fernzuhalten. Sie wurde sehr depressiv, konnte nicht essen und schlief fast den ganzen Tag,

Ihre kleinen Töchter waren verständlicherweise besorgt über die Krankheit ihrer Mutter, vor allem da ihr Großvater auch krank war. Also begann Angie zu beten. Sie sagt: »Zunächst wusste ich nicht genau, um was ich beten sollte. Ich wollte einfach nur Erleichterung von meinem Leiden, und dazu brauchte ich unbedingt Hilfe. Ich wusste, dass ich Engel bei mir hatte, und irgendwann bat ich sie schließlich, mir zu helfen.

Als nächstes leiteten die Engel Angie dazu an, zu einem Arzt zu gehen, der Krankheiten homöopathisch behandelte. Zu Angies großer Erleichterung setzte ihr neuer Arzt sofort die Steroidbehandlung ab. Außerdem half er Angie, auf eine Besserung hinzuarbeiten und zeigte ihr Möglichkeiten, ihre Symptome in den Griff zu kriegen.

Diese positive Entwicklung ihrer Situation ermutigte Angie, öfter zu ihren Engeln zu sprechen. Sie halfen ihr, ungesunde Verhaltensweisen ein für allemal aufzugeben. Daraus wiederum resultierte größere Selbstachtung und gesteigertes Selbstvertrauen, was Angie noch mehr motivierte, wieder vollkommen gesund zu werden.

Die Engel wiesen Angie an, positive Affirmationen zu benutzen und sich selbst als gesund und glücklich zu visualisieren. Bald war sie in der Lage, alle Medikamente abzusetzen, außer einer entzündungshemmenden Tablette, die sie allerdings nur inExtremfällen nahm.

Sie sagt: »Meine Engel versicherten mir, dass ich bald überhaupt keine Medikamente mehr nehmen muss. Ich hatte das Gefühl, als befände ich mich in einer Art ›Engel-Ausbildung‹, als sie mich vieles über das Leben lehrten und darüber, wie ich ein gesunder Mensch werden kann.«

Mittlerweile ist Angie seit mehr als drei Jahren symptomfrei. Sie weiß, dass die Krankheit völlig geheilt ist und betrachtet sie nicht länger als Teil ihres Wesens. Außerdem zog sie mit ihren Töchtern und ihrem neuen Mann nach Hawaii. »Heute bin ich ständig in der Sonne«, berichtet sie. »Die Engel sagen mir, dass ich wie eine Blume welken werde, wenn ich keine Sonne kriege.«

Lass die Sonne scheinen

Ein italienisches Sprichwort sagt: *Dove il sole non entra il dottore,* was so viel bedeutet wie: »Wo die Sonne nicht hinkommt, kommt der Arzt.« Wie bereits an früherer Stelle erwähnt, zeigen wissenschaftliche Studien, dass verlängerter Aufenthalt in der Sonne zwar gewisse schädliche Wirkungen haben kann, es aber definitiv zu größeren Gesundheitsrisiken führt, wenn man sich *nicht* der Sonne aussetzt. Statistisch gesehen sterben mehr Menschen an Krankheiten, die mit Mangel an Sonnenlicht einhergehen, als an sonnenbedingtem Hautkrebs. Wie bei allem, so ist auch hier Moderation wichtig – es ist mit Sicherheit nicht klug, sich einen Sonnenbrand zu holen, doch ist es genauso unklug, die Sonne völlig zu vermeiden.

Während die Angst vor Hautkrebs viele Menschen dazu veranlasst hat, sich nicht länger den Sonnenstrahlen (und somit dem Sonnenlicht) auszusetzen – schließlich ist *Krebs* ein bedrohliches Wort –, ist es wichtig, die wissenschaftlichen Beweise in Betracht zu ziehen, die sich mit dem Für und Wider des Sonnenbadens beschäftigen. Nach Berichten über die neuesten medizinischen Forschungsergebnisse, die in angesehenen Journalen wie beispielsweise *The Journal of the American Medical Association* und *The New England Journal of Medicine* erschienen sind, kann der allgemeine Konsens hinsichtlich der Beziehung des Sonnenlichtes zur Gesundheit wie folgt zusammengefasst werden:

- **Sonnenschein wird mit nicht-tödlichen Arten von Hautkrebs assoziiert.** Exzessive Bestrahlung mit ultraviolettem (UV-) Licht korreliert mit der Entwicklung von grundsätzlichem Zellenkarzinom und dem gemeinen Zellenkarzinom, zwei Typen von Hautkrebs, die gut auf Behandlung ansprechen und selten fatal sind. Diese Krebsarten bilden sich vornehmlich in hellhäutigen Individuen, die sich periodischer Sonnenbestrahlung aussetzen. Mit anderen Worten: die Betreffenden verbringen den größten Teil ihrer Zeit in geschlossenen Räumen, und *wenn* sie dann hinausgehen, holen sie sich einen Sonnenbrand, anstatt ihrem Körper zu gestatten, sich allmählich an die Sonne zu gewöhnen.

- **Potentiell fataler Hautkrebs ist unter Umständen ernährungsbedingt und nicht auf UV-Licht zurückzuführen.** Die Beziehung zwischen UV-Licht und bösartigen Melanomen, der potentiell tödlichen Art von Hautkrebs, ist noch immer nicht eindeutig geklärt. Es gibt einige Beweise, die besagen, dass eine Beziehung zwischen mehrmaligem Sonnenbrand und Melanomen besteht. Eine andere Studie hat jedoch gezeigt, dass der wichtigste Faktor bei Melanomen ein ernährungsbedingtes Ungleichgewicht im Fetthaushalt des Körpers ist, vor allen Dingen bei Personen, die nicht genug Omega-3-Fette zu sich nehmen.

• **Die Rolle von Ozon ist unklar.** Bei den negativen Gerüchten über den Zusammenhang von Ozon und Hautkrebs handelt es sich unter Umständen mehr um einen urbanen Mythos als um einen wissenschaftlichen Fakt. Eine Untersuchung über die Rolle verminderten Ozons bei Hautkrebs kam zu dem Ergebnis, dass in Norwegen die Fälle von bösartigem Hautkrebs angestiegen sind, obwohl die Ozonschicht über Skandinavien unverändert ist. Berichte über chilenische Schafe, bei denen sich aufgrund ihrer Nähe zum antarktischen Ozonloch Augenkatarakte gebildet haben, sind wissenschaftlich unbegründet. Interessanterweise stellten weitere Untersuchungen in Chile keine bemerkenswerte Veränderung in der Gesundheit der dort lebenden Menschen und Tiere fest.

• **Vitamin-D-Mangel ist gefährlich.** Menschen, die unter Vitamin-D-Mangel leiden, neigen eher dazu, Brustkrebs, Eierstockkrebs und Prostatakrebs zu bekommen; außerdem werden Herzerkrankungen, hoher Blutdruck, multiple Sklerose, Gelbsucht und Osteoporose mit Vitamin-D-Mangelerscheinungen assoziiert. Viele Studien zeigen einen Mangel an Vitamin D bei Personen, die an Orten leben, wo selten die Sonne scheint; bei Personen, die sich hauptsächlich in geschlossenen Räumen aufhalten oder lange im Krankenhaus liegen; bei dunkelhäutigen Personen und bei Frauen, die normalerweise Kleidung und Schleier tragen, die verhindern, dass ihre Haut mit Sonnenlicht in Berührung kommt. Dies gilt sogar für Personen, die Vitamin-D-Gaben zu sich nehmen. Eine andere Untersuchung kam zu dem Ergebnis, dass vor allem ältere Frauen während der Wintermonate, wenn die Sonne seltener scheint, unter Vitamin-D-Mangel leiden.

• **Es besteht ein Zusammenhang zwischem *geringem* Aufenthalt in der Sonne und Hautkrebs.** Viele gut dokumentierte wissenschaftliche Untersuchungen zeigen, dass Frauen, die in nördlichen Breitengraden leben, eine um 50 % größere Chance haben, Eierstock- und Brustkrebs zu bekommen, als Frauen, die in sonnigeren südlichen Gegenden leben. Eine Studie kam darüber hinaus zu dem Schluss, dass Frauen, die im Freien arbeiten, ein deutlich verringertes Brust- oder Darmkrebsrisiko aufwiesen als solche, die in geschlossenen Räumen arbeiten. Wissenschaftler wissen, dass zu wenig Sonnenlichtbestrahlung einen Vitamin-D-Mangel zur Folge hat, der wiederum mit Eierstock-, Brust- und Darmkrebs in Zusammenhang steht. Vitamin D schützt gegen diese Formen von Krebs.

• **Millionen leiden unter *Seasonal Affective Disorder (SAD)*** Während der Wintermonate leiden Menschen mit SAD unter Depression, werden lethargisch, schlafen exzessiv, sind süchtig nach Kohlehydraten, nehmen zu, verlieren Interesse daran, etwas mit anderen zu unternehmen, entwickeln häufig Schuldgefühle und empfinden ganz allgemein ihr Leben als erdrückend und langweilig. Die Symptome verringern sich, wenn die Betreffenden dem vollen Spektrum von Licht ausgesetzt werden.

• **Sonnenlicht verbessert geistige und physische Leistungen.** Eine Studie mit 22 000 amerikanischen Schülern hat erwiesen, dass sie 26 % bessere Noten erzielten, wenn sie in ihren Klassenzimmern natürlichem Sonnenlicht ausgesetzt waren. Es ist bewiesen, dass Sonnenlicht den Blutdruck senkt, die Blutzufuhr zu den Organen und Muskeln verstärkt, den Sauerstoffgehalt im Körpergewebe verbessert und zu vermehrten Glycogenen (gespeicherte Energie) in den Muskeln und in der Leber führt.

• **Sonnenlicht ist gesundheitsfördernd.** Zusätzlich zu einer vermehrten Vitamin-D-Zufuhr hat Sonnenlicht einen insulinähnlichen Effekt, der vor allem Diabetikern zugute kommt. Körperliches Training im Freien reduziert den Milchsäure-Anteil im Blut, der den berühmten »Muskelkater« nach physischer Anstrengung verringern kann. Aufenthalt im Freien reduziert außerdem den Cholesterinlevel und scheint unsere Toleranzgrenze bei Stress zu erhöhen, da er Herzschlag, Blutdruck und Atmung verlangsamt. Nach den Worten von Dr. Zane King produzieren wir zu viel *cyclic adenosine monophospate (cAMP)*, eine Säure, die unser Immunsystem beeinträchtigt und unsere Krebsabwehr reduziert. Dies gilt besonders für Personen, deren Ernährungsweise einen hohen Anteil an mehrfach ungesättigten Fettsäuren enthält. Es hat den Anschein, dass cAMP sehr sensitiv ist gegenüber Sonnenlichtbestrahlung und dass Sonnenlicht cAMP reduziet und zerstört. Dies wiederum hat einen beruhigenden Effekt, was der Grund ist, warum wir uns oft schläfrig fühlen, wenn wir in der Sonne liegen.

- **Sonnenlicht ist gut für Kinder.** Untersuchungen zeigen, dass Sonnenlicht unter Umständen Gelbsucht bei Neugeborenen heilen und die Knochendichte in vorpubertären Kindern verstärken kann. Außerdem bringen werdende Mütter, die sich während der Schwangerschaft regelmäßig dem Sonnenlicht aussetzen, Babys zur Welt, die größer sind als Babys, deren Mütter während der Schwangerschaft nur selten nach draußen gehen.

Die Verbindung zur Hirnanhangdrüse

Sonnenlicht dringt in erster Linie durch die Augen in den Körper ein, die das Licht zur Hirnanhangdrüse im Gehirn leiten. Die Hirnanhangdrüse benutzt dann das Sonnenlicht, um das hilfreiche Hormon Melatonin zu produzieren, was wiederum die Produktion von Serotonin anregt.

Serotonin ist wichtig für uns, indem es dafür sorgt, dass wir entspannt sind, und uns hilft, nachts gut zu schlafen sowie die Symptome von PMS, Bettnässen und das Verlangen nach Kohlehydraten zu reduzieren. Da viele psychoaktive Medikamente aufgrund einer Steigerung des Serotoningehaltes im Gehirn funktionieren, könnte Sonnenlichtbestrahlung zu einem reduzierten Gebrauch dieser verschreibungspflichtigen und oft mit starken Nebenwirkungen einhergehenden Drogen führen.

Untersuchungen zeigen, dass Sonnenbrillen, Kontaktlinsen und Brillen allgemein die Fähigkeit unserer Augen beeinflussen, Sonnenstrahlen zu erkennen. Wenn wir Sonnenbrillen tragen, erkennt das Gehirn nicht das Ausmaß der Sonnenstrahlen, denen wir ausgesetzt sind, daher schüttet es nicht so viel Melatonin aus, wie es bei vollem Sonnenlicht der Fall wäre. Melatonin, was uns bräunen lässt, bietet einen natürlichen Sonnenschutz. Wenn wir Sonnenbrillen tragen, erkennt unser Körper nicht, dass er ein Maximum an Sonnenbestrahlung erhält, also produziert er nicht seine natürlichen Verteidigungssubstanzen, die dafür sorgen, dass er keinen Sonnenbrand bekommt. Der Grund dafür ist, dass die Augen dem Körper helfen, die Melatoninproduktion dem Ausmaß der Sonnenbestrahlung anzupassen. Das Melatonin bietet natürlichen Sonnenschutz. Glas jedweder Art – egal, ob es sich dabei um Glas in Fenstern, Windschutzscheiben, Brillen, Kontaktlinsen oder Sonnenbrillen handelt – filtert die gesunden Strahlen des Sonnenlichtes heraus.

Biologisch betrachtet sind wir dazu geschaffen, uns unserer Gesundheit und unserer Freude halber dem Sonnenlicht auszusetzen. Unsere Hämoglobin-Pigmente sind hundertprozentig identisch mit dem Chlorophyl in Pflanzen. Chlorophyl absorbiert Sonnenlicht und wandelt es in Energie und Nahrung für Wachstum und Gesundheit der Pflanze um. In ähnlicher Weise profitiert unser Körper von direkter Sonnenbestrahlung.

Also genießen Sie es, sich in Maßen dem Sonnenlicht auszusetzen, vor allem am Morgen oder am späten Nachmittag (wenn die UV-Strahlen nicht so stark sind), ohne Sonnenschutzmittel oder Sonnenbrille, da dies offensichtlich für Ihre Gesundheit am besten ist. Büroangestellten und anderen Personen, die hauptsächlich in geschlossenen Räumen arbeiten, sowie hospitalisierten Patienten sei empfohlen, nach Möglichkeit ihr Fenster zu öffnen und so das volle Sonnenlicht hereinzulassen. Sollte dies nicht möglich sein, ist ein Spaziergang im Freien während der Mittagspause eine gute Idee.

Sonnenschutzcremes sind kein Allheilmittel, da Studien gezeigt haben, dass Menschen länger als ratsam in der Sonne bleiben, weil sie davon ausgehen, dass ihr Sonnenschutzmittel sie vor negativen Folgen schützt. Kommerzielle Sonnenschutzmittel sind voll von chemischen Stoffen, die durch die Poren in den Körper gelangen. Diese Lotionen und Cremes blockieren außerdem die UV-Strahlen, die nicht nur bei der Produktion und Absorbierung von Vitamin D wichtig sind, sondern auch bei der Senkung des Blutdrucks und des Cholesterolgehaltes im Blut.

Sonnenaufgang, Sonnenuntergang

Die Engel von Atlantis brachten in ihren Konversationen mit mir sehr klar zum Ausdruck, dass es außerdem gut für uns ist, wenn wir uns von den Farben und dem Licht des Sonnenauf- und Sonnenuntergangs bestrahlen lassen. Sie sagten mir, dass der Aufenthalt im Freien während des Sonnenaufgangs die oberen Chakras öffnet, uns energetisiert und so auf den kommenden Tag vorbereitet.

Die Engel von Atlantis sagten weiter, dass ein »Bad« in den Farben des Sonnenuntergangs (indem man draußen ist und die Sonne untergehen sieht) uns auf einen wunderbar erholsamen Schlaf vorbereitet. Der Sonnenuntergang stimuliert die unteren Chakras.

Das leuchtet ein, da die Farben des Sonnenaufgangs von den warmen Farbtönen der unteren Chakras in die kühleren Farben der oberen Chakras des immer blauer werdenden Himmels übergehen. Während des Sonnenuntergangs geschieht das Gegenteil – die kühlen Farben der oberen Chakras verwandeln sich allmählich in die wärmeren Farben der unteren Chakras. Also stimuliert der Sonnenaufgang die Chakras von unten nach oben (eine perfekte energetische Vorbereitung auf den vor Ihnen liegenden Tag); und der Sonnenuntergang regt die Chakras von oben nach unten an (um unserem Körper zu helfen, sich von den Aktivitäten des Tages zurückzuziehen und uns auf die Nachtruhe vorzubereiten).

Indem wir uns den Sonnenaufgängen und Sonnenuntergängen aussetzen, verbinden wir uns mit den natürlichen Erdrhythmen, was uns ein besseres Gefühl für den Ablauf der Zeit gibt und uns in den synchronistischen Fluss des Lebens eingliedert. Idealerweise sollten wir sowohl Sonnenauf- als auch Sonnenuntegänge im Freien erleben, ohne Sonnenbrille und Sonnenschutzmittel, damit unser Körper das Licht voll absorbieren kann. Doch selbst die Betrachtung von Aufgang und Untergang der Sonne durch ein Fenster ist besser, als diese Momente gar nicht bewusst mitzuerleben.

Licht von Mond und Sternen

Die Engel von Atlantis sagen, dass es gesundheitsfördernd ist und die Lebenskraft steigert, sich zusätzlich zum Sonnenlicht dem Licht von Mond und Sternen direkt auszusetzen.

Die Zyklen des Mondes gelten schon lange als Richtlinien für die Menschen, um zu wissen, wann sie die Felder bestellen und ernten müssen. Diese lunaren Zyklen werden mit Fruchtbarkeit und Erntedankfesten assoziiert, die gleichzeitig mit spirituellen und religiösen Feiertagen einhergehen.

Es ist erfrischend und inspirierend, an den drei Abenden des Vollmondes (der Abend vor dem Vollmond, der eigentliche Vollmondabend und der darauf folgende Abend) ein Bad im Mondlicht zu nehmen. Draußen zu sitzen und im Mondlicht zu baden ist ein mystisches Erlebnis. Es lässt alte Erinnerungen an die »old ways« der Verbindung zur Spiritualität durch die Natur wiedererwachen, bevor organisierte Religion diese Praktiken dämonisierte.

- **Der Abend vor einem Vollmond: Nacht der aufladenden Energien.** Wie eine Brust, aus der reichlich Milch fließt, schenkt der fast volle Mond sein Licht, um unsere Kristalle, Öle und Körper mit neuer Energie aufzuladen. Legen Sie Ihre Kristalle und andere Gegenstände möglichst ins Freie oder neben ein Fenster, wo sie während der Nacht dem Mondlicht ausgesetzt sind.

- **Der volle Mond: Nacht des Loslassens.** Wenn der Mond total voll ist, geben Sie ihm alles, was Sie loslassen wollen. Sie können dies innerlich tun oder mittels einer Aktion, indem Sie beispielsweise aufschreiben, was Sie loslassen wollen, und dann das Papier beim Licht des Vollmondes verbrennen oder in der Erde vergraben.

- **Der neue Mond: Nacht des Manifestierens.** An »Dunkelmond«-Nächten ist die Energie reif zum Manifestieren Ihrer Träume und Wünsche. Meditieren Sie über Ihre Wünsche und sagen Sie dem Mond entweder Ihre Intentionen oder schreiben Sie diese in einer affirmativen Weise auf (was bedeutet, dass Sie positive Aussagen machen, die beschreiben, wie Sie Ihre Wünsche bereits realisiert haben). Bitten Sie den Neumond und Erzengel Haniel, Ihre Schritte zur Manifestierung dieser Intentionen zu leiten und affirmieren Sie, dass sie zum Besten aller Beteiligten dienen.

• **Der halbe Mond: Nacht des Mutes und der Kraft.** Der Halbmond wird vom Horn eines Bullen symbolisiert und ist ein Zeichen von Kraft. An diesem Abend sollten Sie sich dazu verpflichten, furchtlos nach vorne zu schreiten. Bitten Sie Erzengel Michael, Ihren Mut zu bekräftigen, entsprechende Schritte zur Manifestierung Ihrer Lebensaufgabe vorzunehmen.

• **Sternenlicht.** Das Licht der Sterne weckt die Imagination und öffnet den Geist vor dem Schlafengehen. Dies gestattet nicht nur unsere Traumreisen, damit wir noch höher und weiter in die Astralebene gelangen, sondern lässt uns auch leichter mit den aufgestiegenen Meistern in Kontakt treten, ermöglicht Traumvisitationen unserer verstorbenen Liebsten und schenkt uns in unseren Träumen neue Ideen.

Wir sind Geistwesen, auf einem wunderschönen Planeten inkarniert, der auf physikalischen Gegebenheiten basierende Lichtquellen aufweist – die Sonne, den Mond und die Sterne –, die so gestaltet sind, dass sie uns helfen und heilen können. Licht ist ein Instrument, dass jedem auf der Welt frei zur Verfügung steht. Wenn dieses Licht mit Liebe gekoppelt wird, sind die Möglichkeiten grenzenlos. Im nächsten Kapitel werden wir uns einige Aspekte dieser Liebe anschauen: Gebet, Glaube und Vertrauen.

17

Gebet, Glaube und Engel

In den Heilungstempeln von Atlantis beteten wir für unsere Patienten, aber auch für uns selbst und füreinander. Wir wussten, dass die aus unseren Herzen kommende Liebe, die wir nach außen zum Ausdruck brachten, die Kraft innerhalb des Tempels aufbaute, und je stärker unsere Liebe war, desto größer war die Kraft, die für die Heilung unserer Patienten zur Verfügung stand. Und was gut für einen war, war gut für alle – wir machten keinen Unterschied zwischen Gebeten für die Gesundheit und das Wohlergehen eines Patienten oder für uns selbst. Wir wussten, dass unsere eigene Kraft, Gesundheit und Wohlergehen letzten Endes unseren Patienten zugute kam.

Wissenschaftliche Studien über Gebete

Hunderte von wissenschaftlichen Studien haben den heilenden Nutzen von Gebeten dokumentiert. Dabei wurde festgestellt, dass eine Person, die für ihre eigene Gesundheit betet – oder für deren Gesundheit andere Menschen beten –, im Falle einer ernsthaften Erkrankung eine größere Überlebenschance hat, weniger Schmerzmittel braucht, schneller gesund wird und länger lebt als Personen, deren Behandlung keine Gebete einschließt. Untersuchungen zeigen, dass Gebete einen bemerkenswerten und messbaren positiven Effekt auf die Gesundheit ausüben. Wissenschaftler haben bloßes positives Denken als Ursache ausgeschlossen, da Studien durchgeführt wurden über Gebete für Pflanzen, Bakterien, Tiere und Säuglinge – die alle theoretisch nicht wissen, dass man für sie betet.

Zum Beispiel kam eine Studie der Columbia University, die 2001 im Department of Obstretics and Gynecology im New

York Presbyterian Hospital durchgeführt wurde, zu dem Ergebnis, dass Frauen, denen bei einer Invitro-Fertilisation *(künstliche Befruchtung – Anmerk. d. Übers.)* Embryos eingepflanzt worden waren, auffällig schneller schwanger wurden, wenn für sie gebetet wurde. Hierbei handelte es sich um eine Doppelblind-Studie, was bedeutet, dass weder die Ärzte noch die Forscher oder Frauen wussten, für wen gebetet wurde.

Und eine 1988 im San Francisco General Hospital vorgenommene, berühmt gewordene Untersuchung stellte fest, dass bei 192 Herzpatienten, für die gebetet wurde, nach zehn Monaten auffallend seltener ein Herzinfarkt, Herzlungenversagen oder eine Lungenentzündung zu verzeichnen war, verglichen mit 201 Patienten einer alters- und gesundheitsmäßig ähnlich veranlagten Gruppe, für die nicht gebetet wurde. Außerdem benötigte die erste Gruppe weniger Medikamente und war seltener auf die Hilfe eines Atemgerätes angewiesen. Eine ähnliche Studie über 999 Herzpatienten, die 1999 am Mid America Heart Institute im Saint Luke's Hospital in Kansas City, Missouri, durchgeführt wurde, kam zu ähnlichen Ergebnissen.

Eine weitere Studie enthüllte eine beachtliche Symptom-Verringerung bei rheumatischer Arthritis bei Patienten, für die gebetet wurde, im Vergleich zu jenen, für die niemand betete. Und eine israelische Untersuchung kam zu dem Resultat, dass der Krankenhausaufenthalt von Patienten mit Infektionen im Blut kürzer war und dass ihr Fieber schneller verging, wenn für sie gebetet wurde.

Die meisten Gebets-Studien basieren auf *fürsprechenden* Gebeten, wobei eine andere Person für einen Patienten betet. Das liegt daran, dass es schwieriger ist, die Gebete eines Menschen für sich selbst zu messen. An der Bloomsbury University in Pennsylvania haben Forscher im Jahre 2002 festgestellt, das Studenten, für die gebetet wurde, bemerkenswert weniger Angstsymptome zeigten, verglichen mit jenen, die keine fürsprechenden Gebete erhalten hatten.

Unerwartete Heilungen

Wenn wir für irgendetwas beten, sollten wir am besten nicht beschreiben, *wie* wir uns die Antwort auf unsere Gebete vorstellen. Wenn wir Gott ein Manuskript überreichen und sagen: »Ich möchte, dass Du diese Situation so und so behandelst«, kreieren wir Limitationen. Die göttliche unendliche Weisheit des Universums hat oft wunderbare Überraschungen für uns auf Lager, wenn wir mit kristallklaren Intentionen beten und dann die Situation voller Vertrauen loslassen.

Julie Maggi aus Kalifornien hatte sich eine so ernsthafte Rückenverletzung zugezogen, dass ihre Ärzte ihr lediglich erlaubten, eine Stunde am Tag aufrecht zu sitzen. Aufgrund ihrer drei verrutschten Wirbel war sie bettlägerig und hatte ständig Schmerzen, doch wusste Julie instinktiv, dass sie in Wahrheit ihre Seele und Emotionen heilen musste, genauso wie ihren Körper, also betete sie täglich zu ihren Engeln, dass sie ihr bei ihrer Heilung assistieren mögen. Als Zeichen des Vertrauens, dass ihre Gebete erhört werden würden, nahm sie keinerlei Schmerzmittel und sonstige Medikamente und war nicht bereit, sich operieren zu lassen. Julie tat ihr Bestes, um auf die Bedürfnisse ihres Körpers zu hören und sie zu erfüllen.

Zwei Jahre nach ihrer Verletzung, als Julie zu Hause in ihrem Bett schlief, hörte sie, wie jemand ihr Schlafzimmer betrat. Da Julie alleine lebte, bemühte sie sich, aufzuwachen und zu sehen, wer da gekommen war. Julie sah eine Frau mit dunklen braunen Haaren und braunen Augen. Sie trug ein Kleid, das in goldweißem Licht schimmerte, und außerdem hatte sie einen Kranz aus Licht um ihren Kopf.

Die Frau kniete sich neben Julies Bett und zog sanft die Decke fort. Dann legte sie ihre beiden Hände auf Julies Rücken, genau an die Stelle, wo sie sich verletzt hatte. Ein paar Augenblicke später deckte die Frau Julie wieder zu und verschwand.

Julie sagt dazu: »Mir wurde klar, dass ein Engel mich besucht hatte – mit Sicherheit war das Ganze kein Traum. Ich glaube, dass die Begegnung ein Zeichen dafür war, dass meine Gebete erhört wurden. Wenn mein Rücken auch immer noch nicht ganz wiederhergestellt ist, so bin ich heute dennoch wieder voller Kraft und Energie, und dafür danke ich meinen Engeln von ganzem Herzen.«

Julie hätte nie voraussehen können, dass ein physischer Engel sie besuchen würde, daher war es klug von ihr gewesen, einfach nur zu beten und dem Universum die Entscheidung zu überlassen, wie ihre Heilung eintreten würde. Außerdem war es klug von ihr, der göttlichen Führung zu folgen und auf ihren eigenen Körper zu hören. So wie Julie vertraute auch der Mann in der folgenden Geschichte seiner inneren Führung, die ihm nach seinen Gebeten mit der Bitte um Gesundheit zuteil wurde:

Die Kombination von Gebet und Licht führte im Jahre 1970 für den Holländer Salvador van Drimmelen zu einer sofortigen Heilung. Salvador und seine Frau lebten damals in Südafrika, wo er schwer erkrankte und ins Johannesburger Krankenhaus eingeliefert wurde. Nach umfangreichen Tests wurde bei Salvador Leberkrebs diagnostiziert, und der untersuchende Arzt empfahl eine sofortige Operation.

Sehr zum Missfallen des Mediziners beschloss Salvador, mit der Operation zu warten und zuerst Gott, Jesus und Maria um Führung zu bitten bezüglich seiner nächsten Schritte. Salvador fuhr zu einem Wald in den Bergen, wo es ruhig genug für ihn war, um die göttliche Führung klar hören zu können.

Im Wald angekommen, verbrachte Salvador mehrere Tage mit inbrünstigem Gebet. Während dieser Zeit des Betens und der Meditation öffnete sich sein Herz, und seine Tränen flossen ungehindert. Eines Tages, während er auf einem Beet aus Tannennadeln kniete, das Vaterunser sagte und dabei sein Amulett der Jungfrau Maria fest in der Hand hielt, sah Salvador, wie sich das Sonnenlicht in einen Ball intensiven weißen Lichtes verwandelte.

Er sagt: »Es war wie tausend Sonnen, so strahlend hell. In diesem blendenden himmlischen Licht erschien die Göttliche Mutter in ihrem vollen Glanz. In diesem heiligen Moment war mein Herz von der ewigen Freude meiner Seele erfüllt.« Salvador hörte Marias beruhigende Worte, die ihn wissen ließen, dass er Rettung erfahren würde.

Daraufhin verschwand Marias Bild allmählich. Während Salvador immer noch auf der Erde kniete, senkte sich eine heilige Ruhe auf seine Umgebung. Um so lange wie möglich in diesem himmlischen Moment verweilen zu können, verhielt er sich vollkommen still und bewegte sich nicht.

Salvador berichtet: »Plötzlich merkte ich, dass meine ständigen Schmerzen weg waren. Ich spürte wieder Energie durch meinen Körper strömen. Von Glück und Dankbarkeit erfüllt und vollständig geheilt, kehrte ich nach Hause zurück und pries Gott.«

Salvador hat seine Vision der Jungfrau Maria und seine Dankbarkeit ihr gegenüber in feinen, kunstvollen Stickereien zum Ausdruck gebracht, die zu sehen ich das Privileg hatte. Seine wunderschönen, farbenfrohen Designs sind atemberaubend und ein echtes Zeugnis für das Wunder, das ihm zuteil wurde.

Das Licht, das Salvador gesehen hatte, war ein direktes Resultat seiner Gebete und seiner Bereitschaft, der Führung zu folgen, die ihn angeleitet hatte, still zu sitzen und zu meditieren. Dies ist nicht immer leicht, da gesundheitliche Probleme so viel Angst hervorrufen können, dass wir vorübergehend nicht in der Lage sind, die Stimme des Göttlichen zu hören. Die nächste Geschichte zeigt, wie die Angst davor, etwas zu hören, tatsächlich dazu führen kann, physisch nichts mehr hören zu können.

Die vierjährige Mikaela Bachas schien Hörprobleme zu haben, daher ging ihre Mutter, Stephanie, mit ihr zum Arzt, um sie untersuchen zu lassen. Der Arzt stellte fest, dass Mikaela an »Otitis media« litt, auch als »Klebe-Ohr« bekannt. Diese Kondition erforderte die chirurgische Einführung einer kleinen Kranzöse in jedes Ohr, damit die darin gefangene Flüssigkeit ablaufen kann.

Mikaela wurde operiert, doch drei Moante später hatte sie erneut Schwierigkeiten beim Hören. Eine neuerliche Untersuchung ergab, dass die kleinen Schläuche aus den Ohren gedrückt worden waren, also sagte der Arzt, er müsse eine neue Operation durchführen und zwei weitere Kranzösen einführen.

Stephanie gefiel der Gedanke gar nicht, dass ihre Tochter zum zweiten Mal operiert werden sollte. Sie hatte kurz zuvor mein Buch *Healing with the Angels* gelesen, und ihre Mutter hatte gerade *You Can Heal Your Life* von Louise Hay zu Ende gelesen. Stephanie und ihre Mutter beschlossen, das, was sie aus diesen beiden Büchern gelernt hatten, zusammenzulegen und eine spirituelle Alternative zu der Operation zu finden. Gemeinsam kamen sie zu dem Schluss, dass Mikaela Dinge hörte, die sie nicht hören wollte. Als Stephanie ihrer Tochter diesbezügliche Fragen stellte, antwortete die Kleine, dass sie erschreckende Stimmen hörte. Viele sensitive Kinder berichten, dass sie Stimmen hören, wie ich bei meinen Forschungen festgestellt habe.

Also stellten Stephanie und ihre Mutter eine Liste heilender Affirmationen und Gebete zusammen. Stephanie erklärte Mikaela, dass sie – wenn sie wollte – in der Lage war, ihre Ohren mit Hilfe der Engel zu heilen. Großmutter, Mutter und Tochter sprachen daraufhin Gebete und Affirmationen, bei denen es darum ging, mit Liebe zu hören, beschützt und in Sicherheit zu sein.

Mikaela betete, dass Erzengel Raphael ihre Ohren heilen möge, und außerdem bat sie Erzengel Michael, er möge nachts, wenn sie schlief, die Stimmen fernhalten. Am nächsten Morgen berichtete Mikaela strahlend, dass die Gebete funktioniert hatten! Erzengel Michael hatte die Stimmen die ganze Nacht über ferngehalten.

Voller Vertrauen fuhr sie fort, jeden Tag und jede Nacht ihre Gebete und Affirmationen zu sagen. Ungefähr eine Woche später bemerkte Stephanie eine Reduzierung in der Lautstärke des Fernsehers und andere Hinweise darauf, dass Mikaelas Gehör besser geworden war. Eine anschließende Untersuchung zeigte eine zwanzigprozentige Verbesserung ihres Hörvermögens! Ohne dass Stephanie etwas gesagt hätte, schlug der Arzt vor, Mikaelas zweite Operation um sechs Wochen zu verschieben.

Stephanie erinnert sich: »Mikaela war genauso begeistert über diese Neuigkeit wie ich. Ich gratulierte meiner Tochter zu ihrer Leistung, und wir dankten den Engeln für ihre Arbeit und dafür, den Arzt angeleitet zu haben, freiwillig die Operation zu verschieben. Wir beteten weiterhin zu Gott und den Engeln, und nach sechs Wochen war Mikaelas Gehör hundertprozentig in Ordnung. Dieses Erlebnis bestätigte meinen Glauben an die Arbeit der Engel. Ich hoffe, dass Menschen sich inspiriert fühlen, an Gott und die Engel zu glauben und ihren Kindern dieses Vertrauen zu vermitteln.«

Göttlicher Führung folgen

Die bisherigen Geschichten illustrieren einen wichtigen Punkt: Es ist oftmals nicht genug, einfach nur zu beten und auf Resultate zu warten. Uns werden als Antwort auf unsere Gebete innere Anweisungen gegeben, in Form immer wiederkehrender Gedanken, Gefühle, Worte, die wir in unserem Inneren hören, oder mittels Visionen. Wenn wir dieser göttlichen Führung folgen, arbeiten wir mit den himmlischen Kräften zusammen, sind buchstäbliche Mitschöpfer unseres eigenen Lebens. Viele Menschen, die ich im Laufe der Jahre beraten habe, sind irrtümlich davon ausgegangen, dass ihre Gebete ignoriert wurden, während in Wahrheit *sie* diejenigen waren, die die Instruktionen göttlicher Führung ignorierten, die der Himmel ihnen als Antwort auf ihre Gebete zukommen ließ.

Die nächste Geschichte zeigt, wie die Bereitschaft einer Frau, auf ihre innere Führung zu hören, sich als Lebensretter für ihre Schwester entpuppte.

Zu Beginn des Jahres 1993 fing Jen Wesolowski an, Visionen darüber zu haben, dass etwas Schreckliches passieren würde, und sie bekam solche Angst, dass sie es nicht zuließ, genau zu erfahren, um was es sich dabei handelte. Am 12. Februar wurde ihre Schwester Sandie beim Überqueren einer Straße von einem zu schnell fahrenden Auto erfasst. Sandie flog in die Luft und landete mit dem Kopf zuerst auf der Windschutzscheibe. Die Ärzte sagten, dass Sandies Stammhirn bei dem Unfall verletzt worden war und sie so gut wie keine Überlebenschancen hätte. Der Krankenhauspfarrer empfahl ihrer Familie, die nötigen Vorbereitungen für ein Begräbnis zu treffen.

Am 14. Februar, Valentine's Day, sank Sandies Blutdruck so gefährlich ab, dass die Krankenhausverwaltung die Familie fragte, ob sie Sandies Organe freigeben oder Wiederbelebungsversuche machen wollten. Da Sandie Mutter von drei kleinen Buben war, erforderte die Entscheidung große Klarheit.

Einige Augenblicke später, während sie in Gebete versunken war, hatte Jen die Vision eines illuminierten Krankenhausbettes in einem abgedunkelten Raum. Sie hörte eine sanfte Stimme sagen: »*Alles wird gut werden.*« Außerdem hörte Jen das von der Stimme geäußerte Wort »Mai«, das sich offensichtlich auf den Monat Mai bezog. Die Botschaft der Engel, denn darum handelte es sich, ließ Jen wissen, dass ihre Schwester genesen würde.

Am gleichen Tag bat Jen den Krankenhauspfarrer, die Familie an Sandies Bett bei einem Heilungsgebet zu führen. Jen sagt dazu: »In dem Augenblick, wo wir alle um das Bett meiner Schwester standen und uns an den Händen hielten, kam plötzlich Leben in Sandies Gesicht. Der Pfarrer berührte ihre Stirn und sagte: »Sandie, mein Name ist Father Frank, und deine Familie und Freunde sind hier, und ich weiß, dass du mich hören kannst.«

Sandie runzelte die Stirn, und die Heilung begann! Obgleich sie keine Knochenbrüche hatte, war sie dennoch schwer verletzt. Nichtsdestotrotz lernte Sandie schließlich, wieder zu gehen. Wenn sie auch nicht in der Lage ist, zu riechen oder zu schmecken, hat sie sich dennoch vollkommen erholt, und ihre anderen Fähigkeiten sowie ihre Erinnerung sind voll intakt.

Jen ist dankbar, dass sie auf die Engel gehört und Vertrauen in Sandies Genesung gehabt hat. Sie sagt: »Seit jenem Tag höre ich auf meine Engel, und wenn ich vielleicht auch nicht so klar höre, wie es möglich ist, schiebe ich ihre Botschaften nicht mehr achtlos zur Seite.«

Wie im Beispiel von Jen, so zeigt auch der nächste Bericht über Leisa Machado die wunderbaren Resultate, die eintreten können, wenn jemand betet und dann der Führung folgt, die er/sie erhält.

Ich lernte Leisa bei einem Seminar kennen, das ich in Santa Cruz gab, der im Norden Kaliforniens gelegenen Stadt am Pazifischen Ozean. Als ich hellsichtig in sie hineinschaute, war ich von Ehrfurcht ergriffen (keine Übertreibung!) darüber, wie sauber das Innere dieser Frau war. Ihre sämtlichen inneren Organe sahen so steril aus wie ein Operationssaal. Ihre Chakras waren strahlend sauber, und sie strahlte regelrecht aus ihrem Inneren. Weder vorher noch nachher habe ich jemals einen so reinen inneren Körper gesehen!

Leisa sagte mir, dass sie sich ausschließlich biologisch-dynamisch ernährte, alle chemischen Stoffe vermied und nur destilliertes Wasser trank, da sie das Gefühl hatte, jedes andere Wasser enthalte schädliche Organismen. Leisa erklärte, dass sie und ihr Ehemann ein Baby empfangen wollten, und sie hielt es für das Beste, ihren Körper so gut wie möglich darauf vorzubereiten. Dennoch wollte es mit der Empfängnis nicht klappen.

Sie hatte drei Eileiterschwangerschaften, eine Fehlgeburt und einen fehlgeschlagenen Versuch mit Invitro-Fertilisation hinter sich. Nachdem sie sechs Jahre lang versucht hatte, schwanger zu werden, beunruhigte es Leisa, dass sie immer älter wurde und trotzdem noch kein Kind hatte. Das war der Moment, wo sie beschloss, die Empfängnis durch eine holistische Herangehensweise zu unterstützen. Leisa begann einen spirituellen Weg, zu dem Gebete, biologisch-dynamische Ernährung und positives Denken gehörten.

Kurz nachdem sie mit diesem neuen Leben begonnen hatte, nahm sie an mehreren meiner Angel-Seminare teil. Mit meinen inneren Augen sah ich, dass Leisa erfolgreich empfangen und ein Baby haben würde, dass dies jedoch noch mindestens zwei Jahre dauern würde. Leisa gefiel diese Neuigkeit überhaupt nicht – sie wollte jetzt ein Kind. Also bat ich die Engel um eine Botschaft, und sie sagten, dass Leisa mit Hilfe von Erzengel Michael und Gabriel vielleicht früher empfangen könnte. Michael hilft, den energetischen Körper von jeglichen Ängsten und ihren Auswirkungen zu befreien, die es erschweren bzw. unmöglich machen können, ein gestecktes Ziel zu erreichen – einschließlich der Empfängnis eines Babys. Und Gabriel hat werdenden Müttern nicht erst seit den biblischen Ankündigungen bei Elizabeth und Maria geholfen.

Leisa erinnert sich, was sie nach dem Seminar tat: »Ich begann, über die Situation zu meditieren und zu beten und fühlte mich angeleitet, nicht nur Erzengel Michael anzurufen, sondern auch Gabriel und Raphael. Doreen hatte erwähnt, dass Gabriel dafür bekannt war, während Schwangerschaften zu helfen. Michael war in der Vergangenheit immer für mich da gewesen, und ich rief Raphael herbei – den Engel der Heilung –, damit er mir hilft, mich physisch auf eine Empfängnis und Schwangerschaft vorzubereiten.

Ich fing an, zweimal täglich zu meditieren und dabei jeden dieser Engel zu visualisieren, wie er seine spezifische Arbeit an meinem Körper und meiner Seele vornahm, um mich auf eine Empfängnis vorzubereiten. Während einer dieser Meditationen sagten mir meine Engel, dass mein Kind früher kommen könnte, als ursprünglich von den himmlischen Mächten vorgesehen, wenn ich mich weiterhin zur Kindertherapeutin ausbilden ließe. Mein Schutzengel schlug vor, ich solle meine Ängste Gott übergeben, woraufhin ich meine zu Fäusten geballten Hände entspannte und sie meinen Engeln mit den Worten entgegenhielt: ›Ich kann nicht mehr so weitermachen; ihr müsst es mir abnehmen.‹

Schließlich bekam ich mein Wunder. Obwohl der zweite Versuch einer Invitro-Befruchtung in der Regel nur eine zwanzigprozentige Erfolgschance aufweist, hat es bei mir funktioniert. Endlich war ich mit einem gesunden Embryo schwanger! Und dies verdanke ich nur meinen Engeln – sowohl meinen Schutzengeln als auch den Erzengeln –, und mir ist bewusst, dass es nicht passiert wäre, wenn ich nicht *kontinuierlich* um Hilfe gebetet hätte.

Außerdem danke ich Gott, dass ich diese Lektion gelernt habe, weil ich wusste, dass ich während der meisten Zeit meiner Schwangerschaft himmlische Unterstützung brauchen würde. Schon in den ersten paar Wochen bekam ich Blutungen. Mein Arzt verschrieb mir strenge Bettruhe, und ich bat meine drei speziellen Erzengel, zur Tat zu schreiten, indem ich sie kontinuierlich um ihre Hilfe bat. Ich konnte (und kann auch heute noch) jeden von ihnen in der Nähe eines bestimmten Teiles meines Körpers fühlen, wie sie dafür sorgten, dass ich ruhig und zufrieden blieb.

Nach ein paar Wochen wurde mir erlaubt aufzustehen. Mein zweites Trimester war problemlos, doch in der einunddreißigsten Woche bekam ich plötzlich Wehen. Im Krankenhaus fühlte ich einen unglaublichen Strom von Liebe und Heilung, der mir und meinem Baby galt. Die Engel sagten mir, dass es sich bei diesem Baby um eine reine Seele handelte und dass es wichtig für es war, dass ich so rein wie möglich blieb, um seine Ankunft auf der Welt entsprechend würdigen zu können. Erneut wurde ich daran erinnert, loszulassen und ›ihn gehen zu lassen‹. Die Wortwahl war jedoch ungewöhnlich und jagte mir einen ziemlichen Schrecken ein. Ich hatte Angst, dass es bedeutete, ich würde ihn verlieren. Ich lernte jedoch, dass ich den Versuch loslassen sollte, mich an ihm festzuhalten. In der vierunddreißigsten Woche wurde Jaren geboren – ein starker und gesunder kleiner Junge, benannt nach dem hebräischen Wort für ›Ausruf der Freude‹. Er war eine Frühgeburt, konnte jedoch ohne fremde Hilfe atmen und seine kognitiven Fähigkeiten waren einwandfrei.«

Doch Jaren war noch nicht aus der Gefahrenzone heraus. Ungefähr acht Stunden nachdem er das Licht der Welt erblickt hatte, ging es ihm plötzlich immer schlechter: Er hörte auf zu atmen und fiel in ein Koma. Die Ärzte konnten sich nicht erklären, was ihm fehlte. In ihrer Trauer und Panik wandte sich Leisa verzweifelt an ihre Engel. Sie dachte: *Das darf einfach nicht passieren! Sie haben mich auf jedem Schritt begleitet. Ich kann ihn jetzt nicht verlieren!*

Während sie in ihrem Krankenhausbett schluchzte, spürte Leisa plötzlich eine sanfte Präsenz, die sie mit Wärme und Liebe tröstete. Leisa und ihr Mann baten andere, für sie zu beten. Sie riefen Freunde an, die ihrerseits Freunde und Bekannte per Telefon und E-Mail kontaktierten. Bald spürten sie zahllose Gebete und jede Menge heilender Reiki-Energie, die ihnen zwecks Heilung geschickt wurde.

Leisa berichtet: »Ich konnte tatsächlich sehen, wie Jaren von unzähligen Engeln umgeben war. Zuweilen konnte ich seine Seele sehen, wie sie mit den Engeln aufstieg, doch seine Füße blieben in seinem Körper verwurzelt. Zwei Tage später waren die Ärzte verblüfft über seine wundersame Genesung. Und nur anderthalb Wochen danach konnten mein Mann und ich unser kleines Wunder zu uns nach Hause holen, wo er hingehört.«

Leisas Geschichte erinnert uns daran, wie wichtig es ist, ständig mit unseren Engeln zu reden und dann der göttlichen Führung zu folgen, die sie uns geben. Ein nicht zu unterschätzender Aspekt von Leisas Erfahrung war ihre Bereitschaft, aufzugeben und loszulassen. Das fiel ihr nicht immer leicht. Oft kam es vor, dass Leisa die Engel bitten musste, ihr beim Aufgeben zu helfen, weil es ihr ein solches Herzensbedürfnis war, schwanger zu werden.

Ihre Geschichte illustriert auch wunderbar das Prinzip des Aufgebens und Loslassens. Obwohl Leisa den kristallklaren Wunsch hegte, ein Baby zu bekommen, war sie bereit, den nötigen Glauben aufzubringen, um diesen Wunsch loszulassen und voll auf die göttliche Ordnung zu vertrauen.

Die nächste Geschichte ist bemerkenswert, weil die Engel der Frau Anleitung gaben, die im Gegensatz zu den Botschaften stand, die sie von Ärzten erhielt. Sie brauchte wirklich Mut, um dem Rat ihrer Engel zu folgen, doch letzten Endes stellte es sich als lebensrettend heraus.

Lucretia, meine erste Lehrerin für die Entwicklung außersinnlicher Fähigkeiten bei der Learning Light Foundation in Anaheim, Kalifornien (ich habe in meinem Buch *Dein Leben im Licht* über sie geschrieben), erhielt lebensrettende Informationen von ihren Engeln. Lucretia meditiert regelmäßig und benutzt Engel-Orakelkarten, um ständig in nahem Kontakt mit ihren Engeln zu sein. Im Mai 2002 hörte Lucretia deutlich, wie ihre Engel ihr wiederholt sagten, sie solle sich zwei Leberflecke entfernen lassen, einen auf ihrem linken Arm und einen anderen auf ihrer rechten Brust.

Als der Arzt diese beiden Leberflecke entfernte, zeigte er sich wegen des Mals auf ihrem linken Arm besorgt. Lucretia hörte, wie ihre Engel leise etwas über eine Verwechslung sagten, doch Lucretia verstand die Botschaft in dem Augenblick nicht.

Eine Woche später rief ihr Hausarzt sie an, um ihr zu sagen, dass der Leberfleck auf ihrer Brust ein Melanom ist, das sofort herausgeschnitten werden musste. Lucretias Engel beruhigten sie, dass alles gut sein würde.

Bei der Vorbereitung zur Operation fiel Lucretia auf, dass ihr Chirurg wie ein feister *Cherub* aussah. Die Operation verlief ohne Komplikationen, und eine Woche später teilte ihr der Arzt mit, dass der Fleck auf ihrer Brust doch kein Melanom gewesen sei. Als sie nach Hause fuhr, froh über diese gute Nachricht, hörte Lucretia, wie ihre Engel ihr dreimal sagten: *»Das Melanom ist auf dem linken Arm; sie haben es verwechselt.«*

Bei ihrem nächsten Termin in der Praxis des Chirurgen bat Lucretia den Arzt, das Mal auf ihrem linken Arm zu untersuchen und zu prüfen, ob es sich dabei um ein Melanom handelt. Als es länger als erwartet dauerte, bis die Resultate aus dem Labor zurückkamen, ließen Lucretias Engel sie wissen, dass dies auf die

Verwechslung zurückzuführen war. Die Pathologen konnten keine Übereinstimmung des ursprünglich entnommenen Gewebemusters mit dem zweiten Muster finden. Das war der Moment, wo Lucretia den Mut fand, ihrem Arzt zu sagen, dass ihre Engel sie über die Verwechslung der Gewebeproben informiert hatten. Der Chirurg nahm die Kunde von Lucretias himmlischer Botschaft überraschend offen auf und gab zu, dass manche Menschen die Fähigkeit haben, Informationen aus der jenseitigen Dimension zu empfangen.

Als die Pathologen über die Verwechslung aufgeklärt wurden, waren sie in der Lage, ihre Untersuchung abzuschließen, und kamen zu dem Ergebnis, dass Lucretia tatsächlich ein Melanom in ihrem linken Arm hatte. Die Engel hatten Recht gehabt! Lucretia ließ sich zum dritten Mal operieren, und der Krebs wurde erfolgreich entfernt. Seitdem hat Lucretia keine Probleme mehr damit.

Erhörte Gebete

Warum werden manche Gebete erhört, während andere scheinbar unbeantwortet bleiben? Die Gründe dafür liegen jenseits menschlicher Verständnisfähigkeit, können jedoch mit folgenden Situationen zu tun haben:

- Sie beten für das Leben eines anderen Menschen, während seine Seele gewählt hat, den Schritt in die jenseitige Welt zu tun.
- Nichtbeachten, Nichtvertrauen oder Nichtbefolgen der göttlichen Führung und Instruktionen, die als Antwort auf ein Gebet kommen.
- Sabotieren erhörter Gebete, während Ihnen die Antwort übermittelt wird, weil Sie sich vor dem Paranormalen fürchten oder meinen, keine himmlische Aufmerksamkeit verdient zu haben.
- Sie merken nicht, wenn ein Gebet erhört wird, da die Antwort anders kommt als von Ihnen erwartet.
- Sie glauben, dass nur die Gebete »spezieller«, »reiner« oder »auserwählter« Menschen erhört werden.

Selbst wenn nicht jedes Gebet erhört und beantwortet zu werden scheint, zeigt die Anzahl wissenschaftlicher Untersuchungen und Fallstudien, dass Beten eine wirksame und zuverlässige Heilmethode darstellt. Höchtswahrscheinlich haben mehr Menschen die Erfahrung erhörter Gebete gemacht, als wir je wissen werden.

Zuweilen habe ich Personen getroffen, die fürchten, den Himmel zu oft um Hilfe zu bitten oder die Engel mit trivialen Bitten zu belästigen. Dies ist nichts als eine Projektion unseres Glaubens an menschliche Limitationen auf den Himmel, der keine Limitationen kennt. Die Engel wollen uns helfen, Frieden auf der Erde zu kreieren, indem sie uns auf jede ihnen mögliche Weise unterstützen. Wir können sie nicht zu oft um Hilfe bitten, und mit Sicherheit belästigen oder stören wir die Engel nicht, wenn wir sie um Hilfe fragen. Im Gegenteil, es ist ihre heilige Ehre und größte Freude, Lächeln auf unsere Gesichter und Frieden in unsere Herzen zu bringen.

Manche Menschen sind wütend auf den Schöpfer wegen früherer Gebete, die scheinbar unerhört geblieben sind. Aus Angst, noch einmal enttäuscht zu werden, hören sie auf zu beten. Doch unter verzweifelten Umständen werden sie sich vielleicht wieder des Gebets erinnern – mit unterschiedlichen Resultaten, wie die nächste Geschichte zeigt.

Rina Waakas achtzehn Monate alter Sohn lag mit Atemproblemen auf der Intensivstation. Zweimal war ihr Sohn beinahe gestorben, und Rina war total verzweifelt. Sie dachte daran zu beten, doch war sie wütend auf Gott. Ihr Vater war zwei Jahre zuvor gestorben, trotz ihrer inbrünstigen Gebete, also hatte Rina beschlossen, nie wieder zu beten.

Alles das änderte sich, als Rina in völliger Hilflosigkeit spürte, dass sie nichts für ihren geliebten Sohn tun konnte. Sie ging in einen kleinen Raum des Krankenhauses, schloss die Tür und fiel auf die Knie, um Gott anzuflehen, ihren Jungen zu retten.

Zwei Tage später kam eine Frau in mittleren Jahren, die Rina nie zuvor gesehen hatte, im Krankenhaus auf sie zu und erkundigte sich nach dem Zustand ihres Sohnes. Rina ignorierte sie und ging nach draußen, um eine Zigarette zu rauchen.

Als Rina auf die Station zurückkam, sprach die gleiche Frau sie erneut an. Sie sagte Rina, dass sie sich keine Sorgen machen müsse, da sie gerade Rinas Sohn besucht und gesehen hatte, dass der Heilige Geist sich um ihn kümmerte. Rina wurde zornig und ging zum Schwesternzimmer, um zu erfahren, warum man einer Fremden erlaubt hatte, ihren Sohn zu sehen. Die Schwestern sagten, dass niemand auf der Station oder im Zimmer ihres Sohnes gewesen sei, außer den Schwestern und Rina selbst.

Als Rina in das Krankenzimmer ihres Sohnes trat, fühlte sich das Zimmer anders an, und sie spürte eine Präsenz in der Nähe des kleinen Patienten. Zwei Tage nach dem Besuch der Engel wurde ihr Sohn aus dem Krankenhaus entlassen. Die Ärzte konnten nicht begreifen, wie er so schnell hatte gesund werden können! Sie waren davon ausgegangen, dass seine Genesung wesentlich länger dauern würde.

Rinas Bereitschaft, es noch einmal mit Beten zu versuchen, zog ein Wunder nach sich und erneuerte ihren Glauben. Die folgenden Geschichten sind ebenso inspirierend und hilfreiche Erinnerungen an die Wunder, die oft das Resultat von Gebeten sind.

Cindy Fundahn bat während der Geburt ihres Kindes um göttliche Intervention, und sie wurde ihr gewährt. Cindy, in der 32. Schwangerschaftswoche und ernsthaft erkrankt, wurde in die Notaufnahme eines Krankenhauses in Sioux Falls, South Dakota, eingeliefert. Der diensthabende Arzt stellte bei der Untersuchung fest, dass das Leben ihres ungeborenen Sohnes gefährdet war. Nur eine einzige Arterie versorgte das Baby mit Blut, was sein Wachstum ernsthaft beeinträchtigte und Cindy schwer erkranken ließ. Die Ärzte ordneten eine sofortige Notoperation an.

Auf dem Operationstisch betete Cindy, dass Gott sie und ihren Sohn retten möge. Sie rief die Engel an, sowohl sie und ihren Sohn zu beschützen als auch die Ärzte und Krankenschwestern, die die Operation vornehmen würden. Cindy erkannte den Ernst der Situation und verstand plötzlich, warum sie am vorausgegangenen Abend ihre Schwester gebeten hatte, sich um wichtige Dinge zu kümmern … für den Fall der Fälle. *Sollte dies alles gewesen sein?*, fragte sich Cindy voller Sorgen. Sie sprach ein paar Gebete und hörte dann zu ihrer großen Freude christliche Lieder, die über das krankenhauseigene Soundsystem gespielt wurden und die ihre persönliche religiöse Zugehörigkeit reflektierten.

Wenige Augenblicke später schrie Cindys Baby, Joseph Michael, aus voller Kraft, wenn er auch nur knapp zweieinhalb Pfund wog! Joseph wurde sofort auf die Intensivstation der Säuglingsabteilung gebracht, während die Ärzte Cindys Kaiserschnitt zunähten.

In ihrem Krankenhausbett später in der Nacht wachte Cindy immer wieder auf. Es ging ihr sehr schlecht, sie hatte große Schmerzen und litt unter schwangerschaftsbedingten Komplikationen. Während der ganzen Zeit flüsterte Cindy immer wieder ihre Gebete. Dann hörte sie eine leise, sanfte Stimme in ihrem Zimmer. Sie öffnete die Augen und sah kleine Kugeln blinkender Lichter und eine ältere Frau mit roten Haaren und Brille, die eine blumengemusterte Bluse trug. Die Frau sagte zu Cindy: »Alles wird gut werden, meine Liebe. Alles wird gut werden, sorge dich nicht.«

Cindy war verwirrt ob dieses Erlebnisses, denn schließlich befand sie sich alleine in einem Privatzimmer, mit geschlossenen Türen und ausgeschaltetem Licht. Doch trotz des außergewöhnlichen Erlebnisses fühlte sie sich seltsam getröstet und von genug innerem Friedern erfüllt, dass sie endlich tief schlafen konnte. Am nächsten Tag fragte sie nach, ob vielleicht in der Nacht der Pfarrer oder andere Besucher in ihr Zimmer gekommen waren, nur um herauszufinden, dass niemand da gewesen war.

Cindy sagt dazu: »Unser Baby, Joseph, hat alle Schwierigkeiten gemeistert. Er brauchte nur für wenige Stunden nach seiner Geburt Sauerstoff. Dann atmete er wunderbar ganz von alleine und hatte keine weiteren wie auch immer gearteten Probleme, wenn er auch noch vier Wochen auf der Säuglingsstation bleiben musste. Heute ist er kerngesund und völlig normal! Auch ich habe mich wunderbar erholt. Vielen Dank, Gott!«

Gebete für ein Haustier

Wie bereits an früherer Stelle erwähnt, sind Kinder und Tiere sehr offen, wenn es um Heilung geht, daher sind Gebete für ihr Wohlergehen besonders effektiv.

Cody ist ein dreizehnjähriger australischer Hirtenhund, der Sylvia Allen und ihrer Familie gehört. An einem Tag im November 2002 verschwand er spurlos. Da Sylvias Haus sich auf 1600 Hektar Land mit Berglöwen, Koyoten und Bären befindet, machten sich die Allens natürlich Sorgen über Codys Sicherheit. Die ganze Familie suchte stundenlang nach ihrem Liebling, doch er war spurlos verschwunden.

Acht Tage vergingen, und Sylvia war verzweifelt. Dann erinnerte sie sich, dass sie eine Woche zuvor mein Buch *Das Heilgeheimnis der Engel* gekauft hatte. Sylvia schlug das Buch bei dem Kapitel auf, wo es darum geht, die Engel um Hilfe beim Auffinden und Beschützen verlorener Haustiere zu bitten. Sie sagte das dafür empfohlene Gebet, legte dann das Buch zur Seite und dachte nicht mehr daran.

Am nächsten Abend kamen die Allens vom Essen im Restaurant zuück nach Hause und bereiteten sich auf die Nacht vor. Eine Stunde später bemerkte Sylvias Mann ein dunkles Objekt auf der Wiese in ihrem Vorgarten, das bei ihrer Rückkehr nach Hause noch nicht da gewesen war. Er ging hinaus und sah, dass es Cody war, böse zugerichtet und so schwach, dass er kaum auf allen vieren stehen konnte.

Cody hatte mit einem Koyoten gekämpft und lebensgefährliche Verletzungen davongetragen. Sylvia sagt: »Es war völlig unmöglich, dass Cody zu der Stelle gelaufen war, wo wir ihn gefunden haben, am Rand einer großen Wiese, die von steilen Hügeln umgeben ist. Er war nicht dort gewesen, als wir am Abend nach Hause kamen. Ich wusste auf Anhieb, dass seine Engel ihn bei uns abgeliefert und sanft in die Nähe unserer Eingangstür gelegt hatten.«

Codys Wunden waren brandig und infiziert, und er war acht Tage lang ohne Wasser und Futter gewesen. Sylvia berichtet: »Innerhalb einer Woche verheilten Codys Wunden, und man hätte nie geglaubt, dass er so böse verletzt gwesen war. Es war wahrhaftig ein Wunder, dass die Engel ihn zu uns zurückgebracht und seine Wunden geheilt haben.«

Der himmlische Chirurg

Die folgende wahre Geschichte ist ein Beispiel für den himmlischen Sinn für Humor und zeigt außerdem, wie eine spirituell orientierte Frau in der Lage war, ihr Vertrauen in die Engel in Hilfe für ihren Vater und ihre Klientin umzuwandeln.

Nicole Pigeault ist eine Engel-Therapeutin, die bei ihren Heilungen eng mit Erzengel Raphael zusammenarbeitet. Als ihr Vater einen Operationstermin für den Einsatz eines Herzschrittmachers bekam, betete Nicole zu Raphael, er möge sich bitte um alle Aspekte der Heilung ihres Vaters kümmern. Nicoles Mutter rief sie nach der Operation an und sagte ihr, dass alles gut gegangen sei und ihr Vater den nettesten Arzt habe – dessen Name Dr. Raphael lautete! Nicole sagte: »Ich bin immer wieder aufs Neue verblüfft über ihre zusätzlichen Zeichen von Liebe und Humor.«

Einige Monate später leitete Nicole eine Engeltherapie-Sitzung. Ihre Klientin, Susan, war verzweifelt, da ihr eine weitere Darmoperation bevorstand. Susan hatte bereits zwei frühere Operationen erdulden müssen, die beide eine sehr lange und schwierige Genesungszeit erforderten.

Nicole sagte zu Susan: »Dieses Mal werden wir Erzengel Raphael bitten, die Operation vorzunehmen.« Als Susan sie verwirrt und fragend anschaute, erklärte Nicole, dass sie Raphael anrufen und ihn bitten würden, mit dem Chirurgen zusammenzuarbeiten.

Die beiden Frauen arbeiteten die nächsten zwei Wochen intensiv zusammen. Am Tag der Operation riefen sie Raphael und seine Heilungsengel herbei mit der Bitte, Susan und ihrem Chirurgen während der Operation beizustehen. Außerdem baten sie Raphael, durch den Chirurgen zu arbeiten. Susan rief Nicole am nächsten Tag an, um ihr die gute Nachricht mitzuteilen. »Das einzige, woran ich mich erinnern kann«, sagte Susan, »ist, wie ich in den Operationssaal gebracht wurde und irgendwann wieder aufwachte mit dem Gedanken, dass es an der Zeit war, mich operieren zu lassen.«

Die Krankenschwester hatte Susan gesagt: »Nein, Ihre Operation ist schon vorbei. Und nicht nur das, die Ärzte waren davon ausgegangen, dass Ihre Operation mindestens fünf Stunden dauern würde, doch brauchten sie nicht einmal vier Stunden dafür! Der Arzt war verblüfft und konnte es sich nicht erklären, doch während der Operation wusste er plötzlich, dass er anders operieren musste als sonst, was die ganze Sache um eineinhalb Stunden verkürzte.«

Susan erholte sich so schnell von ihrem Eingriff, dass ihre Familie und Freunde erstaunt waren. Sie wusste jenseits allen Zweifels, dass sie diesen positiven Verlauf einzig und allein Raphael und seinen Mitengeln zu verdanken hatte.

Engelvisionen

Menschen, die hingebungsvoll beten und dabei kristallklare Intentionen haben, empfangen oft Besuch von Engeln, die ihnen versichern, dass ihre Gebete gehört worden sind und beantwortet werden.

L. Dardano machte sich große Sorgen, als ihre Mutter sie anrief und ihr sagte, dass sie sich medizinischen Tests wegen des Verdachts auf Brustkrebs unterziehen musste. L. betete mit aller Inbrunst zu Gott, Maria und den Engeln, damit sie sich für ihre Mutter einsetzen.

In dieser Nacht erwachte L. und merkte, dass noch jemand im Zimmer war. Sie sah die Silhouette einer Frau, die einen Rock trug und ein gazeähnliches weißes Hemd und deren helles Haar ihr Gesicht umrahmte. Die Frau stand da und schaute L. unentwegt an, während sie eine weiß-gelb-goldene Blume mit vier Blütenblättern in der Hand hielt. Die Frau drehte die Blume wie ein Windrädchen, während L. zu ihrem Mann hinübersah, um festzustellen, ob auch er die Besucherin bemerkte.

Am nächsten Tag rief L. ihre Mutter an und erzählte ihr von der himmlischen Begegnung: »Ich weiß ohne jeden Zweifel, dass du okay sein wirst und dass die Tests negativ zurückkommen werden.« Und so war es.

Ein paar Tage später blätterte L. durch einen Kalender mit Engelabbildungen, als sie auf ein Porträt des Erzengels Gabriel und Maria stieß. Auf dem Gemälde trug Gabriel genau die gleiche

Blume in der Hand, die L. bei ihrer nächtlichen Besucherin gesehen hatte.

L. sagt: »Ich wusste, dass die Person in jener Nacht in meinem Zimmer Erzengel Gabriel gewesen ist. Ich weiß, dass es wirklich geschehen ist. Alles war einfach zu real!«

Die Gegenwart des Engels tröstete L. und brachte wahrscheinlich auch die Heilungsenergie, die die Gesundheit ihrer Mutter unterstützte.

Die nächste Geschichte ist ein weiteres Beispiel dafür, wie die inbrünstigen Gebete eines Menschen zu einer himmlischen Vision führten.

Als Bronwyn Trillos Ehemann sie und ihre beiden Kindern verließ, war sie verzweifelt und dachte, dies sei das Ende. Dann verlor sie auch noch ihren Job und hatte nun endgültig das Gefühl, als könnte sie nicht mehr mit dem Leben weitermachen. Innerhalb von zwei Wochen erlitt sie einen schweren emotionalen Zusammenbruch und wurde so krank, dass sie weder das Bett verlassen noch essen konnte. Schließlich wurde Bronwyn ins Krankenhaus eingeliefert und nach iher Entlassung auf Beruhigungsmittel gesetzt.

Sie betete ohne Unterlass. (Bronwyn bemerkt nicht ohne Humor, dass sie zu behindert war, irgendetwas anderes tun zu können als beten!) Sie hielt sich an dem Glauben fest, dass sie gesund werden würde.

Dann, eines Nachts, wachte Bronwyn auf und sah links von ihrem Bett einen wunderschönen, strahlenden Engel mit sehr großen Flügeln. Das Strahlen machte es Bronwyn unmöglich, das Gesicht des Engels zu sehen, wenngleich sie erkennen konnte, dass sein Kopf leicht zur Seite geneigt war und dass er sie anschaute.

Bronwyn berichtet: »Der Engel war so klar und ruhig und voller Frieden. Es war das schönste Erlebnis, das ich je gehabt hatte. Ich lag einfach nur da und schaute den Engel an, bis er schließlich verschwand.«

Dieses Erlebnis war der Beginn von Bronwyns Heilung. Sie erlangte ihre Kraft zurück, fühlt sich von Grund auf erfrischt und erneuert und sieht auch heute oft helle Lichtblitze, die sie wissen lassen, dass die Engel nach wie vor bei ihr sind. Bronwyn sagt, dass es seit der Nacht, in der sie den Engel sah, »nicht einen einzigen Tag gegeben hat, wo ich nicht mit meinen Engeln kommuniziert und ihre Segnungen in meinem Leben gespürt habe. Ich bin sehr glücklich, voll innerem Frieden, und weiß, dass ich immer geführt werde.«

Macht der Zahlen

Mehrere wissenschaftliche Studien legen die Wahrscheinlichkeit nahe, dass die Resultate umso besser sind, je mehr Menschen für eine Situation beten. In Bezug auf Gebete scheint es wirklich so zu sein, dass die Macht in den Zahlen liegt. Wenn eine Situation der Heilung bedarf, ist es eine gute Idee, Freunde und Gebetsgruppen darum zu bitten, die Heilung mit ihren Gebeten zu unterstützen, wie die nächste Geschichte deutlich macht.

Jennifer Fountain aus Neuseeland erzählt, dass ihre Schwester mit 39 Jahren schwanger wurde. Ihre Schwester und ihr neuer Ehemann waren begeistert, bis eine Ultraschalluntersuchung zeigte, dass das Baby eine seltene und ernste Krankheit hatte, ein sogenanntes sacroccygales Teratoma. Diese Kondition tritt statistisch gesehen bei einem von 40 000 Säuglingen auf und kann zu einem pränatalen oder frühen Kindstod führen.

Das Wort *teratoma* ist lateinisch für »Monster« und beschreibt die Größe und Bösartigkeit der Wucherung. Es zerstört die Blase, den Darm, die reproduktiven Organe und wächst zudem außerhalb des Körpers, manchmal auch entlang der Wirbelsäule. Bei einigen Babys ist die Wucherung so groß wie das Baby selbst.

Jennifer erinnert sich, was als nächstes passierte: »Meine Schwester brachte den riskantesten Teil ihrer Schwangerschaft hinter sich, doch der Tumor wuchs unaufhaltsam weiter. Die Ärzte legten einen Geburtstermin fest und die anschließende, sofortige chirurgische Entfernung des lebensbedrohlichen Tumors. Noch einmal bat ich alle, die ich kannte, Gebete und heilende Engel zu meiner Schwester, ihrem Mann, dem Baby, den Ärzten und Krankenschwestern zu schicken.

Ich sprach mit meiner Schwester, kurz nachdem das Baby geboren war, unmittelbar vor der Operation, bei der der Tumor entfernt werden sollte. Sie weinte, weil die Ärzte sie zweimal gewarnt hatten, dass ihr Baby die Operation sehr wahrscheinlich nicht überleben würde, da der Eingriff so invasiv, kompliziert und riskant war. Ich sagte ihr, dass meine Freunde ihr Millionen von Heilungsengeln schicken, die während der Operation an ihrer Seite sein würden.

Meine Schwester wollte die Hilfe der Engel dankbar annehmen, doch ihr Mann hielt nicht viel von diesen Dingen, also sagte sie ihm nicht, dass wir ihr die Engel schickten. Doch als er an dem Geschenkladen des Krankenhauses vorbeiging, fühlte er sich seltsam gezwungen, einen kleinen Plüschengel zu kaufen. In einem Zustand von Verlegenheit gab er ihn meiner Schwester, nicht wirklich begreifend, warum er ihn gekauft hatte. Doch sie sagte, sie wusste genau, dass er unbewusst die Nähe eines Engels gespürt hatte, der von all unseren Freunden in Neuseeland und Australien geschickt wurde, die für ihr Baby beteten.

Die Chirurgen leisteten wunderbare Arbeit (wie sie selbst zugaben) bei der Operation an dem Säugling, wobei sie berichteten, dass es der größte Tumor war, den sie je entfernt hatten. Sie gingen davon aus, dass das Baby drei Wochen im Krankenhaus bleiben musste, um sich von dem massiven Eingriff zu erholen. Doch schon nach drei Tagen konnten ihre Eltern die Kleine mit nach Hause nehmen, den Plüschengel an ihrer Seite.

Heute ist meine Nichte zwei Monate alt, und die Ärzte sagen, dass sie nicht erwarten, das Baby meiner Schwester jemals wieder in ihrer Praxis zu sehen. Es bestehen keinerlei Gesundheitsrisiken mehr. Dieses Kristallkind hat einen Engel an seiner Seite, manifestiert in Form eines kleinen Plüschengels.«

Anleitung bei der Gesundheitsfürsorge

Zuweilen werden unsere Gebete beantwortet, indem die Engel uns Führung angedeihen lassen, mit deren Hilfe wir den richtigen Arzt finden. Manche Menschen wundern sich vielleicht, warum die himmlischen Kräfte einen »Mittelsmann« ins Spiel bringen, anstatt direkt bei einer Heilung zu intervenieren – doch hat nicht Gott auch die Ärzte kreiert?

Viele medizinischen Spezialisten sind extrem intuitive Individuen, die bei der Behandlung ihrer Patienten zweifellos göttlicher Führung folgen. Die nächste Geschichte zeigt, wie die Bereitschaft eines Arztes, auf seine innere Führung zu hören, die Antwort auf die Gebete seiner Patientin war, ihren Arm vor einer möglichen Amputation zu retten.

Mandy Gabler und ihre Freundinnen waren in einem Vorort von London beim Rollerbladen. Ihre Freundinnen wollten noch einmal eine Runde drehen, bevor sie alle gemeinsam nach Hause gingen. Mandys innere Stimme sagte ihr, es gut sein zu lassen, aber sie hörte nicht darauf. Sie stürzte schwer auf ihren rechten Arm und zerschmetterte dabei ihr Ellenbogengelenk. Ein Arzt aus Spanien, der den Sturz mit angesehen hatte, stand ihr bei, bis der Krankenwagen kam. Der diensthabende Arzt im Krankenhaus sagte Mandy, dass ihr Arm so schwer beschädigt war, dass sie ihn unter Umständen verlieren würde. In panischer Angst vor einer Amputation bat Mandy ihre Freunde, mit ihr gemeinsam zu beten, um ihren Arm zu retten.

Mandy hatte einen starken Glauben, und sie war von innerem Frieden erfüllt in dem Wissen, dass sie sich in den Armen der Engel befand und dass Gott die Kontrolle über die Situation hatte. Der Arzt wollte zwei Tage warten, um den Ablauf der Operation zu planen. Obwohl ihre Familie und Freunde glaubten, diese Verzögerung stelle ein zusätzliches Gesundheitsrisiko für Mandy dar, wollte sie, dass ihr Arzt sich die nötige Zeit nimmt und wirklich über die beste Art nachdenken konnte, ihren Arm zu operieren. Mandy fühlte sich noch immer innerlich ruhig und wusste einfach, dass alles gut werden würde.

Nach der Operation berichtete der Arzt, dass er während des ganzen Eingriffs das Gefühl gehabt hatte, geführt worden zu sein, und dass auch er wusste, dass Mandys Arm wieder perfekt sein würde. Mandy sagt: »Ich musste lächeln und war meinen Engeln von Herzen dankbar für die Hilfe, die sie dem Arzt und mir hatten angedeihen lassen. Heute ist mein Arm zu 95 Prozent wiederhergestellt, und ich kann sogar Golf spielen! Ich habe nicht den geringsten Zweifel daran, dass die Engel über mich gewacht, mich geheilt und dem Arzt bei der Operation geholfen haben.«

Außerdem führte die Verletzung Mandy tiefer auf ihren spirituellen Weg. Sie merkte, dass sie in der Vergangenheit zu oft ihrer inneren Führung nicht gefolgt war, und war entschlossen, dies zu ändern. Sie wurde eine Engel-Therapeutin, die auf ihre Engel hört und anderen Menschen hilft, das Gleiche zu tun.

Die nächste Geschichte ist ein perfektes Beispiel eines Menschen, der um Hilfe bei der Wahl des richtigen Arztes für die Behandlung seiner Krankheit betete.

Als bei Ariel Wolfe Brustkrebs diagnostiziert wurde, wusste sie, dass die Wahl des richtigen Arztes von allergrößter Wichtigkeit war, daher beschloss sie, Ärzte zu interviewen, und in einer Meditations-Gebets-Session flehte sie ihre Schutzengel an, sie zu dem richtigen Arzt/der richtigen Ärztin zu führen. Intuitiv wählte sie jemanden aus einer Liste von Spezialisten. Bevor sie ihren ersten Termin bei dieser Ärztin hatte, bat Ariel ihre Engel, ihr ein kristallklares Zeichen zu geben, dass sie den richtigen Arzt gewählt hatte. Als Ariel und ihre Tochter Liz in die Praxis kamen, fielen ihr sofort einige indianischen Artefakte auf. Da Ariel eine starke Beziehung zur Spiritualität der nordamerikanischen Indianer hat, dachte sie, *Okay, so weit so gut – doch es reicht noch nicht.*

Als Ariel der Ärztin gegenüberstand, stellte sie erfreut fest, dass sie ein warmer, offener Mensch war und den Eindruck einer fähigen Medizinerin machte, die alle ihre Fragen beantwortete. Doch Ariel suchte immer noch nach dem *einen* klaren Zeichen.

Die Ärztin erwähnte, dass sie ursprünglich Musik studiert hatte und klassische Pianistin werden wollte, jedoch feststellen musste, dass es ihr schwerfiel, vor einem Publikum zu spielen, und dass sie sich daher der Medizin zuwandte. Dies beeindruckte Ariel, die während ihrer Teenagerjahre und als junge Frau selbst als klassische Pianistin aufgetreten war. Ariel dachte, *Okay, wir kommen der Sache schon näher, doch es ist immer noch kein eindeutig klares Zeichen.*

Als Mutter und Tochter nach der Untersuchung im Sprechzimmer saßen, sagte Liz, sie sei sicher, dass Ariel und die Ärztin während der Operation von Engeln umgeben sein würden. Die Ärztin schaute auf und meinte: »Wissen Sie, Erzengel Michael ist mein Schutzheiliger.«

Ariel dachte, *Also gut, ich muss nicht von einem Lastwagen angefahren werden, um zu wissen, wann ich am richtigen Ort bin!*

Während der Biopsie rief Ariel all ihre Engel und Erzengel an, um während der Prozedur präsent zu sein, und die Ärztin klärte Ariel über die Unannehmlichkeiten auf, die sie vielleicht fühlen würde. Als Ariel die Ärztin anschaute, sah sie Erzengel Michael und Raphael, wie sie die Hände der Ärztin führten. Ariel sagt, dass sie nicht das Geringste spürte, da sie von den mächtigen Engeln beschützt wurde. Ihr Blutbild ist heute völlig normal, und sie fühlt sich wunderbar.

Den Glauben beibehalten

Unser Glaube an die Wirksamkeit von Gebeten ist zweifellos unsere größte Hilfe, wenn wir Gott und die Engel und Erzengel bitten, uns beizustehen. Wenn wir glauben und vertrauen, sind wir eher in der Lage, unsere Überzeugungen aufrechtzuerhalten und unserer göttlichen Führung zu folgen. Die nächste Geschichte zeigt, wie ein Ehepaar an seiner Entscheidung festhielt, eine Schwangerschaft bis zur Geburt durchzustehen, auch wenn die Ärzte ihnen davon abgeraten hatten.

Als die Ärzte Maria Perez mitteilten, dass ihr ungeborenes Baby eine lebensbedrohliche Krankheit hatte, waren sie und ihr Mann entsetzt. Die Ärzte erklärten, dass der Fötus eine *occipital encephalocele* (auch bekannt als Knobloch-Syndrom) an der Rückseite des Kopfes hatte und dass Gerhirngewebe aus dem Loch in seiner Schädeldecke hervorquoll. Die Diagnose war ernst: Das Baby – ein Mädchen – würde entweder bei der Geburt sterben oder als »gehirnloses Gemüse« (die genauen Worte des Arztes) vegetieren und ihr ganzes Leben in einem Heim für Geisteskranke verbringen müssen.

Maria, eine Frau mit einem starken Glauben, setzte sich in ihren Garten und betete um ein Zeichen. Irgendwann schaute sie auf und sah ein liebevolles Gesicht, das aus den Wolken zu ihr herniederlächelte. Maria wusste sofort, dass dies eine positive Botschaft von Gott und den Engeln war, die ihr sagte, dass ihr Baby keine Probleme haben würde.

Entgegen den Empfehlungen der Ärzte beschlossen Maria und ihr Mann, dass sie das Baby austragen würde. Jede Nacht betete Maria zu Gott und bat die Engel um Hilfe, Führung, Kraft und Glauben. Eines Abends sah sie sich eine Episode der Fernsehshow *Touched by an Angel* an. In dieser Episode rief Monica (der von Roma Downey gespielte Engel) zusätzliche Engel an, um ihr bei der Heilung einer drogensüchtigen Frau zu helfen. Die Engel umkreisten die Frau und Monica und sangen himmlische Lieder, um den beiden Frauen Kraft zu geben und die Situation zu heilen. In jener Nacht bat Maria die Engel, zu ihr zu singen als Zeichen dafür, dass mit ihrer Tochter alles in Ordnung sein würde.

Am Tag der Geburt versammelten sich die Ärzte und Krankenschwestern um ihr Bett im Kreißsaal und bereiteten sich auf das Schlimmste vor. Doch der kleine Engel Angela Perez war dabei, ihnen zu zeigen, dass Wunder tatsächlich passieren. Das Baby kam gesund und stark auf die Welt!

Obwohl das kleine Mädchen operiert werden musste, um das Loch auf der Rückseite ihres Kopfes zu schließen, erholte sich die erst einen Tag alte Angela wunderbar. In der nächsten Nacht wachte Maria um drei Uhr auf und hörte, wie jemand in ihrem Schlafzimmer sang. Sie dachte, sie würde sich das Singen nur einbilden oder es wäre eine Folge der Kaiserschnitt-Operation, wekkte dann jedoch ihren Mann auf, und auch er hörte die Engelsstimmen. Außerdem sah er drei Engel vor ihrem Bett stehen. Sie sangen das spanische Lied »Let's Sing to Maria«. Nach dem Schrei ihres Babys bei der Geburt war der süße Klang der himmlischen Stimmen der schönste Ton, den Maria jemals gehört hatte.

Heute ist Angela ein zauberhaftes vierjähriges Mädchen, und Maria weiß, dass ihre Tochter vom Himmel gesandt wurde, um ihr zu helfen, sich mit Gott und den Engeln zu verbinden und spirituell zu wachsen. Maria sagt: »Ich sehe, wie Angela den Engeln ihre Hände entgegenstreckt und wie sie jedes Mal lächelt, wenn sie sie sieht. Sie ist ein wunderschönes Kind Gottes.«

Es ist gesagt worden, dass wir beim Beten zu den himmlischen Kräften sprechen und beim Meditieren auf sie hören. Unser Team von Engeln ist jederzeit bereit, unsere Gebete entgegenzunehmen. Wenn wir »ohne Unterlass beten«, indem wir kontinuierlich mit unseren Engeln kommunizieren (durch unsere Gedanken oder mit lauter Stimme), arbeiten wir mit ihnen zusammen wie ein gut organisiertes Sportteam. Gemeinsam, in perfekter Harmonie mit unseren Engeln, können wir uns von allen gesundheitlichen Problemen heilen und unsere Bedürfnisse manifestieren.

18

Engel des Lichtes und der Liebe

Das Anrufen der Engel ist eine kraftvolle Möglichkeit, Licht und Liebe in jede Situation zu bringen, die der Heilung bedarf. Jeder kann die Engel anrufen; Sie müssen nicht einer bestimmten Religion angehören oder das Recht »verdienen«, es zu tun. Himmlische Hilfe ist das gottgegebene Recht und Privileg eines jeden Menschen. Da die Engel das Geschenk unseres Schöpfers sind, zeigen wir Gott Dankbarkeit, wenn wir dieses Geschenk benutzen und uns daran erfreuen.

Sie können Engel an- oder herbeirufen, indem Sie Folgendes tun:

- Denken Sie den Gedanken: *Engel, bitte helft mir!*
- Nennen Sie innerlich den Engeln Ihre Schwierigkeiten.
- Bitten Sie Gott, Ihnen Engel zu schicken.
- Visualisieren Sie Engel, die Sie, Ihre Liebsten oder die Situation umgeben.
- Visualisieren Sie weißes oder farbiges Licht, das eine Person, ein Objekt oder eine Situation umgibt.
- Sprechen Sie Ihre Bitte um Gottes Hilfe oder den Beistand der Engel laut aus.
- Schreiben Sie einen Brief an die Engel.
- Singen oder chanten Sie Ihre Bitte um Hilfe.
- Benutzen Sie Engel-Orakelkarten.
- Zünden Sie eine Kerze an.

Es ist nicht so wichtig, *wie* Sie die Engel kontaktieren, sondern *dass* Sie sie kontaktieren. Vergessen Sie nicht: Der Schöpfer und die Engel dürfen nicht ohne Erlaubnis in ihrem Leben intervenieren. Nur wenn Sie sich in unmittelbarer Lebensgefahr befinden, bevor Ihre Zeit gekommen ist, ist eine Ausnahme von dieser Regel möglich.

Da es sich bei den Engeln sozusagen um die »Verlängerung« und Botschafter Gottes handelt, sind die Resultate dieselben, ob Sie die Engel nun direkt um Hilfe bitten oder Ihre Bitte an den Schöpfer selbst richten. Denken Sie an Engel als die Postboten Gottes, die seine Botschaften von Licht und Liebe zu seinen Geschöpfen bringen.

Engel illuminieren unseren Geist und unsere Herzen mit einer wunderbaren Infusion von Licht. Sie helfen uns, durch den Nebel angstvoller Illusionen die göttliche Wahrheit der jeweiligen Situation zu sehen. Sie erinnern uns daran, dass, allen gegenteiligen Annahmen zum Trotz, in Wahrheit und letztendlich alles gut ist.

Die intensive, bedingungslose Liebe der Gegenwart eines Engels reicht oft aus, um eine sofortige Heilung zu bewirken, wie die nächste Geschichte zeigt.

Als Sandra Clark aus Queensland, Australien, Nierensteine bekam und ihr nahe gelegt wurde, sich die Steine baldmöglichst operativ entfernen zu lassen, machte sie sich verständlicherweise große Sorgen. Ihre Freundin Kerrie Field, die sich mit Energieheilung beschäftigt, bot Susan an, eine Session mit ihr zu machen.

Während Sandra auf dem Massagetisch lag, rief Kerrie Engel herbei, damit sie ihr assistieren. Vor ihrem inneren Auge konnte Kerrie sehen, wie sich der Raum mit Engeln füllte, die alle an Sandra arbeiteten. Kerrie berichtet: »Es müssen die ›kichernden‹ Engel gewesen sein, da Sandra und ich zu lachen anfingen und nicht aufhören konnten, bis wir uns vor Lachen den Bauch hielten und kaum noch Luft bekamen! Wir hatten seit ewigen Zeiten nicht mehr so gelacht – und dabei lachen wir eigentlich immer viel.«

Als Sandra ein paar Tage später zur Operation ins Krankenhaus ging, stellte der Arzt bei der Untersuchung fest, dass es keine Anzeichen für die Existenz von Nierensteinen gab. Auch seine herbeigerufenen Kollegen waren erstaunt, da die Steine ziemlich groß gewesen waren und starke Blutungen und Schmerzen verursacht hatten. Die Ärzte fragten Sandra, ob die Abstoßung der Steine sehr schmerzvoll gewesen war.

Als Sandra sagte, sie hätte nicht den geringsten Schmerz empfunden, meinten die Ärzte, dass sie bestimmt *irgendetwas* empfunden haben musste. Schließlich, sagten sie, waren die Steine so groß gewesen, dass man es mit dem Passieren einer Wassermelone durch ein Nadelöhr vergleichen konnte. Sandra und Kerrie sind sicher, dass sie das schmerzlose Abstoßen der Nierensteine und die Tatsache, dass Sandra bis auf den heutigen Tag keine Probleme mehr mit Nierensteinen hatte, den Engeln zu verdanken haben.

Die Engel heilen unbelebte Objekte – und auch Finanzen

Wir sind bei der Anwendung von Engel-Medizin nicht nur auf physische Körper beschränkt. Da das ganze Universum aus Licht und Liebe besteht, kann *alles,* was ist, geheilt werden. Ich habe viele Kindheitserinnerungen daran, wie meine Mutter betete, dass ein Küchengerät oder unser Auto repariert werden möge, da wir nicht das Geld hatten, um diese Objekte von einem Fachmann reparieren zu lassen. Ihre Gebete wurden stets sehr schnell erhört!

Diese nächste Geschichte ist ein wunderbares Beispiel dafür, wie die Engel uns helfen können, *alles* zu heilen.

Annette Hinton weiß, wie man einen Computer bedient, doch sie betrachtet sich nicht als Kennerin der Materie, wenn es darum geht, einen Computer zu programmieren, zu reparieren oder Störungen zu beseitigen. Daher war sie entsetzt, als ihr Chef ihr seinen Palm Pilot gab und sie bat, die Technikabteilung des Computerherstellers anzurufen. Er erklärte, dass der Palm Pilot sich nicht mit seinem Deskcomputer synchronisieren ließ und dass der hauseigene Techniker nicht in der Lage war, das Problem zu lösen. Weil ihr Chef den Rest des Tages aufgrund einer Konferenz außer Haus sein würde, erwartete er, dass Annette die Situation in den Griff bekommt.

Sie rief fünf verschiedene Spezialisten an, von denen jeder sie per Telefon durch eine Prozedur führte, um den Computer zu reparieren, jedoch ohne Erfolg. Der Palm-Pilot-Computer war tot, nicht wieder zum Leben zu erwecken, und auch das Auswechseln der Batterien brachte nicht den gewünschten Erfolg. Alle von ihr telefonisch zu Rate gezogenen Techniker sagten Annette, dass der

Computer kaputt war und sie ihn zwecks Reparatur oder Austausch an den Hersteller zurückschicken sollte.

Doch Annette war entschlossen, der Bitte ihres Chefs nachzukommen und den Computer zu reparieren. Dann kam sie auf die Idee, ihre Engel um Hilfe zu bitten. Schließlich hatte sie in der Vergangenheit schon oft erfolgreich die Hilfe der Engel in Anspruch genommen.

Ihre Hände ruhten auf dem Keyboard des Palm Pilot, während sie mit ihren Engeln sprach. Plötzlich drückten ihre Finger einzelne Tasten nieder, und der Bildschirm des Computers schaltete sich an, wurde hell und reagierte. Annette wusste nicht, was da vor sich ging, doch als die Worte »Mach weiter: Ja oder Nein« auf der Bildfläche erschienen, drückte sie auf »Ja« und hoffte auf das Beste. Nachdem sie einige Male auf »Ja« gedrückt hatte, erschienen die beiden Worte »Synchronisation komplett« auf dem Bildschirm.

Erstaunlich! Annettes Bitte um himmlische Intervention war beantwortet worden! Sie sagt, dass es keine andere Erklärung für das Funktionieren des Computers gab, da sie nicht die geringste Ahnung davon hatte, was sie tat. Als ihr Chef am nächsten Tag zurückkam, bestand er darauf, zu erfahren, wie es ihr gelungen war, den Palm Pilot zu reparieren, also sagte sie ihm, dass sie ihre Engel um Hilfe gebeten hatte. Obgleich er ihr nicht glaubte, arbeitete der Computer noch monatelang ohne weitere Probleme.

Die Engel sagen, dass es nicht nötig ist, um Dinge in unserem Leben zu kämpfen, einschließlich materieller Objekte oder unserer Finanzen. Wie ich bereits früher in diesem Buch erwähnt habe, sind die Engel hier, um uns Frieden zu bringen. Wenn wir auch durch Unbill und die Überwindung von Hindernissen wachsen können, können wir dennoch schneller durch inneren Frieden wachsen. Das ist der Grund, warum die Engel uns mit Freuden helfen, wenn wir sie auch bei unseren finanziellen Problemen um Unterstützung bitten.

Jacky Dalton hatte ein Wunder erlebt, als sie die Engel bat, ihrer Tochter bei der Heilung von einer chronischen Depression zu helfen, und sie daraufhin geheilt wurde. Danach war Jackys Vertrauen in die Hilfe der Engel noch stärker. Als sie und ihre Familie einmal nicht genug Geld hatten, um Weihnachten feiern zu können, war Jacky sicher, dass die Engel ihr helfen würden.

An einem Montag bat Jacky die Engel, ihr auf irgendeine Weise genug Geld zukommen zu lassen, damit sie ihre geschäftlichen und privaten Weihnachtsausgaben ohne Sorgen tätigen konnte. Am nächsten Tag holte ihr Mann Geld aus einem Geldautomaten, und der Beleg zeigte einen Kontostand von 4000 Dollar an. Jacky und ihr Mann gingen davon aus, dass es sich um einen Bankirrtum handelte. Jacky fügte jedoch hinzu, dass es sich – sollte der Kontostand legitim sein – definitiv um eine Aktion der Engel handeln musste!

Jacky und ihr Mann stellten fest, dass die Bank tatsächlich in der Nacht zum Montag 3200 Dollar auf ihr Konto überwiesen hatte, unmittelbar nachdem Jacky die Engel um Hilfe gebeten hatte. Es handelte sich dabei um eine Familienbeihilfe, von der sie nicht wussten, dass sie ihnen zustand!

Jacky sagt: »Es ist eine Tragödie, dass es so viele Menschen gibt, die nicht wissen, dass sie ihre Engel um Hilfe bitten können, oder die sich weigern, an Engel zu glauben. Ich bin so dankbar, und ich frage meine Engel immer, was ich im Gegenzug für sie tun kann. Sie geben mir jedes Mal dieselbe Antwort: *›Hör hin‹* – und genau das gedenke ich zu tun.«

Die heilende Kraft der Liebe und Intention

Liebe kann auf vielfältige Weise in unser Leben kommen, auch durch Liebesbeziehungen. Eine solche Beziehung war der Weg, den die Engel benutzten, um eine Australierin an Körper, Geist und Seele zu heilen.

Annette Doyle saß auf dem Rücksitz eines Taxis in Sydney, und so wie viele Passagiere schnallte auch sie sich nicht an. Wenige Augenblicke später stieß ein von der Polizei verfolgtes Fahrzeug mit ihrem Taxi zusammen. Annette erinnert sich, wie sie wie eine Stoffpuppe auf dem Rücksitz hin und her geschleudert wurde, bevor sie das Bewusstsein verlor. Sie erlitt mehrere Rippen- und drei

Wirbelbrüche und verbrachte die nächsten vierzehn Monate damit, starke Medikamente zu nehmen, einschließlich Morphium, und diverse Spezialisten zur Linderung ihrer chronischen Schmerzen aufzusuchen. Annette sah sich vor die traurige Aussicht gestellt, den Rest ihres Lebens von Schmerzen geplagt zu sein, was zu einer klinischen Depression führte und zur Folge hatte, dass sie ihren Job und viele ihrer Freunde verlor.

Es kam jedoch ein neuer Liebhaber in ihr Leben, der ihr half, positiv in Bezug auf ihre Gesundheit zu denken. Dies hob den Schleier der Depression von ihrer Seele und brachte Annette dazu, himmlische Führung anzunehmen. Sie berichtet, dass die Engel ihr sagten, sie sei auf der Erde, um eine sehr wichtige Aufgabe zu erfüllen, genau wie jeder andere, und dass sie ihr Leben nicht in einem Nebel von Morphiumabhängigkeit vergeuden durfte. Weiter sagten sie ihr, dass sie eine Heilerin sei und sich selbst heilen musste, damit sie anderen Menschen helfen konnte. Diese Botschaft berührte Annette im tiefsten Inneren ihrer Seele und gab ihr den Mut, sich von den schweren Schmerzmitteln zu entwöhnen.

Annette sagt: »Ich freue mich sehr, sagen zu können, dass ich heute zu 98 Prozent frei von physischen und emotionalen Schmerzen bin. Ich fühle mich stark und glücklich. Ich werde mich immer an jenen Montagmorgen erinnern, als ich die majestätische Information von meinen Engeln erhielt, die mich in der Tiefe meiner Seele daran erinnerten, was ich in dieser Inkarnation zu tun beschlossen hatte, und die mir halfen, meinen Körper zu heilen, damit ich diese Aufgabe erfüllen konnte. Ich glaube, dass ich diese Heilung erfahren habe, damit ich fähig wurde, anderen zu helfen. Darüber hinaus *weiß* ich, dass mein bewusstes Akzeptieren der Botschaft eine Heilung erst ermöglicht hat. Ich fühle mich so gesegnet und geehrt, und ich werde dieses Erlebnis stets als Beweis dafür sehen, dass Heilung geschehen kann. So wie in meinem Fall kann sie sogar dann geschehen, wenn man nicht bewusst um Hilfe bittet. Ist es nicht schließlich Teil der Jobbeschreibung der Engel, uns zu helfen, auf dem richtigen Weg zu bleiben?«

Annette hat einen neuen Job bei einer Computerfirma, wo die meisten Angestellten Engel-Orakelkarten auf ihren Schreibtischen liegen haben. Außerdem arbeitet sie in Teilzeit für den bekannten Seminarleiter Anthony Robbins. Annette sagt, dass sie in ihrem neuen Leben viel Liebe und Unterstützung erfährt und sich hoch motiviert fühlt – definitiv ein Teil ihrer Lebensaufgabe.

Annettes Heilung wurde letztendlich dadurch herbeigeführt, dass sie ein Ziel hatte. Es ist für uns alle wichtig, zu wissen, dass unser Leben sinnvoll ist und wir in der Welt gebraucht werden. Manchmal haben wir so große Angst davor, zu erfahren, worin unsere Lebensaufgabe besteht, dass wir diesbezüglich in eine Art Amnesie verfallen. Oder vielleicht fürchten wir uns davor, unsere Lebensaufgabe nicht erfüllen zu können, zu versagen, also versuchen wir es lieber gar nicht erst.

Das *Manual for Teachers (Handbuch für Lehrer – Anmerk. d. Übers.)*, ein Teil des *Kurs in Wundern*, sagt, dass »alle Formen von Krankheit, selbst der Tod, physische Ausdrucksformen der Angst vor dem Erwachen« sind.

Der *Kurs* sagt, dass Krankheit eine Art Verzögerungsmechanismus ist, da wir entweder Angst vor Erfolg oder Versagen haben, wenn wir an der Erfüllung unserer Lebensaufgabe arbeiten. Die Mission ist für uns alle die gleiche, wenn ihre Form auch äußerst vielfältig sein kann: Sie hat immer damit zu tun, dass wir mit Hilfe unserer Leidenschaften und natürlichen Interessen Liebe lehren und lernen. Wenn wir unseren Herzenswunsch immer wieder hinauszögern, schieben wir damit die Möglichkeit emotionalen Schmerzes hinaus, den wir erleiden würden, sollten unsere Bemühungen erfolglos bleiben. Außerdem vermeiden wir dann die emotionalen Zwänge und den Druck, der sich einstellt, falls wir Erfolg haben sollten.

Hierbei geht es nicht darum, der leidenden Person die Schuld zu geben oder zu sagen, dass ihr Schmerz reine Einbildung ist. Schmerz kann eine sehr reale Erfahrung sein. Es ist nur so, dass er auf der nicht realen Prämisse basiert, dass wir Opfer des Schmerzes sind. Zur Überwindung des Schmerzes gehört, dass wir uns bewusst einer Höheren Macht ergeben; den positiven Gedanken aufrechterhalten, dass Heilung eintreten wird; und uns auf die Frage fokussieren: »Auf welche Weise kann ich dienen?«

Wenn wir unseren Fokus darauf richten, anderen zu helfen, hören wir auf, uns auf unsere eigene Person zu konzentrieren. Dies wiederum reduziert automatisch das Bewusstsein von Schmerzen, da wir unsere Aufmerksamkeit auf das Mitgefühl für andere Menschen projizieren.

Süße Träume

Die Engel helfen uns bei den Dingen des täglichen Lebens, damit wir jeden Tag gesünder und glücklicher werden. Dazu gehört auch, dass sie uns helfen, nachts gut zu schlafen.

Die Australierin Michelle fühlte sich gestresst und überfordert, nicht zuletzt weil sie zwei kleine, aktive Kinder hatte, die sie alleine großzog. Sie war erschöpft und sehnte sich nach Schlaf, doch ihre Kinder weckten sie jede Nacht mehrmals auf. Schließlich rief Michelle in ihrer Verzweiflung die Engel an. Sie erinnert sich: »Ich sah diesen wunderschönen Engel, der sich über das Bett meiner kleinen Tochter beugte. Im nächsten Moment war sie wieder fest eingeschlafen.«

Außerdem lieben es die Engel, uns zu heilen, während wir schlafen, da wir dann offener für ihre Interventionen sind.

Rebecca D'Amato aus Manchester, England, ging eines Nachts weinend zu Bett und fühlte sich so elend und todunglücklich, dass sie glaubte, nie wieder lächeln zu können. Sie bat Erzengel Michael um seine Hilfe und schlief ein.

Am nächsten Morgen wachte Rebecca erfrischt und glücklich auf. Ihr Schritt war so beschwingt wie seit Jahren nicht mehr. Sie sagt: »All die Dinge, wegen derer ich mich so elend gefühlt hatte, schienen mir nicht mehr wichtig zu sein. Plötzlich ergab alles einen Sinn, und ich fühlte mich ruhiger, weiser, stärker, fähiger und hatte mein Leben unter Kontrolle. Ich brachte es sogar fertig, über mich selbst zu lachen und über die Dinge, die mich vorher so unglücklich gemacht hatten.«

Sie können jeden der Engel oder Erzengel herbeirufen, damit sie in Ihren Träumen erscheinen und emotionale oder physische Sorgen beseitigen. Vielleicht werden Sie sich am nächsten Morgen nicht an die Geschehnisse im Traum erinnern, doch Sie werden wissen, dass jemand Sie besucht hat. Und wie Rebecca werden Sie feststellen, dass Sie sich viel besser fühlen.

Zeichen von den Engeln

Wenn wir die Engel anrufen, ist es beruhigend, eine physische Bestätigung ihrer Nähe zu bekommen. Die nächsten drei Geschichten zeigen die verschiedenen Möglichkeiten, in denen Engel uns wissen lassen, dass sie bei uns sind, um auf diese Weise unseren Glauben und unser Vertrauen in ihre liebevolle Präsenz zu stärken.

Die neunjährige Brittany Ryan bat ihre Engel, sie an einem Mittwochabend zu besuchen. Am nächsten Morgen wachte sie auf und sah eine Feder neben ihrer Kommode liegen. Brittany lief zu ihren Eltern, um ihnen die Feder zu zeigen, und auch ihre Mutter war sicher, dass es sich um eine Engelfeder handelte. Seither hat Brittany noch zwei weitere Federn gefunden.

* * *

Wendy Luke wollte ein klares Zeichen von ihren Engeln, das ihr bewies, dass sie real waren und ihre Gebete wirklich hörten. Eines Nachts lag Wendy im Bett und bat ihre Engel um dieses Zeichen. Sie hörte eine freundliche, ironische Stimme, die fragte: »Was möchtes du, ein Feuerwerk?« Wendy musste laut lachen und sagte innerlich: »Ja, ich möchte ein Feuerwerk!«

Wendy schlief mit einem Lächeln ein, ohne eine bestimmte Erwartung bezüglich dessen zu haben, was passieren würde. Um 3.45 Uhr wurde sie von einem lauten Knall geweckt, der sich wie ein Feuerwerk anhörte. Sie wollte sich gerade auf die andere Seite drehen und den Krach ignorieren, als ihr die Möglichkeit einfiel, es könne sich um ein Zeichen handeln, das die Engel ihr schickten. Als Wendy aus dem Fenster schaute, sah sie riesige, wunderschöne Lichtfontänen von Feuerwerkskörpern am Himmel. Sie sah zu dem in der Nähe gelegenen Sportplatz hinüber, ob dort vielleicht jemand dieses Feuerwerk veranstaltete, doch alles war dunkel und leer. Dann weckte sie ihren Mann auf, der ebenfalls die nächtliche Lichtershow sah.

Wendy sagt: »In jener Nacht habe ich drei Dinge gelernt. Erstens: Bitte um etwas, und du wirst es wirklich bekommen; zweitens: Unsere Engel können sehr clever und einfallsreich sein, wenn sie uns Liebe zeigen wollen; und drittens: Diejenigen, die darauf bestehen, an Zufälle zu glauben, erleben keine Wunder. Und das ist schade.«

* * *

Suzanne Vigliotti fühlte sich eines Abends deprimiert und alleine. Als sie vor dem Fernseher saß und sich lustlos durch die Kanäle zappte, bat Suzanne Erzengel Michael, ihr zur Bestätigung ein Zeichen zu geben, dass er bei ihr war. Genau in dem Moment schaltete sie auf einen Sender um, bei dem ein Operntenor das Lied »In den Armen eines Engels« sang. Suzanne erinnerte sich, wie sehr sie dieses Lied liebte, als sie getröstet ins Bett ging und friedlich einschlief.

Anderen Menschen helfen und sie heilen

Zuweilen beten wir nicht für uns, sondern für einen anderen Menschen, den wir lieben. Diese Gebete sind für den anderen ebenso machtvoll wie die Gebete, die wir für uns selbst sagen – vorausgesetzt, der Betreffende ist bereit, geheilt zu werden. In der nächsten Geschichte werden Sie lesen, wie eine Tochter ganz genau auf die Botschaften ihrer Engel hören musste, damit ihre Mutter geheilt werden konnte.

Debbie Clarkson hatte die meiste Zeit ihres Erwachsenenlebens mit ihrer Alkoholsucht gekämpft. Ihre achtzehnjährige Tochter Jaimie erinnert sich, wie Debbie sich monatelang ständig betrank und dabei oft gewalttätig, feindselig und wütend wurde – im Gegensatz zu ihrem nüchternen Zustand, wo sie liebevoll, freundlich und sanft ist. Jaimie glaubt, dass ihre Mutter ein Erdenengel ist, der Alkohol benutzt, um das Wissen um ihre Lebensaufgabe und die damit verbundenen Ängste zu betäuben.

In ihrer Kindheit war Jaimie oft verwirrt und fühlte sich schuldig, weil sie ihre Mutter nicht vom Trinken abhalten konnte, daher tat sie das Einzige, was sie tun konnte, nämlich ihre Mutter zu lieben. Irgendwie wusste Jaimie intuitiv, dass Liebe die Antwort war. Gleichzeitig war sie jedoch auch verzweifelt, da der Alkohol Debbies Leber, Nieren und Herz in Mitleidenschaft zog und ihre Mutter oft krank war. Als Jaimies Stiefvater starb, dachte sie, ihre Mutter würde sich vor lauter Trauer in den Tod trinken.

Also betete Jaimie, dass ihre Mutter geheilt werden möge. Sie erhielt die Antwort auf ihr Gebet in Form einer Anleitung, die Jaimie zu verstehen gab: *»Affirmiere einfach, dass deine Mutter geheilt ist.«*

Sie sagt dazu: »Genau das habe ich getan! In blindem Glauben und Vertrauen begann ich, mir selbst regelmäßig zu sagen: ›Ja, Mama ist vollkommen geheilt.‹ Das ist alles, was ich tat! Und was als Nächstes passierte, kann ich nur als totales Wunder bezeichnen. Meine Mutter verlor umgehend das zwanghafte Verlangen, sich zu betrinken! Heute empfindet sie eine Abneigung gegen Alkohol. Nicht nur das, sondern sie hat sich ihrer Trauer voll und ehrlich gestellt. Sie fügt sich selbst nicht länger Schaden zu und befindet sich auf einem Weg unglaublichen spirituellen Wachstums.«

Heute weiß Jaimies Mutter um ihre eigenen spirituellen Fähigkeiten, einschließlich ihrer Hellsichtigkeit, und sie bittet ihre Engel um Hilfe bei den alltäglichen Dingen des Lebens. Sowohl Debbie als auch Jaimie sind immer wieder verblüfft über die reine Magie, die die Engel für sie weben. Beiden ist klar, dass Debbies Heilung eine tiefe Heilung für die gesamte Familie gewesen ist.

Ein Aspekt der Engel-Medizin bei Kindern ist die Gelegenheit, die sie uns bietet, unsere Kinder über die Zusammenarbeit mit Engeln zu unterrichten. Kinder fühlen sich auf natürliche Weise zu diesen göttlichen Wesen hingezogen, und sie finden einen großen Trost darin, die himmlischen Kräfte um Hilfe anzurufen.

Stephanie Watkeys fuhr ihren neunjährigen Sohn Oliver mit dem Auto zur Schule. Er klagte über starke Schmerzen in seinem rechten Oberarm und zuckte jedes Mal vor Schmerz zusammen, wenn er den Arm hob. Oliver fragte sich, ob er an diesem Tag überhaupt schreiben konnte. Während sie also auf dem Weg zur Schule waren, forderte Stephanie ihren Sohn auf, ganz still zu werden, seine Augen zu schließen und direkt mit Erzengel Raphael zu kommunizieren. Sie wies ihn an, Raphael zu bitten, seine Schmerzen zu heilen, damit er zur Schule gehen und schreiben und spielen konnte. Oliver folgte der Anweisung, und ein paar Minuten später kamen sie an der Schule an. Stephanie spürte, dass Oliver noch immer Schmerzen hatte, und sie sagte ihm: »Bitte hab etwas Geduld, während Raphael an dir arbeitet.«

Als Stephanie ihren Sohn am Ende des Schultages abholte, kam er aufgeregt auf sie zugerannt. Er erklärte, dass er nur wenige Augenblicke nachdem er am Morgen aus dem Auto gestiegen war, zu seinem Erstaunen bemerkt hatte, dass die Schmerzen in seinem Arm verschwunden waren. Er lächelte in sich hinein und dankte Raphael.

Heute arbeitet Stephanie oft mit Raphael, um ihren beiden Söhnen zu helfen, wenn es ihnen nicht gut geht. Als zum Beispiel Bryn, ihr Zweijähriger, ein hohes Fieber und andere Krankheitssymptome entwickelte, brachte sie ihn ins Bett und gab ihm ein homöopathisches Mittel. Doch Bryns Fieber stieg weiterhin.

Verzweifelt flehte Stephanie Erzengel Raphael an, er möge bitte Bryns Fieber senken. Fünf Minuten später war der Kleine fest eingeschlafen. Und eine halbe Stunde nach dem Aufwachen war seine Temperatur wieder normal! Bryn spielte und tollte herum, und nichts wies darauf hin, dass er eben erst krank gewesen war.

Sollten Sie an einem anderen Menschen ohne seine Erlaubnis oder sein Wissen arbeiten? Dies ist ein kontroverses Thema, für das es keine verbindliche Antwort gibt. Einerseits wird gesagt, dass Heilung ohne die Erlaubnis des Betreffenden eine unerlaubte karmische Einmischung darstellt und so ähnlich ist, als würde man ein kleines Pflaster auf eine durchtrennte Arterie kleben – mit anderen Worten, dass man sich nicht die tieferliegenden Gründe für die Krankheit oder Verletzung anschaut. Doch eine andere Sichtweise besagt, dass man ins Wasser springen und einen Ertrinkenden retten sollte, egal, ob man darum gebeten wurde oder nicht. Alle Eltern und Heiler müssen diese persönliche Entscheidung alleine treffen.

Ron, der in Australien lebt, ist ein spiritueller Heiler und arbeitet seit vielen Jahren mit Engeln zusammen. Während seine Frau seine Sichtweise teilte, blieb ihr 25-jähriger Sohn Steve skeptisch.

Steve ist Mitglied der Royal Australian Air Force. Er hat sehr hart gearbeitet, um Feuerwehrmann und Rettungsoffizier zu werden, daher war er völlig verzweifelt, als er beim Basketballspielen seinen Ellbogen gefährlich ausrenkte. Die Ärzte sagten, dass sie noch nie eine so schwierige Verletzung dieser Art gesehen hatten und dass er mehrere Monate lang seiner normalen Tätigkeit als Feuerwehrmann nicht nachkommen könnte.

Steve sagte seinem Vater, wie aufgebracht er darüber war, da es ihn davon abhalten würde, den Feuerwehr- und Rettungsoffizierskurs anzufangen! Das war der Moment, als Ron beschloss, um himmlische Intervention zu bitten, ohne seinem Sohn davon zu erzählen. Ron wusste, dass die Engel nur heilende Liebe anbieten und nicht den freien Willen seines Sohnes beeinflussen würden.

Also visualisierte Ron Engel, die Steve und seinen verletzten Arm umgaben. Auch schickte Ron, der außerdem Reiki praktiziert, seinem Sohn heilende Energie.

Zwei Tage später rief Steve an und sagte: »Dad, du wirst es nicht glauben, aber seit ein paar Tagen fühlt sich mein Arm immer besser an. Die Ärzte stehen vor einem Rätsel!« Es dauerte nicht lange, und Steve nahm sein gewohntes Gewichtheben und Training wieder auf. Außerdem begann er wieder zu arbeiten und absolvierte seinen Kurs, und heute ist Steve ein stolzes Mitglied des Feuerwehr- und Rettungsdienstes.

Ron sagt: »Ich weiß, dass ihm die Heilung von Gott durch die Engel geschickt wurde, die mir so oft bei meiner Arbeit helfen.«

Wenn wir im Namen anderer die Engel anrufen, erhalten wir oft Zeichen – wie an früherer Stelle beschrieben – als Beweis dafür, dass die Engel erschienen sind. Dieser Beweis kann sich als physisches Zeichen, als inneres Wissen oder als ein Gefühl bemerkbar machen. Eine andere konkrete Bestätigung erhalten wir dann, wenn die Person, für die wir gebetet haben, auf wundersame Weise geheilt wird.

In den nächsten beiden Geschichten erhielten die Frauen, die Engel im Namen anderer Personen angerufen haben, verblüffende Bestätigungen für die Anwesenheit der Engel. In beiden Fällen berichteten die Personen, für die Engel angerufen worden waren, dass sie die Engel *gesehen* hatten – obwohl ihnen nichts über die himmlische Anrufung gesagt worden war!

Bernadette Mercer aus Queensland, Australien, ist eine Absolventin meines Angel-Intuitive-Kurses. Sie führte eine Heilungssession mit Hilfe der Engel für eine Frau durch, die unter großem emotionalem Schmerz litt. Die Frau lag flach auf einem Massagetisch, während Bernadette ihre Hände sanft auf den Kopf der Frau legte.

Bernadette schloss ihre Augen und rief Erzengel Raphael an, um ihrer Klientin zu helfen. Sie sagt dazu: »Ich fühlte, wie sich die Energie in dem Raum veränderte, und öffnete meine Augen. Da, am Ende des Massagetisches, stand ein großer, wunderschöner, goldener Engel!« Raphaels Hände ruhten auf den Füßen der Frau.

Bernadette sagte innerlich: »Ich danke Dir, Erzengel Raphael. Ich fühle mich geehrt, dass ein so erhabenes und wunderbares Wesen wie Du kommt, um mir zu helfen.« Sie hörte Raphael antworten: *»Kind Gottes, ich bin nicht mächtiger und erhabener, als du es bist.«*

Bernadette berichtet: »Er blieb bis zum Ende der Session. Es war eine solch tiefgreifende und wunderbare Erfahrung, dass sie sich unvergesslich in mein Gedächtnis eingegraben hat.«

Am Ende der Heilungssession erzählte die Frau, dass sie einen herrlichen Traum gehabt hatte, in dem Erzengel Raphael ihre Füße gehalten und sie geheilt hatte! Sie sagte, dass sie sich jetzt wesentlich besser fühlte als vorher.

* * *

Man könnte sagen, dass Laura V. Phillips aus Houston, Texas, ein Erdenengel ist, da sie als psychotherapeutische Beraterin in einem Hospiz arbeitet, in das die meisten Patienten nur wenige

Tage vor ihrem Tod eingeliefert werden. Als ein Mann namens John im fortgeschrittenen Krebsstadium in das Hospiz gebracht wurde, fiel Laura auf, dass er sehr freundlich und höflich war. John berührte Lauras Herz so sehr, dass sie es sich zur Regel machte, jeden Tag ein wenig Zeit mit ihm zu verbringen, selbst wenn er die meiste Zeit nicht bei Bewusstsein war.

An seinem vierten Tag im Hospiz fand Laura John vor, wie er auf das Ende seines Bettes starrte, mit angsterfüllten Augen und schweißnass. Laura fragte, was los sei, und er antwortete: »Da ist ein Teufel an meinem Bett, und sein Schwanz brennt!« John presste sich ein Kopfkissen aufs Gesicht, um sich vor dem entsetzlichen Anblick zu schützen, während Laura ihm versicherte, dass er in Sicherheit war. Obwohl Laura *per se* nicht an den Teufel glaubte, wusste sie, dass unsere Ängste sich entsprechend unserer Glaubenssätze materialisieren können.

Als eine Krankenschwester in den Raum gelaufen kam, um Johns Lebenszeichen zu prüfen, rief Laura im Stillen Erzengel Michael und seine Gruppe barmherziger Engel an, damit sie John umhüllen und ihn vor dem beschützen, was ihm solche Angst machte. Plötzlich rief John aus: »Ich sehe Engel!« Lauras Herz klopfte wild, und Freudentränen rannen ihr über die Wangen, da John nicht wissen konnte, dass sie die Engel angerufen hatte.

»Wie sehen sie aus, John?«, fragte Laura.

»Herrlich … Wunderschön … wunderschön …!«, erwiderte er. Dann schlief John friedlich ein. Er wachte nicht mehr auf und starb am nächsten Tag mit einem wunderbaren, entspannten Ausdruck auf seinem Gesicht.

Engel anzurufen ist eine der machtvollsten und tiefgreifendsten Heilungs-Aktivitäten, die Sie angesichts einer scheinbaren Krankheit oder Verletzung vornehmen können. Selbst wenn Sie unsicher sind oder Schwierigkeiten haben, daran zu glauben, wirkt sich der Akt des Anrufens der Engel auf den Leidenden sofort positiv aus – und ebenso auf die Menschen, die ihn lieben.

19

Zusammenfassung

Die Zeit ist reif für uns, das alte Wissen über natürliche Heilungspraktiken wiederzuentdecken und anzuwenden. Nach Jahrhunderten der Gehirnwäsche mittels angstbesetzter Botschaften, die uns religiöse und politische Führer oktroyierten, die sichergehen wollten, alle Macht einzig und allein in ihren Händen zu halten, übernehmen wir heute wieder die Verantwortung für unsere spirituellen Praktiken und Heilungsmethoden.

Die Wissenschaft unterstützt dieses alte Wissen durch Studien, die die gesundheitsfördernde Wirkung von Sonnenlicht, Kristallen, Gebet, Energieheilung und Farben belegen. Ganz normale Krankenhäuser und medizinische Institute bieten mittlerweile »komplementäre Gesundheitspraktiken« an, eine Bezeichung, die sie für spirituelle Heiler und Energieheiler benutzen. Ärzte benutzen Instrumente, die mit Kristallen und UV-Strahlen arbeiten. Sie heilen ihre Patienten mit auf Farbe basierenden Behandlungsweisen und erzielen dabei erstaunliche Erfolge. Ärzte verschreiben regelmäßig Fitness, Meditation und Kurse zur Stressminderung als Teil ihres Behandlungsprogramms. Psychologen überweisen heute ihre Patienten zur Erlangung zusätzlicher Einsichten an Hypnotherapeuten, Hellseher und Astrologen.

Es ist eine neue Welt, in der wir uns befinden, basierend auf sehr alter Weisheit. Wir entdecken das Heilwissen wieder, das wir in Atlantis angewandt haben und vielleicht sogar in Zivilisationen, die lange davor existierten.

Wenn dieses Buch Ihre Erinnerungen an vergangene Leben ausgelöst hat, in denen Sie als Heiler(in) tätig waren, empfehle ich Ihnen dringend, diesen Bereich näher zu erforschen.

Die Zusammenarbeit mit den Engeln und die Anwendung der Liebe-und-Licht-Behandlung lässt sich wunderbar mit traditionellen Heilmethoden vereinbaren. Beten und meditieren Sie um zusätzliche Anleitung hinsichtlich Ihrer Gesundheit. Falls Sie Botschaften bekommen, die besagen, dass Sie Ihre Lebensweise durch gesunde Ernährung, ausreichend Schlaf und körperliche Bewegung verbessern sollten, dann handelt es sich dabei um sehr reale Kommunikationen mit den Engeln, die Sie nach Möglichkeit befolgen sollten.

Ich wünsche Ihnen von Herzen viel Liebe und Licht!

Dritter Teil

Heilen mit Engel-Medizin

20

Heilungsmethoden der Engel-Medizin

In diesem letzten Kapitel werden Sie über Heilungsmethoden lesen, die in der Praxis der Engel-Medizin angewandt werden. Fühlen Sie sich frei, den hier aufgeführten Schritten weitere hinzuzufügen oder sie zu verändern, je nach Anweisung Ihrer inneren Führung oder der Engel. Die genauen Worte und Schritte hinter einer bestimmten Technik sind nicht so wichtig wie die Intentionen, die mit der jeweiligen Technik in Beziehung stehen. Am besten ist es, eine vertrauensvolle und optimistische Einstellung aufrechtzuerhalten, während Sie die einzelnen Methoden praktizieren.

Chakra-Reinigung

Das Reinigen und Harmonisieren der Chakras trägt dazu bei, dass wir uns größerer Energie, gesteigerter außersinnlicher Fähigkeiten und besserer Gesundheit erfreuen können. Die Intention besteht darin, alle Chakras gleichmäßig auszudehnen und dafür zu sorgen, dass sie innen und außen sauber sind. Stellen Sie sich Chakras als Juwelen vor, die regelmäßig innen und außen poliert werden müssen. Es gibt viele Methoden, Ihre Chakras zu reinigen und ins Gleichgewicht zu bringen. Hier sind zwei, die besonders schnell und effektiv sind:

Tiefenreinigung mit Schaum

Stellen Sie sich vor, wie Sie einen Krug weißen, schäumenden Flüssigkeitsreinigers durch die Öffnung des Kronenchakras an der Spitze des Kopfes in den Körper schütten. Sehen und fühlen Sie diesen Schaum, wie er über und in jedes einzelne Chakra fließt. Der Schaum reinigt schnell und gründlich jedes Chakra innen und außen von allem Schmutz, Fett und sonstigen Rückständen. Dann bitten Sie Erzengel Raphael, flüssiges grünes Licht in Sie hineinzugießen, um den Schaum und die Rückstände wegzuwaschen – bis Ihre Chakras alle strahlend sauber sind.

Weißes Licht

Sehen oder fühlen Sie einen Strahl hellen weißen Lichtes, der durch die Spitze Ihres Kopfes tief nach unten in Ihren Körper fließt. Beobachten Sie, wie das weiße Licht zuerst Ihr rubinrotes Wurzelchakra an der Basis Ihrer Wirbelsäule reinigt, poliert und ausdehnt. Als Nächstes reinigt und vergrößert das weiße Licht das gelbe Solarplexus-Chakra, das sich direkt hinter dem Nabel befindet.

Danach wärmt das weiße Licht Ihren Brustraum und verstärkt die Klarheit Ihres smaragdgrünen Herzchakras und vergrößert es. Als Nächstes öffnet, reinigt und vergrößert das weiße Licht Ihr hellblaues Kehlkopfchakra in der Gegend Ihres Adamsapfels. Dann weckt, reinigt und vergrößert das weiße Licht ihr indigoblaues Chakra des »Dritten Auges«, das zwischen Ihren beiden physischen Augen liegt. Danach öffnet und reinigt das weiße Licht Ihre Ohrchakras, die sich jeweils über den Augenbrauen befinden. Und schließlich verlässt das weiße Licht durch Ihr purpurfarbenes Kronenchakra auf der Spitze des Kopfes Ihren Körper wieder. Jetzt sind alle Ihre Chakras gleich groß, und aus Ihrem Inneren strahlt das weiße Licht.

Durchtrennen der ätherischen Schnüre

Wenn wir aus Angst an einer Person oder einem Objekt festhalten, kreieren wir spirituelle »Hundeleinen«, die uns mit der Person oder dem Objekt verbinden und sie daran hindern, sich zu verändern oder uns zu verlassen. Diese Leinen sehen aus wie chirurgische Schläuche, und sie werden je nach Dauer und Intensität der Beziehung immer länger und dicker. Daher sind die Schnüre, die uns mit unseren Eltern, Geschwistern und anderen langjährigen, intensiven Beziehungen verbinden, am dicksten.

Die Schnüre sind hohle Schläuche, durch die Energie zwischen den daran befestigten Personen hin- und herfließt. Hierbei handelt es sich um angstbezogene Schnüre, die immer ungesund sind und auf Fehlverhalten basieren. Sie haben nichts mit der Liebe oder dem gesunden Teil einer Beziehung zu tun. Das Durchschneiden ätherischer Schnüre bedeutet nicht, dass man eine Person im Stich lässt oder sich von ihr trennt; es bedeutet lediglich, dass man den ungesunden, zerstörerischen Aspekt der Beziehung loslässt. Desgleichen haben ätherische Schnüre auch nichts mit der Silberschnur zu tun, die die Seele mit dem Körper verbindet. Die Liebe und die Silberschnur können niemals versehentlich durchtrennt werden.

Nehmen wir an, Sie sind durch eine Schnur mit einem Freund oder einem Verwandten verbunden, der depressiv oder bedürftig ist. Dieser Mensch wird anfangen, Ihnen Energie abzusaugen, so wie man Benzin aus einer Zapfsäule abpumpt. Sie werden sich müde fühlen, ohne zu wissen, warum. Keine noch so große Menge von Kaffee, Fitness oder Schlaf wird in der Lage sein, Ihre Energie zu beleben, wenn Ihre Schwächung auf Absaugen mittels einer ätherischen Schnur zurückzuführen ist. Ich glaube fest daran, dass das »Chronic Fatigue Syndrome« *(Ständiges Müdigkeitssyndrom – Anmerk. d. Übers.)* daher rührt, dass die Betreffenden durch ätherische Schnüre ihrer Energie beraubt werden. Vielen Menschen, mit denen ich gearbeitet habe, ist es gelungen, ihre Energie durch die Anwendung der simplen Methode des Schnurdurchtrennens zurückzugewinnen.

Falls die Person, mit der Sie ätherisch verbunden sind, wütend wird, strömt diese negative Energie ungefiltert durch die ätherischen Schnüre direkt in Ihren Körper und Ihre Chakras. Dies kann zu physischen Schmerzen führen, für die es keine Ursache zu geben scheint und die nicht auf Behandlung reagieren. Personen, deren Beruf mit Helfen zu tun hat, wie beispielsweise Lehrer, Berater und Heiler, weisen oft viele ätherische Schnüre auf, die sie mit ihren Schülern und Patienten verbinden. (Das gleiche gilt für Individuen, die ständig bedürftigen Freunden und Verwandten helfen.)

Daher ist es wichtig, nach jeder Session, bei der Sie jemandem helfen, und wann immer Sie physische Schmerzen haben oder sich ohne sichtbaren Grund lethargisch fühlen, die ätherischen

Schnüre zu durchschneiden. Diese Schnüre können sich erneut entwickeln, falls die Beziehung wieder aufgenommen wird und angstbesetzt bleibt. Die neuen Schnüre sind jedoch dünner, daher kann Ihnen weniger Energie entzogen oder in Ihre Richtung geschickt werden.

Schnurdurchtrennung mit Erzengel Michael

Michael trägt ein Schwert bei sich, das alle Verbindungen zu Negativität durchschneidet. Denken Sie einfach: *Erzengel Michael, ich rufe dich jetzt an. Bitte durchschneide die Schnüre der Angst, die mich meiner Energie und Lebenskraft berauben.* Bleiben Sie still sitzen, während er Ihre Schnüre durchtrennt. Er wird sowohl Ihnen als auch der anderen Person durch die abgetrennten Schnüre heilende Energie senden.

Sensitive Menschen werden Veränderungen in ihrem Körper und im Luftdruck fühlen, wenn Michael die Schnüre durchschneidet, gefolgt von größerer Energie und einer Verminderung eventueller Schmerzen, wenn sie nicht sogar ganz aufhören.

Durchtrennen hartnäckiger Schnüre

Michael kann nur Schnüre durchtrennen, wenn Sie bereit sind, alte Bitterkeiten und negative Gefühle loszulassen, die mit der Person zusammenhängen, an der sie befestigt sind. Falls Sie an einem Gefühl der Wut oder der Unfähigkeit zu vergeben festhalten, wird sich die Schnur nicht durchtrennen lassen. In diesen Fällen rufen Sie Michael mit der oben beschriebenen Methode herbei und fügen die folgenden Worte hinzu, indem Sie an die betreffende Person denken: *Ich bin bereit, allen Schmerz gegen Frieden einzutauschen. Ich bitte jetzt darum, alle Schmerzen durch inneren Frieden zu ersetzen.*

Durchtrennen spezifischer Schnüre

Zusätzlich zu den beiden oben beschriebenen Methoden empfehle ich, den folgenden Schritt vorzunehmen. Denken Sie nacheinander an diese bestimmten Individuen und halten Sie die Intention des Durchtrennens der ätherischen Schnüre in Ihrem Inneren aufrecht, die mit Angst assoziiert sind: Mutter, Vater, Geschwister und ehemalige oder gegenwärtige Geliebte. Dies sind die spezifischen Beziehungen, die zu den meisten Schnüren führen, die mit physischen Schmerzen verbunden sind.

Anti-klebriger Brissy-Reinigungsschaum

Während meines Aufenthaltes in Brisbane (das von seinen Bewohnern Liebevoll »Brissy« genannt wird) fiel mir auf, dass neue Schnüre mit Spinnweben vergleichbar sind, insofern als sie dünn und klebrig sind. Michaels Schwert klebte an diesen Schnüren fest wie ein Messer, das durch ein Spinngewebe zu schneiden versucht. Ich bat Erzengel Raphael um Hilfe, und er gab mir diese Methode:

»Sehen oder fühlen Sie Erzengel Raphael, wie er sich Ihnen mit einer Dose Reinigungsschaum nähert, den er über Ihren gesamten Körper sprüht. Dieser Schaum, ähnlich einem Ofenreinigungsspray, löst umgehend auf Angst basierene Schnüre auf, die sich an neuen oder langjährigen Beziehungen festgemacht haben. Sobald der Schaum die Schnüre aufgelöst hat, sprüht Raphael die Reste mit einem Schlauch weg, der eine grüne Flüssigkeit enthält. Jetzt sind Sie frei von allen kleineren Schnüren und werden höchstwahrscheinlich eine Verbesserung Ihrer Energie feststellen.«

Durchtrennen von Sucht-Schnüren

Setzen Sie sich hin und denken Sie an jedes Suchtverhalten oder alle Situationen, die Sie gerne loslassen möchten. Machen Sie sich klar, ob Sie diese Verhaltensweisen wirklich loslassen wollen, da diese Methode sehr machtvoll ist und ihre Wirkung nicht verfehlen wird. Nachdem Sie diese Technik angewandt haben, werden Sie entweder sofort mit der Sucht aufhören, sozusagen »Cold Turkey«, oder sich ein letztes »Gelage« gönnen, was dazu führt, dass Sie aufhören.

Als Nächstes stellen Sie sich vor, dass die süchtigmachenden Objekte oder Situationen auf Ihrem Schoß sitzen. Dann sehen oder fühlen Sie, wie sie ca. dreißig Zentimeter vor Ihrem Bauch schweben. Achten Sie auf das Netz von Schnüren, das sich von Ihrem Bauch zu den süchtigmachenden Objekten erstreckt. Die Schnüre sehen wie die Wurzeln eines Baumes aus. Bitten Sie innerlich Erzengel Raphael, diese Schnüre vollständig zu durchtrennen. Während dies geschieht, achten Sie auf die Objekte, wie sie problemlos von Ihnen abfallen.

Im Anschluss daran wird Raphael Ihren Bauch mit smaragdgrünem Licht umgeben, um alle alten Wunden vollständig zu heilen. Während Sie tief ein- und ausatmen, wird er durch die durchtrennten Schnüre grüne Energie in Ihren Körper senden. Beim Einatmen wird jegliche vorherige Leere oder Angst jetzt von Raphaels machtvoller Heilenergie erfüllt, geheilt und ins Gleichgewicht gebracht. Wir danken Raphael für diese Heilung!

Durchtrennen von Schnüren mit materiellen Objekten

Ein sicheres Zeichen, dass Sie durch ätherische Schnüre an ein materielles Objekt gebunden sind, besteht darin, dass Sie es um keinen Preis verkaufen würden. Viele Menschen, mit denen ich gearbeitet habe, sind mit diesen Schnüren an ihre Häuser oder Autos gebunden, da ein Teil von ihnen diese Objekte nicht verkaufen will. Konsequenterweise werden Sie sie nicht los, egal, wie viel Werbung Sie dafür machen oder wie viel Preisnachlass Sie anbieten.

Schnüre mit materiellen Objekten wachsen in der Regel aus den Füßen des Betreffenden heraus und sind an dem Teil des Objektes (oder dem Raum des Hauses) befestigt, an dem man am meisten hängt. Wenn Sie den Gegenstand (oder das Haus etc.) wirklich verkaufen wollen, bitten Sie Erzengel Michael, die von der Unterseite Ihrer Füße ausgehenden Schnüre zu durchtrennen, und seien Sie versichert, dass etwas Besseres an die Stelle des Objektes treten wird. Machen Sie sich bewusst, dass der nächste Mensch, dem es gehören wird, von Ihrem großzügigen »Loslassen« profitieren wird.

Staubsaugen mit Erzengel Michael

Dies ist eine Methode, die ich bereits in anderen Büchern beschrieben habe, doch es lohnt sich, sie noch einmal zu erwähnen, da sie äußerst effektiv ist. Bei dieser Methode saugen sie gemeinsam mit Erzengel Michael niedere Energien wie psychischen Müll, angstbesetzte Kräfte und Wesenheiten fort.

Sie können diese Technik für sich selbst oder für andere Menschen anwenden, die Ihnen die Erlaubnis geben, sie spirituell zu heilen (Sie können im Stillen um diese Erlaubnis bitten, indem Sie geistig das höhere Selbst der anderen Person kontaktieren). Diese Methode eignet sich besonders gut zur Heilung von Hyperaktivität, Reduzierung aggressiven Verhaltens und zwanghaften Verlangens und zur Harmonisierung von Stimmungsschwankungen.

Denken Sie an die Person, bei der Sie dieses »Staubsaugen« vornehmen wollen (Sie selbst oder jemand anderes.) Bitten Sie innerlich Erzengel Michael, mit seiner Gruppe barmherziger Engel zu Ihnen zu kommen. Achten Sie auf den Saugschlauch, den Michael bei sich trägt. Entscheiden Sie, ob die Geschwindigkeit des Saugers auf Langsam, Mittel, Hoch oder Extra-Hoch eingestellt werden solll. Helfen Sie Michael, den Schlauch durch das Kronenchakra in den Kopf der betreffenden Person zu legen. Saugen Sie alle dunklen Flecken weg, die Sie dort vorfinden. Achten Sie besonders auf die Bereiche um Kinn und Gehirn.

Saugen Sie weiter hinunter in den Hals und gehen Sie dann mit dem Staubsauger in den Brustraum. Achten Sie auf jegliche Bereiche von Dunkelheit und arbeiten Sie mit Michael, um den Schlauch auf diese Bereiche zu richten und dort die niederen Energien abzusaugen. Falls Sie rotgefärbte Bereiche entdecken, die auf physische Schmerzen hinweisen, schicken Sie liebevolle Energie aus Ihrem Herzen oder Ihren Händen dorthin. Saugen und reinigen Sie alle Körperorgane, einschließlich der Eierstöcke bei der Frau und der Prostata beim Mann.

Schicken Sie den Saugschlauch die Wirbelsäule hinunter und durch die Arme bis in die Finger. Sorgen Sie dafür, auch die Fingerspitzen zu reinigen, wo sich manchmal Dunkelheit versteckt. Nachdem der Oberkörper gereinigt ist, bringen Sie den Staubsauger in den unteren Teil des Körpers, in die Beine, die Kniekehlen, die Waden, Fußgelenke, Füße und Zehen.

Wenn der ganze Körper auf diese Weise gereinigt ist, wird Michael den Schalter an dem Staubsauger umstellen. Nun kommt eine Zahnpasta-ähnliche Flüssigkeit aus dem Schlauch, die wie Abdichtungsmaterial aussieht. Sie füllt den ganzen Körper und klärt und harmonisiert alle Bereiche, die vorher schmerzvoll waren. Wir danken Erzengel Michael und seiner Gruppe barmherziger Engel für diese Reinigung und Heilung.

Entfernung von Flüchen und Dolchen

Sie können diese Methode sowohl bei sich selbst als auch bei einer anderen Person anwenden. Achten Sie darauf, dass Ihr Rücken dabei nichts berührt, auch nicht die Lehne eines Stuhls, falls Sie sich hinsetzen. Lehnen Sie sich nach vorne oder legen Sie sich auf die Seite bzw. auf den Bauch.

Rufen Sie Erzengel Raphael und Michael an und bitten sie, sich um Sie herum zu stellen. Dann atmen Sie sehr tief ein und aus. Manchmal, wenn ein Mensch wütend auf sich selbst oder jemand anderen ist, sendet er zornige Energie, die sich zu einer Form verhärten kann, die sich im Körper festsetzt. Zuweilen verfluchen wir uns selbst oder eine andere Person, bewusst oder unbewusst.

Seien Sie bereit, loszulassen und alle Zorn-Energie aus Ihrem Körper zu entfernen. Lassen Sie alle Dolche, Pfeile, Schwerter oder andere scharfe oder schmerzhafte Objekte aus Ihrem Rücken oder anderen Körperteilen ziehen. Während diese Dolche und anderen Objekte jetzt aus Ihrem Körper gezogen werden, werden Sie vielleicht überrascht sein zu erfahren, wer sie Ihnen geschickt hat. Seien sie bereit, den Betreffenden Ihre Vergebung zu senden, soweit Sie dessen fähig sind, nicht zuletzt als Möglichkeit, sich selbst noch tiefer zu heilen. Entfernen Sie diese Gegenstände weiter aus Ihrem Körper und lassen Sie sie komplett los. Alle Flüche sind jetzt total aufgehoben, in allen Richtungen der Zeit.

Nun wird Raphael Ihnen ein grünes Heilgel auftragen, das umgehend alle früheren Einschnitte heilt. Während die Heilung stattfindet, bedeckt Sie Michael mit einem Schutzschild aus purpurfarbenem Gummi, das alle zukünftigen Attacken von Ihnen abprallen lässt. Und indem sie abprallen, werden sie in Liebe verwandelt und dem Absender zurückgeschickt, damit er geheilt werden kann.

Jetzt sind Sie vollkommen geheilt und beschützt. Danken Sie Raphael und Michael für Ihre Heilung.

Absicherung und geistiger Schutz

Es ist wichtig, sich mit einem energetischen Schutzschild zu schützen, wann immer Sie sich in eine Situation begeben, in der es vor niederer Energie wimmelt, wie zum Beispiel einen öffentlichen Platz, oder wenn Sie sich in der Nähe von kranken oder wütenden Personen aufhalten. Dies ist besondes wichtig für sensitive Menschen, die dazu neigen, die Energie anderer zu absorbieren.

Um sich selbst auf diese Weise zu schützen, stellen Sie sich einfach vor oder denken Sie, wie Sie vollkommen von einem farbigen Licht Ihrer Wahl eingehüllt werden. Sie können auch andere Menschen mit Licht schützen, ebenso Objekte wie Autos oder Häuser. Farbige Schutzschilde verblassen mit der Zeit und lassen in ihrer Wirkung nach, daher müssen Sie sie ungefähr alle zwölf Stunden neu aufladen.

Hier sind einige Farben, von denen Sie eine wählen können, je nach der Situation, in der Sie sich befinden:

- **Weißes Licht:** Gut für Schutz vor Verbrechen oder physischen Angriffen. Ruft zusätzliche Engel zu Ihrem Schutz herbei.
- **Rosafarbenes Licht:** Der rosafarbene Schutzschild bewahrt Sie vor Negativität. Hilfreich in Situationen, in denen Sie von negativ orientierten, klagenden oder tratschenden Personen umgeben sind, da nur Liebe einen rosafarbenen Schutzschild durchdringen kann.
- **Grünes Licht:** Ein Schutzschild für physische Heilung. Benutzen Sie diesen Schild für jemanden, der verletzt oder krank ist.
- **Violettes Licht:** Schutz vor außersinnlichen Attacken und Wesenheiten.

- **Verspiegelter Ball:** Wenn Sie sich verletzbar fühlen oder wenn Ihre Chakras offen und sauber sind und Sie vorhaben, sich derber Energie auszusetzen (wie beispielweise in einer Menschenmenge oder bei einem kräftezehrenden Geschäftstermin), sehen oder fühlen Sie, wie Sie in einen verspiegelten Ball hineingehen. Jegliche negative Energie prallt von dem Ball ab.
- **Schutzschild aus Blei:** Der wirksamste Schild gegen Negativität, wann immer Sie einen Kampf erwarten oder sich besonders verletzbar und offen fühlen. Sehen oder fühlen Sie, wie sie völlig von leichtem Bleimetall umgeben sind, das nichts durchlässt.
- **Dreifachschild:** Wählen Sie drei oder mehrere Farben und bedecken Sie sich damit, um sich hundertprozentig vor jeglicher Negativität zu schützen.

Beseitigung von Wesenheiten und erdgebundenen Seelen

Sensitive Menschen laden sich manchmal Hitchhiker-Seelen auf, ohne es zu wissen. Hierbei handelt es sich nicht um Besessenheit, da die Wesenheit nicht die Kontrolle über Sie und Ihren Körper an sich gerissen hat. Diese Seelen können sich jedoch negativ auf Ihre Gesundheit und Ihr Glück auswirken.

Wesenheiten sind Gedankenformen der Angst, die eine lebendige Gestalt angenommen haben. Sie sind Produkte des Egos, nicht der Liebe, daher existieren sie in Wahrheit nicht. Wenn wir uns jedoch in einer angstvollen Phase befinden, können wir von diesen Wesenheiten, die sich an uns klammern, negativ beeinflusst werden.

Erdgebundene Seelen sind verstorbene Personen, die in der jenseitigen Dimension noch nicht ins Licht gegangen sind. Die meisten von ihnen merken gar nicht, dass sie tot sind. Sie hängen an der Erde aufgrund des Suchtverhaltens, das sie zum Zeitpunkt ihres Todes noch nicht losgelassen hatten; und sie halten sich besonders gerne in der Nähe von Kneipen, Bars und Orten auf, wo Drogen genommen werden, um sich durch lebende Süchtige ein indirektes High zu verschaffen.

Manchmal haben erdgebundene Seelen Angst davor, in die jenseitige Dimension überzuwechseln, da sie an die Hölle und ewige Verdammnis glauben und meinen, diese Zustände verdient zu haben. Andere erdgebundene Seelen hängen so sehr an ihrem Zuhause auf der Erde, dass sie es nicht verlassen wollen. Hier kommen die oft erwähnten »Geister« ins Spiel. Erdgebundene Seelen hören auf lebende Menschen anstatt auf Engel oder aufgestiegene Meister, da sie glauben, noch immer unter den Lebenden zu sein.

Zu den Zeichen für die Präsenz einer Wesenheit oder erdgebundenen Seele gehört: das Manifestieren einer ausgeprägten Sucht; Depression, die nicht auf Behandlung reagiert; unfallgefährdet zu sein; Unfähigkeit, sich zu fokussieren oder zu konzentrieren; und plötzliche Veränderungen in der Lebensweise oder Persönlichkeit. Jeder kann von einer Wesenheit oder erdgebundenen Seele heimgesucht werden, und es ist nicht etwas, vor dem man Angst haben oder dessen man sich schämen muss. Es ist nur einfach etwas, das man ansprechen muss.

Es gibt viele Möglichkeiten, diese Wesenheiten loszulassen:

- **Rufen Sie um Hilfe.** Bitten Sie mit lauter Stimme oder innerlich, dass verstorbene Personen, die erdgebundene Seelen lieben oder sich um sie kümmern, Ihnen zu Hilfe kommen. Bitten Sie diese Verstorbenen, die erdgebundene Seele zu holen und ins Licht zu bringen. In der Regel wird die Großmutter oder der Großvater der betreffenden Seele auf diesen Hilferuf reagieren und die Seele in die jenseitige Dimension begleiten, damit sie heilen, sich weiterentwickeln und wachsen kann.

- **Wenden Sie sich an Erzengel Michael.** Bitten Sie Erzengel Michael, die Wesenheiten und erdgebundenen Seelen von Ihnen, Ihren Liebsten, Ihren Klienten und aus Ihrem Zuhause zu entfernen. Und bitten Sie ihn darüber hinaus, immer an Ihrer Seite zu bleiben und als »Rausschmeißer« zu fungieren, der dafür sorgt, dass niemand in Ihre Nähe kommt, es sei denn, Sie möchten es. Und dass die Betreffenden dann, *wenn* sie in Ihre Nähe kommen, nur liebevolle Absichten haben. Vergessen Sie nicht, dass Michael, wie alle Erzengel, keinen Raum- oder Zeitbeschränkungen unterliegt und daher in der Lage ist, gleichzeitig und individuell bei jedem zu sein, der ihn herbeiruft.

• **Durchtrennen ätherischer Schnüre.** Wenn es sich bei einer erdgebundenen Seele um die eines lieben Verstorbenen handelt, kann es sein, dass die lebende Person durch ätherische Schnüre mit dieser Seele verbunden ist. Die Schnur legt die Seele sozusagen an die Leine des Lebenden. Stellen Sie sich zum Beispiel eine lebende Frau vor, deren alkoholischer, verstorbener Vater, von dem sie oft misshandelt wurde, noch nicht ins Licht gegangen ist und nach wie vor an ihr festhält. Vielleicht möchte er sein früheres Verhalten wieder gutmachen; er ist jedoch nicht in der Lage, ihr zu helfen, da er selbst noch nicht geheilt ist. Seine Gegenwart sorgt dafür, dass sie unbewusst depressiv ist. In einem solchen Fall können Sie Erzengel Michael herbeirufen, um die Schnüre, die Sie mit der Seele verbinden, zu durchschneiden, während Sie gleichzeitig bereit sind, die alte Wut oder den Wunsch nach Rache gegenüber der Seele loszulassen.

• **Wesenheiten herausziehen und entfernen.** Dies ist eine Methode, die man bei einer anderen Person anwenden kann. Zuerst schützen Sie sich selbst, indem Sie – wie beschrieben – in einen verspiegelten Ball treten und Michael und seine Gruppe barmherziger Engel bitten, zu Ihnen zu kommen. Dann ziehen Sie die Wesenheit durch die Spitze des Kronenchakras heraus, so als würden Sie einen langen, dunklen Schal herausziehen. Geben Sie die Wesenheit an Erzengel Michael weiter, der sie aus dem Raum entfernen wird. Ziehen Sie auf diese Weise weitere dunkle Wesenheiten heraus, bis die Person vollständig von ihnen befreit ist. Zuweilen wird es schwierig sein, diese Wesenheiten herauszuziehen, so wie bei einem hartnäckigen Unkraut mit einer langen, starken Wurzel. Reinigen Sie danach sich selbst und Ihre Hände und umgeben Sie sich mit einem Schild aus violettem Licht sowie dem Schutz von Erzengel Michaels Gegenwart.

• **Chakrareinigung.** Meine Audiokassette und CD mit dem Titel *Chakra Clearing* hilft, Wesenheiten und erdgebundene Seelen aus Ihrer Aura zu entfernen, da Erzengel Michael sowohl mir als auch dem Musiker Randall Leonard zur Hilfe wurde. Das heißt, dass Michaels Energie in diesem Soundtrack doppelt vorhanden ist. Viele Menschen benutzen *Chakra Clearing* wie ein Insektenvertilgungsmittel, indem Sie es in Räumen mit dunkler Energie ständig laufen lassen.

Gelübde aufheben

Manchmal folgen uns Gelübde, die wir in vergangenen Inkarnationen geleistet haben, in dieses Leben. Alte Armutsgelübde können finanzielle Probleme kreieren; Zölibatsgelübde führen unter Umständen zu sexuellen Schwierigkeiten und Problemen in Beziehungen; und Selbstverleugnungsgelübde ziehen oft Tendenzen zur Selbst-Sabotage nach sich. Wenn wir diese Gelübde aufheben und ungültig machen, verschwinden ihre negativen Auswirkungen, und wir sind geheilt.

Und so machen Sie alte Gelübde ungültig:

Zentrieren und entspannen Sie sich. Atmen Sie tief ein und aus. Sagen Sie laut oder in Ihrem Inneren: »Hiermit hebe ich alle Armutsgelübde auf, die ich vielleicht in anderen Lebenszeiten abgelegt habe. Ich bitte darum, dass alle Auswirkungen dieser Armutsgelübde in alle Richtungen der Zeit von mir genommen und ungültig gemacht werden.

Hiermit hebe ich alle Keuschheits- und Zölibatsgelübde auf, die ich vielleicht in anderen Lebenszeiten abgelegt habe. Ich bitte darum, dass alle Auswirkungen dieser Keuschheits- und Armutsgelübde in alle Richtungen der Zeit von mir genommen und ungültig gemacht werden.

Hiermit hebe ich alle Selbstverleugnungsgelübde auf, die ich vielleicht in anderen Lebenszeiten abgelegt habe. Ich bitte darum, dass alle Auswirkungen dieser Selbstverleugnungsgelübde in alle Richtungen der Zeit von mir genommen und ungültig gemacht werden.«

Umgeben Sie sich mit Engeln, damit Sie nachts gut schlafen können

Bevor Sie einschlafen, bitten Sie innerlich, dass Schutzengel an jeder Ihrer Türen und Fenster postiert werden, um die ganze Nacht lang über Sie zu wachen und Sie zu beschützen. Visualisieren Sie sich selbst, Ihr Zuhause, Ihre Liebsten, alle beunruhigenden Situationen und die ganze Welt, wie sie von einer beschützenden, dicken Schicht von weißem Licht eingehüllt sind. Dann sehen oder fühlen Sie, wie Erzengel Raphael Ihnen eine Decke grüner Heilenergie reicht. Schlüpfen Sie unter diese Decke aus grünem Heilungslicht und spüren Sie, wie Ihr Körper sich vollkommen entspannt. Schlafen Sie wohl!

Arbeiten mit Kristallen

Kristalle fokussieren Heilenergie und eignen sich vorzüglich dazu, das Licht in Ihrer Heilungsarbeit zu intensivieren. Sie können Kristalle in metaphysischen Buchläden und Geschenkboutiquen kaufen, in vielen Yoga-Studios, bei Mineral- und Edelsteinausstellungen und über das Internet. Wählen Sie Ihren Kristall intuitiv, je nachdem wie sehr Sie sich von seiner Farbe angezogen fühlen und welches Gefühl er Ihnen gibt, wenn Sie ihn in der Hand halten. Halten Sie den Kristall neben Ihr drittes Auge und achten Sie darauf, ob Sie ein Kribbeln spüren, denn daran können Sie erkennen, ob der Kristall lebt und eine hohe Lebenskraft-Energie hat. Müde Kristalle produzieren kein Kribbeln, wenn Sie sie in die Hand nehmen.

Sobald Sie ihren Kristall erstanden haben, sollten Sie ihn von seiner früheren Energie reinigen. Die beste Möglichkeit, einen Kristall zu klären, besteht darin, ihn für zwei bis vier Stunden in direktes Sonnenlicht zu legen. Manche Menschen schwören darauf, den Kristall in Salzwasser zu legen; dies kann sich jedoch nachteilig auf den Edelstein auswirken und ihn schwächen.

Laden Sie Ihren Kristall mit Mondlicht auf, besonders am Abend vor dem Vollmond. Selbst wenn der Mond von Wolken verdeckt sein sollte, wird seine Energie dennoch in Ihren Kristall eindringen und ihn aufladen.

Kristalle entfalten ihre machtvolle Wirkung, wenn Sie sie als Schmuck tragen, in der Hand halten, auf kranke oder verletzte Körperteile oder über die Chakras legen oder in Ihrem Haus verteilen. Viele Menschen lieben es, Kristalle auf ihrem Nachttisch oder unter ihrem Bett zu platzieren, weil sie so besser schlafen können, während andere dies als zu anregend empfinden für einen erholsamen Schlaf.

Kristalle können auch ins Badewasser gegeben werden, um die Heilenergie eines Bades zu verstärken. Außerdem laden sie Trinkwasser mit heilendem Licht auf, wenn sie in die Flasche oder das Glas gegeben werden. (Sie müssen natürlich darauf achten, dass Sie den Kristall nicht verschlucken!)

Viele New-Age-Bücher enthalten ausführliche Details bezüglich der Heilung mit Kristallen. Ich selbst habe ein Buch darüber geschrieben mit dem Titel *Crystal Therapy*, doch die beste Informationsquelle ist Ihre eigene Intuition und Erfahrung. Vertrauen Sie Ihrer inneren Weisheit und genießen Sie es, mit den magischen, lebendigen Mitgliedern des Königreichs der Minerale zu arbeiten.

Engelfarben-Reading

Wenn Sie sich nicht wohl fühlen, legen Sie sich hin und stellen Sie sich vor, wie Sie sich wohlig auf einer Wolke ausstrecken und von vielen Engeln umgeben sind. Sehen oder fühlen Sie, wie die Engel mit ihren Händen durch Ihre Aura streichen und jeglichen psychischen Abfall entfernen. Ein paar der Engel sind mit kristallenen Taschenlampen ausgerüstet, die heilende Farben über Ihren Körper scheinen lassen. Merken Sie sich, um welche Farben es sich dabei handelt. Genießen und absorbieren Sie diese Farben mit Ihrem Atem. Lassen Sie zu, dass Sie total umsorgt werden und vielleicht sogar in einen kurzen, erholsamen Schlaf sinken.

Danach rufen Sie sich die Farben ins Gedächtnis zurück, mit denen die Engel Sie bestrahlt haben. Diese Farben zeigen an, was Sie brauchen und was in Ihrem Leben aus dem Gleichgewicht geraten ist:

- **Weiß:** Kontaktieren Sie Ihre Engel, sowohl die irdischen, die Ihnen in diesem Leben zur Seite stehen, als auch die in den himmlischen Gefilden. Erzählen Sie ihnen von Ihren Sorgen und Ängsten und nehmen Sie ihre Hilfe und Liebe an.
- **Lila (oder Purpurrot):** Beten oder meditieren Sie und gewähren Sie sich eine Ruhepause, weg vom Lärm der Welt und von anderen Menschen. Es wäre für Sie jetzt sehr heilsam, sich irgendwo an einem schönen Platz im Freien an den mannigfachen Geräuschen der Natur zu erfreuen.
- **Violett:** Sie brauchen es, dass man Ihnen ohne zu urteilen zuhört und vertraut.
- **Dunkelblau:** Vertrauen Sie Ihrer Intuition und lassen Sie sich nicht durch die Argumente anderer Menschen davon abbringen.
- **Hellblau:** Sie brauchen jetzt in Ihrem Leben Kreativität, entweder durch Ihre eigenen künstlerischen Projekte, oder indem Sie Ihre Umwelt durch das Spielen von Musik oder den Erwerb einiger neuer Kunstwerke (es muss nichts Kostspieliges sein) verschönern.
- **Türkis:** Sie brauchen die Unterstützung und Hilfe anderer Menschen. Sorgen Sie dafür, dass Sie um Hilfe bitten und Ihre Arbeit delegieren, wenn es nötig ist.
- **Smaragdgrün:** Zur Zeit brauchen Sie Erholung und Schlaf, zusammen mit einer Entgiftung und Reinigung Ihrer Ernährungsweise und der Energie, die Sie absorbieren.
- **Hellgrün:** Sie müssen bezüglich Ihrer wahren Gefühle ehrlich mit sich selbst sein, ohne zu rationalisieren und ohne Schuldgefühle oder Angst.
- **Gelb:** Klären Sie eine Situation, die mit Ihrer Arbeit oder Schule zu tun hat, da sie Ihnen zusetzt und umgehend geändert werden muss.
- **Orange:** Sie müssen sich um Ihre Wohnsituation kümmern, um Ihr Zuhause wohnlicher, heilender und angenehmer zu gestalten.
- **Rosa:** Sie haben Sehnsucht nach Liebe, Zuneigung und körperlicher Nähe.
- **Rot:** Übergeben Sie den himmlischen Mächten Ihre Wut und Sorgen, da sie sich physisch negativ auswirken und Sie aus dem Gleichgewicht bringen, wenn Sie diese Gefühle in Ihrer Seele und Ihrem Körper festhalten.

Eine Kombination verschiedener Farben zeigt multiple Bedürfnisse und Sorgen an, daher sollte jede einzelne näher betrachtet werden.

Anleitung zur Auswahl von Kristallen

Nachstehend finden Sie eine Liste von Kristallen, die Sie für die verschiedensten Situationen, Körperteile oder Krankheiten benutzen können. Halten oder platzieren Sie den Kristall auf oder in die Nähe der betroffenen Stelle *(englische Bezeichnungen, für die es keine deutsche Übersetzung gibt in kursiv)*:

Abschürfungen: Karneol
AIDS: Diaspor, Petalit, Dioptas
Akne: Smithsonit, Rhodonit, Nontronit
Albträume: Chalcedon, Rhodonit, Amethyst
Alkoholismus: Nissonit, Thalenit, Smithsonit
Allergien: Chrysokoll, Zirkon
Angstzustände: Lapislazuli, Rauchquarz, Citrin
Anorexia: Moosachat, Quarz mit Muskoviteinprägungen, Rhodochkrosit
Appetitsteigerung: Epidot, Unakit
Appetitverringerung: Chlorit, Mondstein
Arthritis: Kupfer, Chrysocolla, Rauchquarz mit Einkerbungen
Asthma: Grüner Turmalin, Rhodonit, Macfallit
Astralreisen: Angelit, Apophyllit, Grüner Calcit
Atemprobleme: Bernstein, Morganit
Augen, Gesundheit der: Chalcedon, Aquamarin, Rhodochkrosit
Autismus: Tektit, Gold
Ausschläge: Aspahlt
Bauchspeicheldrüse: Grüner Moos-Achat, Alexandrit, Magnetit
Beine: Dravit, Jade, Blutstein
Bessere Geschäfte: Citrin, Zinnober, Manifestations-Quarz
Blasenprobleme: Orangefarbener Jaspis, Blutstein (Heliotrop), Karneol
Blinddarmentzündung: Citrin, Karneol
Blut: Blutstein (Heliotrop), Karneol, Hämatit
Blutkreislauf: Rubin, Citrin, Pyrit

Bronchitis: Roter Jaspis, Pyrit, gefurchter Quarz
Brust: Peridot, rosa Schneeball-Amethyst, Bravoit
Bulimie: Quarz mit Mica-Einkerbungen, Ocho
Cardiovaskuläre Erkrankungen: Eastonit
Darm: Bernstein, Malachit, Lagunen-Achat
Dehydration: *hancockite*, Wasserfall-Quarz, Flammenaura-Quarz
Depression: Azurit, Kunzit, Topas
Diabetes: Amethyst, *owyhee jasper*, Malachit
Eierstöcke: Periklas, Tigerauge, Mondstein
Eileiter: Mondstein, Chrysocolla
Empfängnis eines Kindes: Granat, Crocoith, Koralle
Emphysema: Rhodonit, Chrysocolla
Endometriose: Silicea-Kristalle, Chrysocolla
Energie, verbesserte: Peridot, Jaspis, Bernstein
Entfernung von Wesenheiten: Serpentin, Onyx, Obsidian
Entzündung: Blauer Spitzen-Achat, Blauer Fluorit
Epilepsie: Moldavit, Gagat
Erinnerungsvermögen: Feuerachat, Bernstein, Pyrit
Erkältungen: Klarer oder Lila Fluorit, Jamesonit
Fieber: Chrysocolla, blauer Spitzen-Achat
Fibromyalgia: Aventurin, Imperial-Topas
Finger- und Zehennägel: Calcit, Perle, Opal
Fülle kreieren: Jade, Zinnober, Quarz der Fülle
Füße: Gagat, Aquamarin, Onyx
Gallenblase: Malachit, Granat, Jaspis
Geburt eines Kindes: Mondstein, Rubin, Jaspis
Gehör: Sodalit, Saphir, Lapislazuli
Gelbsucht: Sugilith, Silber
Geldangelegenheiten: Jade, Zinnober, Citrin
Gelenke: Dioptase, Hämatit, Albit
Genitalien: Roter Granat, Schwarzer Obsidian, Rauchquarz
Geschwüre: Chrysocolla, Goldenes Tigerauge, Pyrit
Gewichtsabnahme: Labradorit, Picasso-Jaspis, Serandit
Gewichtszunahme: *epidote*, *unakite*
Haare: Quarz, Opal, Malachit
Halsschmerzen: Larimar, Angelit
Hände: Faden-Quarzkristall, Oligoklas, Fersmanit

Harntrakt: Bernstein, Jade, Citrin
Haut: Azurit/Malachit, Muschelkalk, Zirkon
Hellfühlen: Smithsonit
Hellhören: Phantom-Quarz
Hellsehen: Amethyst, Azurit, Klarer Quarz
Herz: Dioptase, Peridot, Gold
Herz, gebrochenes: Rosenquarz, Rosa Topas, Malachit
Hirnanhangdrüse: Lapislazuli, Fluorit, Amethyst
Hundebiss: Dioptase, Karneol, Amethyst
Immunsystem: Malachit, Blauer Quarz, Lepidolith
Impotenz: Verdit, Padparadscha, Granat
Infektion: Galenit, Rubin, Türkis
Innere Spannung: Calcit, Selenit
Innere Unruhe, Sorgen: Tangerine-Quarz, Orangencalcit
Insektenstiche: Lazulith, Monazit
Juckreiz: Malachit, Azurit, Dolomit
Kehle, Rachenraum: Türkis, Turmalin, Bernstein
Knochen: Calcit, Howlith, Goldenes Tigerauge
Knochenbrüche: Calcit, Hämatit, Dioptase
Koliken: Malachit, Jade
Koma: Moldavit, Tansanit
Kopfschmerzen: Blauer Spitzen-Achat, Sugilith, Amethyst
Krämpfe: Celestit, Smithsonit, Mondstein
Krebs: Sugalith, Rhodochkrosit, Flammenaura-Quarz
Lebensaufgabe: Klarer Quarzkristall, Sugilith, Smaragd
Leber: Azurit/Malachit, Peridot, Rhodochkrosit
Leukämie: Alexandrit, Blutstein
Lunge: Chrysocolla, Dioptase, Galenit
Lupus: Rosa Phantom
Lymphknoten: Zitronen-Opal, Simpsonit, Lazulit
Magen: Peridot, Jaspis
Magengeschwür: Rhodochrosite
Mandelentzündung: Larimar, Chalcedon
Manische Depression: Lepidolith, Kunzit
Menstruation: Rauchquarz, Mondstein, Dolomit
Migräne: Gagat, Turmalin, Dioptase
Milz: Jade, Apophyllit
Misshandlungen heilen: Iolith, Spinell, Rauchquarz

Müdigkeit, Erschöpfung: Rauchquarz
Mund: Sodalit, Mordenit, Meliphan
Muskeln: Cholkopyrit, Apatit, Yoderit
Nasenbluten: Hämatit
Nebenhöhlen: Schwefelstein, Fluorit, Eliat-Stein
Nieren: Honig-Calcit, Karneol, Jade
Ohren: Bernstein, Saphir, Blauer Fluorit
Osteoporosis: Grüner Calcit
PMS (prämenstruales Syndrom): Mondstein, Hämatit
Prostata: Aurora Borealis-Stein, *osarizwaite*, Tetraedrit
Rauchen: Oregon-Amethyst, Aventurin, Barith
Rückenprobleme: Grüner/Blauer Calcit, Goldtopas, Martit
Rückenschmerzen: Chrysokoll
Ruhige Gefühle: Rosenquarz, Blauer Spitzen-Achat, Klarer Quarz
Schilddrüse: Peridot, Lapislazuli, Chrysocolla
Schlaflosigkeit: Fluorit, Lapislazuli, Sodalit
Schluckauf: Rote Koralle
Schmerzen: Boji-Steine, Sugilith, Malachit
Schmerzen, dumpf: Celestit, Charoit
Schock: Hämatit, Mondstein
Schultern: Blauer Spitzen-Achat
Schwangerschaft: Perle, Mondstein
Schwellungen: Quarz
Sehkraft: Fluorit, Smaragd, Rhodockrosit
Sodbrennen: Fluorit
Sprache: Blauer Turmalin, Blauer Fluorit
Stress: Azurit/Malachit, Boji-Steine, Türkis
Suchtverhalten: Aventurin, Baryt, Zeolithe
Thymusdrüse: Aquamarin, Cuprit, Rhodochrosit
Trauer: Obsidian, Lapislazuli, Rosenquarz
Traumerinnerung: Herkimer-Diamant, Smithsonit, gefurchter Quarz
Tumor: Malachit, Blauer Kyanit
Unfruchtbarkeit: Granat, Orangefarbener Turmalin
Venen: Aquamarin, Opal, Schlangenhaut-Jaspis
Veränderung, Umgang mit: Rauchquarz, Rosa Turmalin, Granat

Verbrennungen: Iris-Achat, Sodalith
Verdauung: Roter Jaspis, Goldcalcit, Citrin
Vergangene Leben: Meteorit, Amethyst, Obsidian
Verletzung-/Unfallverhütung: Gelber Karneol, Spinel, Kunzit
Versagensängste: Rotes Tigerauge, Mondstein, Aquamarin
Verstopfung: Rhodochrosit
Vertrauen, verstärktes: Amazonit, Aventurin, Gold
Wechseljahre: Lapislazuli, Granat, Mondstein
Wirbelsäule: Labradorit, Magnetit, Jaspis
Zähne: Fluorit, Calcit, Hovolith
Zirbeldrüse: Klarer Quarzkristall, Blauer Fluorit, Zirkon
Zunge: Mordenit, Whitlockit, Sodalid

Diese Kristall-Heilliste wurde von Judith Lukomski und Rachelle Charman erstellt:

Judith Lukomski gibt mit Freuden die Verbindung von Himmel und Erde an andere Menschen weiter, indem sie mit der Weisheit des Königreiches der Minerale und den Engeln arbeitet. Seit ihrer Kindheit stark intuitiv veranlagt, hat sie ihre Fähigkeiten entwickelt, um jenen zu helfen, die Veränderung und inneres Wachstum suchen. Sie ist eine begnadete Lehrerin, Energieheilerin, Lebensberaterin und Autorin.

In ihrer Position als beglaubigte Meisterin der Kristallkunde, Angel Therapy Practitioner, Medium und klinische Hypnotherapeutin fungiert Judith als Führer für Menschen, die an persönlicher Evolution und Lernen interessiert sind. Zu ihren Büchern gehören: *Gifts From Heaven: Pracitcal Application of Crystal Energy; Questions about Quarz: A Guide to Crystalline Configurations,* und *Kristall-Therapie* von Doreen Virtue und Judith Lukomski (Hay House 2005/Ullstein 2006).

Judiths Website lautet: **www.crystalfriends.net.**

Rachelle Charman ist in Australien für ihre Forschungen und Teilnahme an Seminaren im Bereich der persönlichen Entwicklung bekannt. Sie selbst gibt Seminare über ihre beiden Leidenschaften: Engel und Kristalle. Rachelle ist die Leiterin der Angel Intuitive Mentor Group in Australien, wo sie fast 2 000 weiterer Certified Angel Intuitives unterstützt.

Rachelle beschäftigt sich seit Jahrzehnten mit der Erforschung und Arbeit mit Kristallen und hat viel praktische Erfahrung damit. Die von Rachelle entdeckten Heilungsmethoden mit Kristallen haben sowohl ihr als auch vielen anderen Menschen geholfen, lebenslange destruktive Muster von Suchtverhalten und Misshandlungen loszulassen. Um mehr über Rachelles Seminare oder Sessions zu erfahren, schicken Sie bitte eine E-Mail an: **white_light33 (at) hotmail.com**

Nachwort

Vergessen Sie nie, dass Sie Licht und Liebe sind und wunderbare Selbstheilungsfähigkeiten besitzen. Sie wurden nach dem Bilde Gottes erschaffen, und Sie erfreuen sich jetzt, in diesem Augenblick, der perfekten Gesundheit, Fülle, Weisheit und Kreativität des Schöpfers. Rufen Sie das Licht und die Liebe in Ihrem Herzen an, um zu wachsen und innerlich weit zu werden.

Mögen Sie das Licht über, um und in der Erde genießen. Mögen Sie so oft wie möglich mehr Licht in die Energielinien der Erde senden und die Erde mit heilendem weißem Licht umgeben. Mögen Sie das Licht Gottes und der Engel sehen. Möge das Licht Ihr Herz, Ihre Seele und Ihren Körper erwärmen.

Mögen Sie frei sein von Ängsten, Liebe zu geben und zu empfangen. Möge Ihnen bewusst sein, wie liebenswert Sie wirklich in diesem Moment sind. Mögen Sie wissen, dass Sie die tiefste Liebe in all Ihren Beziehungen verdienen. Mögen Sie sich selbst mit sanfter, liebevoller Fürsorge behandeln.

Ich schicke Ihnen Liebe und Licht
auf all Ihren Wegen!

Weitere Titel der Autorin in deutscher Übersetzung:

Das Heilgeheimnis der Engel
Engel-Gespräche
Die Heilkraft der Engel
Die Heilkraft der Feen
Dein Leben im Licht
Engel der Erde
Neue Engelsgespräche
Medizin der Engel
Das Heil-Orakel der Engel (44 Karten mit Anleitung)
Das Heil-Orakel der Feen (44 Karten mit Anleitung)
Das Erzengel-Orakel (45 Karten mit Anleitung)

Bibliographie

Albino, A. P.; Juan, G.; Traganos, F.; Reinhart, L.; Connolly, J.; Rose, D. P.; Darzynkiewicz, Z. »Cell cycle arrest andapoptosis of melanoma cells by docosahexaenoic acid: Association with decreased pRB phophorylation.« *Cancer Research.* 1. August 2000; 60(15): 4139–45.

Baker, B ...P., et al. »Pesticide residues in conventional, integrated pest management (IPM) versus grown and organic foods: Insights from three US data sets.« (Überreste von Pestiziden bei der Anwendung von konventionellen, integrierten Pestiziden versus natürlich gewachsenen und biologisch-dynamischen Nahrungsmitteln: Erkenntnisse aus drei US-amerikanischen Studien.) *Food Additive Contamination.* Mai 2000; 19(5): 427–46.

Barger-Lux, M; und Heaney, R. P. »Effects of above average summer sun exposure on serum 25 – hydroxyvitamin D and calcium absorption.« (Auswirkungen direkter, durchschnittlicher Sonnenlichtbestrahlung auf die Absorbierung von Serum 25 – Hydroxytvitamin D und Calcium.) *The Journal of Clinical Endocrinology & Metabolism.* 2002; 87(11): 4952–56.

Barnes, V. A.; Bauza, L ...B.; Treiber, F. A. »Impact of stress reduction on negative school behavior in adolescents.« (Auswirkung von Stressminderung auf negatives Schulverhalten bei Jugendlichen.) *Health Qualitiy Life Outcomes.* 23. April 2003; 1(1): 10.

Bhattacharjee, C.; et al. »Do animals bite more during a full moon? Retrospective observational analysis.« (Neigen Tiere bei Vollmond verstärkt zum Beißen? Rückblickende Beobachtungs-Analyse.) *BMJ.* 23. Dezember 2003; 321(7276): 1559–61.

Braden, G. *The God Code.* Carlsbad, CA: Hay House, Inc., 2004

Byrd, R. C. »Positive therapeutic effects of intercessory prayer in coronary unit population.« (Positive therapeutische Wirkung von Fürsprache-Gebeten bei klinischen Herzpatienten.) *Archives of Internal Medicine*. 23. Juni 2003; 163(12): 1405–8.

Cha, K. Y., et al. »Does prayer influence the success of in vitro fertilization-embryo transfer? Report of a masked, randomized trial.« (Wirken sich Gebete auf den Erfolg von Embryo-Übertragung bei künstlicher Befruchtung aus? Bericht eines blinden, willkürlichen Versuches.) *Reproductive Medicine*. September 2001; 46(9): 781–7.

Crawford, L. »Light needed: sunlight improves test scores.« (Licht ist notwendig: Sonnenlicht führt zu verbesserten Testergebnissen.) *Silver Chips Online News*. 7. Oktober 1999.

Curl, C ...L., et al.: »Organophosphorus pesticide exposure of urban and suburban preschool children with organic and conventional diets.« (Auswirkungen organphosphorischer Pestizide auf biologisch-dynamisch und konventionell ernährte Kinder in Städten und Vorstädten.) *Environ Health Perspectives*. März 2003; 111(3); 377–82.

Davidson, R. J.; Kabat-Zinn, J.; Schumacher, J.; Rosenkranz, M,; Muller, D.; Santorelli, S. F.; Urbanowski, F.; Harrington, A.; Bonus, K.; Sheridan, J. F.; »Alterations in brain and immune function produced by mindfulness meditation.« (Veränderungen in Gehirn- und Immunfunktion, hervorgerufen durch bewusste Meditation.) *Psychosomatic Medicine*. Juli/August 2003; 65(4): 564–70.

DeLorgeril, M., et al. »Mediterranean alpha-linolenic acid-rich diet in secondary prevention of coronary heart disease.« (Mediterrane Diät, reich an Alpha Linolenic-Acid, bei Sekundärprävention von Herzerkrankungen.) *Lancet*. 1994; 343: 1454–59.

Donnelly, I. *Atlantis: The Antediluvian World*. New York: Dover Publications, Inc., 1976.

Ebbesen, F.; Agati, G.; Pratesi, R. »Phototherapy with turquoise versus blue light.« (Fototherapie mit türkisfarbenem versus blauem Licht.) *Arch Dis., Child Fetal Neonatal Edition*. September 2003; 88(5): F430–1.

El-Hajj Fuleihan, G., und Deeb, M. »Hypovitaminosis D in a sunny country.« (correspondence). (Unterversorgung mit Vitamin D in einem sonnigen Land.) *The New England Journal of Medicine*. 10. Juni 1999; 340(23): 1840–1.

English, D. R. »Sunlight and cancer« (Sonnenlicht und Krebs). *Cancer Causes Control*. Mai 1997; 8(3): 271–83.

Farmer, S. D. *Sacred Ceremony: How to Create Ceremonies for Healing, Transitions and Celebrations*. Carlsbad, CA: Hay House, Inc., 2002.

Flannery, M. »Guardian angels? Terminally ill boy claimed he saw them; do photos bear him out?« (Schutzengel? Hoffnungslos erkrankter Junge behauptet, sie gesehen zu haben; bestätigen Fotos seine Behauptung?) *ABCNEWS.com*, 19. Juli 2003.

Freedman, D. M., et al. »Sunlight and mortality from breast, ovarian, colon, prostate and non-melanoma skin cancer: A composite death certificate based case-control study.« (Sonnenlicht und Sterblichkeit bei Brust-, Eierstock-, Darm-, Prostata- und nicht-melanomem Hautkrebs: Eine auf der Zusammenfasung von Sterbeurkunden basierende Fall-Kontrollstudie.) *Occupational Environmental Medicine*. 1. April 2002; 59(4): 257–62.

Freeman, K. *The Pre-socratic Philosophers*. Oxford University Press, 1946.

Giasson, M. und Bouchard, L. »Effect of therapeutic touch on the well-being of persons with terminal cancer.« (Auswirkungen von Therapeutic Touch auf das Wohlbefinden von Personen mit tödlicher Krebserkrankung.) *Holistic Nursing*. September 1998; 16(3): 383–98.

Glerup, H., et al. »Commonly recommended daily intake of vitamin D is not sufficient if sunlight exposur is limited.« (Allgemein empfohlene tägliche Gabe von Vitamin D ist bei begrenztem Aufenthalt im Sonnenlicht nicht ausreichend.) *Journal of Internal Medicine*. 1. Februar 2002; 247(2): 260–8.

Gloth, F. M. III, et al. »Vitamin D deficiency in homebound elderly persons.« (Vitamin D-Mangel bei älteren Menschen, die ans Haus gefesselt sind.) *Journal of the American Medical Association*. 6. Dezember 1995: 274 (21).

Goodyear-Smith, R. »Health and safety issues pertaining to genetically modified foods.« (Gesundheits- und Sicherheitsrisiken bei genetisch modifizierten Nahrungsmitteln.) *Aust. NZJ Public Health*. August 2001; 25(4): 371–5.

Gorham, E. D., et al. »Sunlight and breast cancer incidence in the USSR.« (Sonnenlicht und Fälle von Brustkrebs in der Sowjetunion.) *International Journal of Epidemiology*. 1. Dezember 1990; 19(4): 820–4.

Hall, J. *The Crystal Bible: A Definitive Guide to Crystals*. Hampshire, Great Britain: Godsfield Press, Ltd., 2003.

Harris, W. S., et al. »A randomized, controlled trial of the effects of remote, intercessory prayer on outcomes in patients admitted to the coronary unit. (Eine kontrollierte Zufallsstudie bezüglich der Resultate von auswärtigen Fürsprache-Gebeten bei Patienten auf der Station für Herzkranke.) *Archives of International Medicine*. 26. Juni 2000; 160(12): 1878.

Heraclides von Pontus (fr. 89 Wehrli) in Diogenes Laertius. *Lives of Eminent Philosophers*. 8.4–5.

Hirsch, R. J.; Shalita, A. R. »Lasers, light, and acne.« (Laser, Licht und Akne.) *Cutis*. Mai 2003; 71(5): 353–4.

Hobday, R. *The Healing Sun*. Forres, Scotland: Findhorn Press, 1999.

Hu, F. B. »The Mediterranean diet and mortality – olive oil and beyond.« (Die mediterrane Ernährungsweise und Sterblichkeit – Olivenöl und mehr.) *The New England Journal of Medicine*. 26. Juni 2003; 348(26): 2596–96.

Iwao, M.; Kajiyama, S.; Mori, H.; Oogaki, K. »Effects of qigong walking on diabetic patients: A pilot study.« (Auswirkungen von Qigong-Gehen bei zuckerkranken Patienten: Eine Pilotstudie.) *Journal for Alternative Complementary Medicine*. August 1999; 5(4): 353–8.

Jones, G. und Dwyer, T. »Bone mass in prepubertal children: Gender differences and the role of physical activity and sunlight exposure.« (Knochendichte bei präpubertären Kindern: Geschlechtsunterschiede und die Rolle physischer Aktivität und Sonnenlichtbestrahlung.) *Jour-*

nal of Clinical Endocrinology Metabolism. 1. Dezember 1998; 83(12): 4274–9.

Jowett, B. *Selected Dialogues of Plato: The Benjamin Jowett Translation.* Modern Library Classics, 2001.

Kime, Z. R. *Sunlight.* Penryn, CA: World Health Publications, 1980.

Law, S. P. »The regulation of menstrual cycle and its relationship to the moon.« (Die Regulierung des Menstruationszyklus und seine Beziehung zum Mond.) *Acta Obstet Gynecol Scand,* 1. Janur 1986: 65(1): 45–8.

Lefkowitz, E. S. und Garland, C. F. »Sunlight, vitamin D, and ovarian cancer mortality rates in US women.« (Sonnenlicht, Vitamin D und Sterblichkeitsrate bei Eierstockkrebs bei Frauen in den USA.) *International Journal of Epidemiology.* Dezember 1994; 23(6); 1133–6.

Lei, X. F.; Bi, A. H.; Zhang, Z. X.; Cheng, Z. Y. »The antitumor effects of qigong-emitted external qi and its influence on the immunology functions of tumor-bearing mice.« (Die Antitumor-Effekte von externem Qi, das durch Qigong-Behandlungen übertragen wird, und seine Auswirkungen auf die Immunfunktionen bei tumorinfizierten Mäusen.) *Journal of Tongji Medical University.* 1991; 11(4): 253–6.

Leibovici, L. »Effects of remote, retroactive interecessory prayer on outcomes in patients with bloodstream infection: randomized controlled trial.« (Auswirkungen retro-aktiver Fürsprachgebete aus der Ferne auf Untersuchungsresultate bei Patienten mit Infektionen in der Blutbahn: kontrollierte Zufallsstudie.) *BMJ,* 22. Dezember 2001; 323(7327): 1450–1.

Li, M.; Chen, K.; Mo, Z. »Use of qigong therapy in the detoxification of heroin addicts.« (Anwendung von Qigong-Therapie bei der Entgiftung von Heroinsüchtigen.) *Alternative Therapeutic Health Medicine,* Januar-Februar 2001; 8(1); 50–4, 56–9.

Liberman, J. *Light: Medicine of the Future.* Rochester, Vermont, USA: Bear & Company, 1991.

Lim, Y. A.; Boone, T.; Flarity, J. R.; Thompson, W. R. »Effects of qigong on cardiorespiratory changes: a preliminary study.« (Auswirkungen von

Qigong bei Veränderungen im Herz-Lungen-Bereich: eine Vorbereitungsstudie.) *American Journal for Chinese Medicine,* 1993; 21(1): 1–6.

Matthews, D. A., et al. »Effects of intercessoray prayer on patients with rheumatoid arthritis.« (Auswirkungen von Fürsprache-Gebeten auf Patienten mit rheumatischer Arthritis.) *Southern Medical Journal,* Dezember 2000; 93(12): 1177–86.

»Mediterranean diet could help Asians.« (Mediterrane Ernährung: gesunde Alternative für Asiaten.) *BBC News.* 8. November 2002.

Melody, A. *Love is in the Earth: A Kaleidoscope of Grystals.* 1995, Earth Love Publishing House.

Narby, L. *Cosmic Serpent: DNA and the Origins of Knowledge.* Los Angeles: J. P. Tarcher, 1999.

Nelemans, P. J., et al. »An addition to the controversy of sunlight exposure and melanoma risk: A meta-analytical approach.« (Ergänzung zur Kontroverse bezüglich Sonnenlichtbestrahlung und Melanomen-Risiko: ein meta-analytischer Ansatz.) *Journal of Clinical Epidemiology.* 1. November 1995; 48(11): 1331–42.

Olson, K.; Hanson, J. »Using Reiki to manage pain: a preliminary report.« (Anwendung von Reiki zur Schmerzlinderung: ein einleitender Bericht.) *Cancer Prevention Control.* Juni 1997; 1(2): 108–13.

Pellegrino-Estrich, R. *The Power to Heal: A Concise and Comprehensive Guide to Energy Healing.* Brasilien: Grafica Terra Ltda., 2003.

Podolsky, D. »A new age of healing hands.« (Eine neue Ära heilender Hände.) *U. S. News & World Report.* 5. Februar 1996; S. 71 und 74.

Prochaska, L. J. »Effects of food processing on the thermodynamic and nutritive value of foods: Literature and database survey.« (Auswirkungen von Nahrungsmittelkonservierung auf den thermodynamischen und Nahrungswert von Lebensmitteln: Literatur- und Datenbank-Überblick.) *Med. Hypotheses.* Februar 2000; 54(2): 254–62.

Raphaell, K., *Crystal Healing: The Therapeutic Application of Crystals and Stones.* 1991, Aurora Press.

Salamone, L. M., et al. »Contributions of vitamin D intake and seasonal sunlight exposure to plasma 25-hydroxyvitamin D concentration in elderly women.« (Beitrag von Vitamin D-Gaben und saisonaler Sonnenlichtbestrahlung zur Plasma-25-Hydroxyvitamin-D-Konzentration bei älteren Frauen.) *American Journal of Clinical Nutrition.* 1. Janura 1994; 59(1): 80–6.

Salih, F. M. »Can sunlight replace phototherapy units in treatment of neonatal jaundice? An in-vitro study.« (Kann Sonnenlicht bei der Behandlung der Säuglingsgelbsucht Phototherapie-Einheiten ersetzen? Eine In-vitro-Studie.) *Photodermatol Photoimmunol Photomed.* 1. Dezember 2001; 17(6): 272–7.

Schilter, B., et al. »Limits for pesticide residues in infant foods: A safety-based proposal.« (Begrenzungen der Pestizid-Reste in Säuglingsnahrung: Ein auf Sicherheit basierender Vorschlag.) *Regul Toxicol Pharmacol.* Oktober 1996; 24(2 Pt. 1): 126–40.

Smith, D. W.; Arnstein, P.; Rosa, K. C.; Wells-Federman, C. »Effects of integrating therapeutic touch into a cognitive behavioral pain treatment program. Report of a pilot clinical trial.« (Auswirkungen bei Integrierung von Therapeutic Touch in ein kognitives Verhaltens-Programm zur Behandlung von Schmerzen. Bericht über einen klinischen Pilot-Versuch.) *Journal for Holistic Nursing.* Dezember 2002; 20(4): 367–87.

Smith, H. »Truly ancient Greeks!« *The (London) Observer.* 29. August 1999.

Studzinski, G. P., und Moore, D. C. »Sunlight – can it prevent as well as cause cancer?« (Sonnenlicht: Kann es Krebs sowohl verhindern als auch verursachen?) *Cancer Research.* 15. September 1995; 55(18): 4014–22.

Thomas, M. K., et al. »Hypovitaminosis D in medical inpatients. (Unterversorgung mit Vitamin D bei Krankenhauspatienten.)« *The New England Journal of Medicine.* 19. März 1998; 338(12): 777–783.

Tloczynski, J., und Fritzsch, S. »Intercessory prayer in psychological well-being: using a multiple-baseline across-subjects design.« (Fürsprache-Gebete für psychologisches Wohlbefinden unter Berücksichtigung einer Mehrfach-Basis und themenübergreifenden Designs. *Psychology Rep.* 1. Dezember 2002; 348(26): 2599–2608.

Trivedi, B. P. »Can Earth be powered by energy beamed from the moon?« (Kann die Erde mit Energie versorgt werden, die vom Mond heruntergeleitet wird?) *National Geographic Today.* 26. April 2002.

Turner, J. G.; Clark, A. J., Gauthier, D. K.; Williams, M. »The effect of therapeutic touch on pain and anxiety in burn patients.« (Die Wirkung von Therapeutic Touch auf Schmerzen und Angst bei Verbrennungsopfern.) *Journal for Advanced Nursing.* Juli 1998; 28(1): 10–20.

Waldie, K. E. »The effect of pre- and post-natal sulight exposure on human growth: Evidence from the Southern Hemisphere.« (Die Auswirkungen vor- und nachgeburtlicher direkter Sonnenbestrahlung auf das menschliche Wachstum: Beweise aus der südlichen Hemisphäre.) *Early Human Development.* 1. November 2000; 60(1): 35–42.

Wang, C. X., und Xu, D. H. »The beneficial effect of qigong on the ventricular function and microcirculation in deficiency of heart-energy hypertensive patients.« (Artikel in chinesischer Sprache, übersetzt ins Englische. Deutsche Übersetzung: Positive Auswirkungen von Qigong auf die Ventrikularfunktion und Mikrozirkulation bei herzschwachen Bluthochdruckpatienten.) *Zhong Xi Yi Jie He Za Zhi.* November 1991; 11(11): 659–60, 644.

ditto. »Influence of qigong therapy upon serum HDL-C in hypertensive patients.« (Artikel in chinesischer Sprache, übersetzt ins Englische. Deutsche Übersetzung: Wirkung von Qigong-Therapie auf HDL-Cholesterin bei Bluthochdruckpatienten.) *Zhong Zi Yi Jie He Za Zhi.* September 1989; 9(9): 543–4, 516.

Wardell, W. D., und Engebretson, J. »Biological correlates of Reiki Touch Healing.« (Biologische Korrelationen bei Heilung durch Reiki.) *Journal for Advanced Nursing.* Februar 2001; 33(4): 439–45.

Waterfield, R. *The First Philosophers: The Presocratics and Sophists.* Oxford University Press, 2000.

Wolverton, B. C. *How to Grow Fresh Air: Fifty Houseplants That Purify Your Home of Office.* New York: Penguin Putnam, Inc., 1996.

Worthington, V. »Nutritional quality of organic versus conventional fruits, vegetables, and grains.« (Nahrungswertqualität von biologisch-dynamisch versus konventionell angebautem Obst, Gemüse und Getreide.) *Journal of Complimentary Medicine.* April 2001; 7(2): 161–73.

Wu, H. W.; Bandilla, E.; Ciccone, D. S.; Yang, J.; Cheng, S. C.; Carner, N.; Wu, Y.; Shen, R. »Effects of qigong on late-stage complex regional pain syndrome.« (Wirkung von Qigong bei komplexem lokalem Schmerz-Syndrom im Spätstadium.) *Alternative Therapeutic Health Medicine.* Januar 1999; 5(1): 45–54.

Yu., T; Tsai, H. L.; Hwang, M. L. »Suppressing tumor progression of in vitro prostate cancer cells by emitted psychosomatic power through Zen meditation.« (Unterdrücktes Tumorwachstum bei In-vitro-Krebszellen durch Senden psychosomatischer Energie mittels Zen-Meditation.) *American Journal for Chinese Medicine.* 2003; 31(3): 499–507.

Alabaster ist ein Heilstein
er löst Energieblockaden und
erhöht die Lichtfrequenz
ALABASTER
LICHT UND ERDE
Engel
Heilige
Säulen
Statuen
Lampen
Schalen
Brunnen
Buddhas
Feng-shui
Duftlampen
Energiesteine
Fordern Sie unseren Katalog an: Alabaster Licht und Erde
Schalkhaußer Straße 46, 90453 Nürnberg - Tel. 0911/964 99 33
www.alabaster-world.com
Händleranfragen willkommen